创新型大学生素质教育精品教材

互联网+教育改革新理念教材

大学生职业生涯规划

主编　陈志斌

上海交通大学出版社
SHANGHAI JIAO TONG UNIVERSITY PRESS

内容提要

本书从实用的角度出发，系统地介绍了大学生职业生涯规划的相关理论和方法。全书由七个学习情境组成。其中，学习情境一和学习情境二主要介绍了大学、职业生涯及职业生涯规划的相关理论，为学习本课程打下坚实的基础；学习情境三和学习情境四主要介绍了自我认知和职业环境认知；学习情境五至学习情境七主要介绍了职业生涯决策、职业生涯规划的实施和职业生涯管理。

本书结构合理、内容翔实、体例丰富，可作为普通高等院校职业生涯规划相关课程的教材，也可作为社会待岗人员求职就业前的参考读物。

图书在版编目（CIP）数据

大学生职业生涯规划 / 陈志斌主编. -- 上海 : 上海交通大学出版社, 2021（2023 重印）
ISBN 978-7-313-24472-7

Ⅰ. ①大… Ⅱ. ①陈… Ⅲ. ①大学生－职业选择 Ⅳ. ①G647.38

中国版本图书馆 CIP 数据核字(2021)第 028477 号

大学生职业生涯规划

DAXUESHENG ZHIYE SHENGYA GUIHUA

主　　编：陈志斌
出版发行：上海交通大学出版社　　地　　址：上海市番禺路 951 号
邮政编码：200030　　电　　话：021-64071208
印　　制：北京同文印刷有限责任公司　　经　　销：全国新华书店
开　　本：787mm×1092mm　1/16　　印　　张：15.75
字　　数：350 千字
版　　次：2021 年 4 月第 1 版　　印　　次：2023 年 8 月第 4 次印刷
书　　号：ISBN　978-7-313-24472-7
定　　价：46.60 元

近年来，随着我国高等教育从“大众化”阶段迈进“普及化”阶段，每年的大学毕业生人数不断增加，大学生就业问题已经成为社会关注的热点问题。面对巨大的就业压力，每一位大学生都应尽早进行职业生涯规划，这对提升大学生的就业竞争力，促进其顺利就业具有非常重要的意义。

凡事预则立，不预则废。职业生涯规划在人的一生当中起着极其重要的作用，它直接影响一个人一生的发展和走向。

然而，现今大学生中，由于缺乏有效的职业生涯规划而迷茫、无所适从、心浮气躁甚至逃学、厌学的仍大有人在，这部分大学生往往直到毕业找工作时才一筹莫展、后悔莫及。为了避免出现这种情况，引领刚踏进大学校门的大学新生进行科学、合理的职业生涯规划，使其大学四年的学习、生活更有计划性，我们精心编写了本书。

本书具有以下特色：

1. 结构合理，易教易学

为满足教学需求，本书采用“情境教学”方式安排内容。全书共分七个学习情境，每个学习情境下设置不同的模块，每个模块均由三部分组成：

- 案例导入：每个模块均由典型案例入手，在激发学生学习兴趣的同时，引出下文知识点。
- 知识链接：讲解相关知识，内容丰富，通俗易懂。
- 探索活动：根据所讲解的内容安排实践活动，让学生在活动中有所感悟和体会，同时加深对所学知识的理解。

2. 内容翔实，体例丰富

本书“知识链接”部分内容翔实、体例丰富。例如，与知识点密切相关的“经典案例”为学生进行职业生涯规划提供了可供借鉴的实例，生动、有趣的“故事与人生”可引发学生对自己职业生涯的思考，“拓展阅读”可开阔学生的视野。除此之外，“课堂活动”“想一想”“做一做”等栏目，可引导学生通过讨论、思考、练习等方式进行职业生涯探索。这些栏目极大地增强了本书的可读性，也使得教学更具吸引力和感染力。

3．融入新精神，与时俱进

本书每个学习情境前后分别设有“素质目标”和“榜样力量”，将德育元素巧妙地融入书中，可使学生在树立正确的人生观、价值观的基础上，更好地进行职业生涯规划。

4．配套微课，扫码即学

本书在重要知识点处配备了“二维码”，为学生构建了直观、立体的认知环境。学生可利用零碎时间扫码观看相关微课视频，以增强学习的自主性与趣味性。

为学习贯彻党的二十大精神，提升课程铸魂育人效果，本书专门在扉页“教·学资源”二维码中设计了相应栏目，以引导学生践行社会主义核心价值观，涵养学生奋斗精神、敬业精神、奉献精神、创新精神、工匠精神、法制精神、绿色环保意识等。

在本书的编写过程中，我们参阅了许多国内外教材、期刊和同行的教学成果，在此特向这些资料的作者表示诚挚的谢意。

由于编者水平有限，书中难免存在疏漏与不当之处，敬请广大读者批评指正。

本书编委会

主　编　陈志斌

副主编　连　泰　梁　桥

参　编　毛晓华　李延平　肖　彬

罗　荃　陈　镇　王　宁

张　宏　曾　贵　陈亚琼

罗望阳　刘　琤　黎　娅

陶连洲　张　轶　梁九妹

目
CONTENTS
录

学习情境一

大学与职业生涯

大学是人生的一个转折点。踏进大学，人生就进入了一个崭新的时期。大学为莘莘学子继续获取知识、提升技能、发挥潜能、展示才华提供了更大的平台，它关系到每一位大学生将来进入什么行业、从事什么工作、职业生涯如何发展等。因此，每一位大学生面对大学新的学习环境、生活环境和人际环境，都应该认真审视自我，明确任务，规划好未来。

知识目标

- 认识大学。
- 了解职业的含义、特征和分类。
- 了解职业生涯的含义、分类和成功标准。
- 了解专业、学业、社会实践与职业生涯发展之间的关系。

素质目标

- 坚持正确向上的价值取向，做有理想、敢担当、能吃苦、肯奋斗的新时代好青年。
- 明确大学生活对职业生涯发展的意义，培养良好的生活习惯和学习习惯。

名人名言

我的眼是康桥教我睁的，我的求知欲是康桥给我拨动的，我的自我意识是康桥给我胚胎的。

——徐志摩

我的人生哲学是工作，我要揭示大自然的秘密，并以此为人类造福。我们在世的短暂一生中，我不知道还有什么比这种服务更好的了。

——爱迪生

模块一 认识大学

案例导入

大学是人的一生中最美好的时光。要想顺利地度过这段时光，首先应对大学有一个清晰的认识。究竟什么是大学？这是一个看似简单却又难以准确回答的问题。以下是某校的一次座谈会上，几位大一学生所分享的他们在入学半年后对大学的看法及亲身经历。

小雅：大学，一个我从初中就开始向往的地方。传言中，大学是一个“只要胆够大，一周七天假”“自由得像大海一样”“并不是天天都有作业”的地方。然而，一切似乎没有那么“美好”。上了大学后才发现，大学并没有那么轻松。尤其医学院天天都有很多课，我每天早上七点就要起床，真是太痛苦了。但是人啊，总是要不断向前，去适应以前没有过过的日子，去接受想象以外的生活。

小柔：我在读高中的时候就向往大学生活，想着大学里自己要做哪些事情、要实现哪些梦想、要有哪些改变，对大学充满了期待。然而，经过一学期大学生活后，我发现那些只是自己的想象，做不了以前想的那些事情，实现不了曾经的梦想，就连以前在高中能做到的事情，现在也不一定能做到了。离开了家人，离开了熟悉的环境，加上对陌生环境的新鲜感和好奇，我的自控力越来越差了。我对自己很失望，完全失去了对接下来的大学生活的向往和期待。

小东：对我而言，大学并不像某些青春电影或小说里所描述的那样，是自由的天堂。从收到录取通知书开始，我就在计划着我的大学该如何度过，在思考我能在大学里学到什么、得到什么，我该如何去得到。庆幸的是，大一的第一个学期，我过得很充实。虽然有遗憾，但基本完成了我在入学前给自己制订的计划。因为我知道，我现在走的每一步都决定着我的未来，所以我不能浪费时间。大学时光非常宝贵，我希望我能珍惜这段时光，在不久的将来回首遥望也不会后悔。

小智：很多人都认为，在大学里面学到的知识，很多在毕业后都用不上。于是，就有很多学生堂而皇之地迟到、旷课。在我看来，上大学还是有用的，毕竟在这里你可以学到怎样做人，怎样锻炼自己的能力，怎样交际……大学就是一个大染缸，既可以为你染上绚丽多彩的颜色，让你的人生从此改变；也可以为你涂上灰色，让你的人生黯淡无光。这就要看你是怎样为自己“染色”的了。

请思考：什么是大学？大学新生应如何快速地适应大学生活？

知识链接

作为刚刚踏入大学校门的学生，你一定非常兴奋和好奇，甚至还会有一定程度的迷茫。大学到底是什么？大学与高中有什么不一样？如何快速地适应大学生活？大学就像横在你面前的一道河，作为第一次过河的“小马”，你也许会因为无法判断出这条“河”的深浅而无所适从。

大学是人生最美好也是最重要的阶段。站在大学的起跑线上，首先你必须对大学有一个清楚、全面、正确的认识，同时在行动上快速转变，积极适应大学环境，并做好你的大学职业生涯规划。

一、什么是大学

大学是实施高等教育的机构，分为综合大学、专科大学或学院。大学通常设有许多专业，再由几个相近的专业组成系，有的还设有专修科和研究生院（部）。大学主要培养本科生，有的还培养大专生或研究生。

作为高等教育机构，大学对不同的学科、专业的学生实施特定的人才培养方案和标准。学生只有通过人才培养方案所规定的课程考核，达到毕业要求才可获得毕业证书；符合学位授予要求者，学校授予相应的学位。

2017 年，中共中央、国务院印发《关于加强和改进新形势下高校思想政治工作的意见》（以下简称《意见》）。《意见》中指出，高校肩负着人才培养、科学研究、社会服务、文化传承创新、国际交流合作的重要使命。

拓展阅读

不同名家对大学的界定

日本著名教育家平冢益德教授如此定义大学："大学是指高等院校中以学术为媒介进行研究和教育，即培养人和进行高等专业教育的机构。"

德国现代大学之父洪堡认为："大学不仅是传统的教育机构，而且是科学研究的中心。它总是把科学当作一个没有完全解决的难题来看待，因此它也总是处于研究探索之中。"

英国牛津大学前校长科林·卢卡斯认为："大学的工作是提供有意义的信息，即发明和传授知识。"

1912 年，总统府高等顾问、北京大学代理校长马相伯在就职演讲中说："所谓大学者，非校舍之大之谓，非学生年龄之大之谓，亦非教员薪水之大之谓，系道德高尚、学问渊深之谓也。"

1917 年，蔡元培就任北京大学校长。在就职演讲中，他表达了对大学的看法，即"大学者，研究高深学问者也""大学者，囊括大典、网罗众家之学府也"。

1931 年，梅贻琦就任清华大学校长，关于"何谓大学"，他说了一句流传甚广的话："大学者，非有大楼之谓也，有大师之谓也。"

大学之"大"，众说纷纭：高识远见、敢为人先的"大智"而谓大，造诣精深、孜孜不倦的"大师"而谓大，建筑雅致、校园优美的"大业"而谓大，囊括大典、学术自由的"大度"而谓大，尚生求真、追求文明的"大雅"而谓大，等等。归根到底，大学是研究学问的学府，是培养人才的机构，是传承、弘扬、创造文明的圣地。

二、大学的特征

作为实施高等教育的主要专门机构，大学具有教育机构的一般特征。但与其他教育机构相比，大学又具有一些显著的特征，具体包括以下几个方面。

（一）学术性与实用性并重

随着社会的发展，大学在为社会培养人才的同时，也越来越重视学术交流。学术交流成为大学区别于其他阶段教育的重要特征。在大学内，教师、专家、学者可以讲座、学术沙龙、座谈会等形式，在教学的同时进行学术研究。大学的一大使命是培养社会需要的人才，因此，大学的课程设置、人才培养目标、学术研究等均以满足社会需要为出发点，注重实用性。

（二）专业化与综合化并存

随着社会分工的细化，人才的专业化特点也日益凸显。与中学的纯基础理论教育不同，大学教育是按照专业进行的，是对高中教育的进一步深化。大学生在已有的知识能力的基础上，可以依据个人的兴趣选择学科，使自己成为具备丰富的专业知识的人才。

大学的综合化是在专业化基础上，根据社会发展对人才培养、科学研究等提出的新要求而形成的。大学的综合化主要体现在以下几个方面：

（1）多学科性。如今，除少部分专业性十分强的大学外，其余大学的学科门类往往比较齐全。而大学学科数量的多寡，也成为人们评判一所大学办学实力的标准之一。

（2）不同学科之间的融合与交叉。现代大学既注重学科的专业化，也十分重视学科间的融合，通过拓宽专业口径，培养厚基础、宽口径、创新型的人才。

（3）不同学科之间的协同创新。协同创新打破了学科领域之间的壁垒，实现了人类文明的综合创新。

（三）培养人才与研究学问并进

培养人才是大学从产生之日起就具有的职能，是大学的根本使命，也是大学工作的出发点和重心。现代大学都有完善的人才培养体系，涵盖了专科、本科、硕士研究生直至博士研究生等多个层次。就类型来说，同一个专业所培养的人才也有理论型、技术型、应用型之分。

除了培养人才外，大学的另一个重要任务是研究学问。研究学问并不是放弃培养人才，而是更好地利用资源，开创新的教学领域和研究领域。现在，大学科研已在社会发展和社会生活中起着越来越重要的作用，科研不仅为教学所用，还成为推动科学发展的重要力量。

（四）普及化与国际化并趋

国际上通常认为，一个国家的高等教育毛入学率在 15%以下时属于精英教育阶段，在 15%～50%时为高等教育大众化阶段，在 50%以上为高等教育普及化阶段。据教育部统计，在 2002 年底，我国高等教育毛入学率已达到 15%，进入了大众化阶段；2012 年，我国高等教育毛入学率达到 30%；2016 年，我国高等教育毛入学率达到 42.7%；2019 年，我国高等教育毛入学率达到 51.6%，进入普及化阶段。

提　示

> 高等教育毛入学率是指高等教育在学人数与适龄人口之比。其中，适龄人口是指在 18～22 岁年龄段的人数。

随着现代经济和科技的发展，大学的国际化特征日益凸显。为了顺应经济全球化趋势，全世界很多大学都在不断地增设面向国际的课程和专业，大力培养具有国际视野和工作能力的专门人才。同时，大学间的国际化交流日益频繁，聘请外国教师到中国教学，开展跨国学术交流、合作研究，学生境外留学、境外就业等现象日益普遍。

总之，现代大学的特征与政治、经济、社会的发展相互关联，但又有独立精神的传承和创新，呈现出不断发展、不断调整、不断充实的趋势。不管如何归纳，大学的特征相对于其他社会组织来说都是独特的，是其他社会组织所不能同时具备的。

三、如何快速地适应大学生活

从高中到大学，宛如进入了一个新天地：新的学校、老师和同学，新的学习内容、学习条件和学习方式，新的生活方式和活动方式，等等。这使得许多习惯了应试教育和长辈全方位照顾的大学新生一时无法找到新的支撑点，不知如何应对。

以良好的状态开始大学生活，是每个大学新生的首要任务。具体来说，大学新生可以通过以下途径，快速地适应大学生活。

（一）积极调整心态，融入新环境

由于对新环境感到陌生，大学新生的思想起伏一般比较大，这是正常的。大学新生要及时调整好自己的心态，完成角色转换。如果对某些事情不理解或不满意，最好的处理方式不是抱怨，而是调整自己的心态，正视现状，以平常心和进取心来应对。此外，大学里人才济济、高手如林，不能一味地和别人比高低，而应看到别人身上的闪光点和自己的不足，取长补短。

熟悉环境可以使大学新生更快地适应、融入新环境。大学新生入学后，应尽快熟悉整个校园环境及建筑功能，了解教学楼、食堂、报告厅、图书馆等场所的位置。在熟悉校园环境的同时，还可以顺便了解学校的职能部门及其工作职责。

（二）认真完成入学教育

入学教育可以使学生全面地了解学校的基本情况、教学科研力量、人才培养目标及培养方案等。通常情况下，入学教育主要包括法制教育、校纪校规教育、军事训练、理想信念教育、形势政策教育、专业认知教育、学习方法指导等。各项入学教育的内容和目的如表 1-1 所示。

表 1-1 入学教育的内容和目的

内容	目的
法制教育	使大学新生认识到自己应承担的法律责任和义务，从而强化其法制观念和自律意识
校纪校规教育	使大学新生了解学校的规章制度，清楚违纪的严重后果，树立纪律观念
军事训练	进一步增强大学新生的组织性和纪律性，培养其艰苦奋斗、吃苦耐劳的优良品质，为适应大学环境做好准备
理想信念教育	使大学新生树立明确的奋斗目标，明白大学只是人生道路上的加油站而非顶峰。大学生必须根据高校的人才培养目标、市场对人才的需求，以及社会未来发展的需要，确立适合自己发展的奋斗目标
形势政策教育	使大学新生认清形势、明确责任，增强责任感和使命感
专业认知教育	使大学新生了解其所学专业的课程性质、知识结构、就业前景等，加深对本专业的认识，增强对本专业的兴趣，从而激发学习的动力
学习方法指导	培养大学新生对学习的兴趣，为将来就业或创业打下基础

（三）主动认识和适应大学学习方式

大学学习更多地强调学生的自主性，大学新生应在老师的指导下，主动地用学术研究的方式去思考、研究问题。具体来说，大学新生可以通过以下几个途径来认识和适应大学的学习方式，提高学习效率：

（1）克服依赖性，培养独立学习能力。

（2）向高年级成绩优秀的学生请教学习方法和经验，学习如何查阅、运用图书馆的文献资料。

（3）积极参与课堂讨论，多和同学交流。

（4）参加各种社会实践、科技活动、知识讲座（见图 1-1）等，多渠道、多方位地获取信息，掌握知识，提高技能。

图 1-1 参加知识讲座的大学生

（四）制订大学学习与发展计划

加强自我探索与自我管理，明确大学期间的整体发展目标和阶段目标，做好大学生活每一阶段的自我设计，把短期学习目标和长期学习目标相结合，把每一阶段的学习与自己未来的发展联系在一起，使学习更有目的、有计划。这个过程是一个动态的过程，需要随着对自我和对环境认识的不断深入持续地进行调整，使学习与发展计划与自己的人生目标一致。

（五）培养良好的人际交往能力

大学新生应注重培养良好的人际交往能力，以良好的心态去面对新的人际交往环境，并从多方面提升自己的综合素质。具体来说，应做到以下几点：

（1）加强个人品德修养，严于律己，宽以待人，用真情去赢得他人的信任和尊重，获得他人的理解、支持和帮助。

（2）掌握人际交往的方法和技巧，能有效地进行交往。

（3）积极参加校园文化活动，充实课余生活，培养健康向上的生活方式，提升综合能力。

人生是一场马拉松，起跑速度不重要，重要的是方向；一时的成功不重要，重要的是持续的成长。大学是崭新的开始，每个学生都应放下过去，重新出发，坚持不懈，赢在校园。

经典案例

竺可桢对大学新生的“两问”

（本文是1936年9月竺可桢校长在浙江大学开学典礼上的讲话，有删减。）

诸位同学，学校开课已一周，今天训育处召集大家开这个会，大家能如家人似的在一起谈话，我觉得非常愉快。

诸位在校，有两个问题应该问问自己：第一，到浙大来做什么？第二，将来毕业后要做什么样的人？我想诸位中间，一定没有人是为文凭而到浙大来的，或者有的到这里来是为了求一种技术，以做谋生的工具。但是，谋生之道很多，不一定要到大学来，就是讲技术，亦不一定在大学。美国大文豪罗威尔氏说：“大学的目的，不再使学生得到面包，而在使所得到的面包味道更好。”教育不仅使学生谋得求生之道，单学一种技术，尚非教育最重要的目的。

清醒的头脑是事业成功的基础。两三年以后诸位出去，在社会上做一番事业，无论工、农、商学，都须有清醒的头脑。专精一门技术的人，头脑未必清楚。反之，头脑清楚，做学问办事业统行。我们国家到这步田地，完全靠头脑清醒的人。凡是办一桩事或是研究一个问题，大致可分为以下三个步骤：第一，以科学的方法来分析，使复杂的变成简单的；

第二，以公正的态度来计划；第三，以果断的决心来执行。

现在，要问第二个问题：离开大学以后，将来做什么样的人？我们的人生观应如何？人以享福为人生最大目的，中国民族必遭灭亡，历史上罗马之亡可为殷鉴。现在的世界是竞争的世界，如果一个民族还是一味以享受为目的，不肯以服务为目的，必归失败。我们应该以享福为可耻——只有老弱病残才能享福，而以自食其力为光荣。英国国王在幼年时，必在军舰充当小兵，唯其如此方能知兵士的疾苦。全世界最富的人是煤油大王洛克菲勒，他的儿子做事从小伙计做起，所以他们的事业能子孙相传不替。

以上所说的两点：第一，诸位求学，应不仅在科目本身，而且要正确地训练自己的思想；第二，人生的目的在能服务，而不在享受。

资料来源：搜狐网，https://www.sohu.com/a/221489907_621014

启示：

大学新生入校之时，就要思考和回答“进入大学做什么”和“大学毕业后成为什么样的人”，并在大学期间围绕这两个问题而不懈奋斗。上大学的目的绝对不仅仅是学会一门技能，掌握一项专长，更重要的是，要用自己的专长造福人类和社会。正如竺可桢校长所言，求学的目的在于训练思想，人生的目的在于服务社会。

认识大学

【活动目的】

引导大学新生对大学及大学生活进行思考，提高大学新生的自我认识能力。

【活动内容】

准备一张白纸，写上以下问题的答案。

（1）大学是什么？

（2）你了解你的大学吗？

（3）你了解你的专业吗？

（4）你在大学里将学习哪些课程？

（5）你在大学的任务是什么？

（6）你要在这里把自己变成什么样的人？

（7）你认为大学与你的未来之间有哪些联系？

所有学生将自己写下的答案交给老师，老师随机抽取几份进行分享，并请其他学生发表自己的意见与看法。

模块二 了解职业和职业生涯

案例导入

大二学生小胡想争取上海某企业人事助理的职位，经过对人事助理职位的调查，他了解到该职位的要求是：掌握人力资源管理相关理论知识，具备助理人力资源管理师证书，且具备一定的人力资源管理实践经验。

于是，小胡在剩余的两年大学时间里，探索人事助理职位的要求，掌握人力资源管理的相关理论知识，培养相关职业素质，考取助理人力资源管理师证书，进入名企实习积累实践经验，参加社团活动培养自己的组织能力和沟通能力。毕业后，他如愿进入了这家企业，并争取到了他所期望的人事助理职位，实现了“人职匹配”。

传统的教育观念认为：学校就是“两耳不闻窗外事”的知识殿堂，学生要专心学习，在学有所成后再谈论职业。因此，许多学生对社会上各行各业所知甚少，以为“职业”对于他们来说还很遥远。但是，在科技高速发展的今天，职业的分类日益精细，各种新职业层出不穷。大学生如果对职业没有明确的认知，在选择职业时将无所适从，也会影响个人职业生涯的顺利发展。

请思考：什么是职业？职业有哪些特征？如何对职业进行分类？职业生涯成功的影响因素有哪些？

一、职业概述

（一）什么是职业

职业的出现是人类社会分工的结果。随着社会的不断发展，社会分工越来越细化，于是形成了不同的职业类别，职业的类别、内部构成与外部关系也随之越来越丰富。对职业概念的界定，国内外学者众说纷纭。

从词义学的角度来看，“职业”一词由“职”与“业”构成。“职”包含了社会职责、天职、权利与义务的意思，“业”则包含了业务、事业、事情、独特性工作的意思。有的学者用“职是责任、业是业务”来反映“职业”一词的内涵。

《辞海》对“职业”词条做出了以下解释：① 人们所从事，赖以谋生的工作的性质、内容和方式。② 依人们参加社会劳动的性质和形式而划分的社会劳动集团。职业对于个人，具有维持生活、参与社会活动、发挥才能的作用；对于社会，具有实现社会控制、维持社会运转、为社会创造财富的功能。

有学者认为，职业是指从业人员为获取主要的生活来源所从事的社会工作类别，它是劳动者参与社会经济活动的直接体现。也有学者认为，职业是指人们在社会生活中所从事的，能够获得作为自己主要生活来源的物质报酬的，并且能满足自己精神需求及社会分工的工作，是对特征相同或相似的一类工作的统称。

现代社会，人们对职业的认识更加深刻，认为职业不同于工作，它更多的是指一种事业，包括以下四个方面的含义：

（1）与人类的需求和职业结构相关，强调社会分工。

（2）与职业的内在属性相关，强调利用专业知识和技能。

（3）与社会伦理相关，强调创造物质财富和精神财富。

（4）与个人生活相关，强调能作为物质生活来源并满足精神需求。

综上所述，职业是人类社会发展到一定阶段，出现社会分工后的产物，是一个人生活方式、经济状况、文化水平、行为模式、思想情操的综合反映，也是一个人的权利、义务、职责及社会地位的外在表征。

在社会需求的推动下，新的职业不断产生，而社会不再需要的职业自然消亡。在现代科学技术和知识经济条件下，一些科技含量高的职业得到了迅速发展，对从业者的任职要求也越来越高。因此，当代大学生要善于把握知识经济时代的就业机会，择业时，不仅要考虑个人的发展机会，更要关注社会需求的变化。

想一想

小霞是一名护士，每个月都有固定的收入，个人和家庭生活都有保障。她热情活泼，善于与人沟通，专业技能也比较突出。从事护理工作的这些年中，因为工作表现出色而多次获得领导、同事及患者的表扬，还曾被评为“先进护士”。每当看见一个个经她护理的患者康复出院，小霞就觉得特别欣慰，并为自己能够成为一名护士而感到骄傲。

请问：小霞的故事从哪几个角度说明了职业的含义？

（二）职业的特征

1．产业性

职业的产生和发展与产业的发展息息相关。目前，世界上大多数国家都将国民经济部门划分为三大产业，分别是农业、工业和除这两个产业以外的其他产业。在传统农业社会，农业领域的职业数量和就业人数在三大产业中所占的比重最大；在工业化社会，工业领域的职业数量和就业人口显著增加；而在科学技术高度发达和经济发展迅速的现代社会，第三产业的职业数量和就业人口正在逐年增加。

2. 行业性

行业是指从事相同性质的职业活动的集合。属于同一行业的职业，其劳动条件、工作对象、生产工具、操作内容等通常相同或相近，该行业的从业人员往往会形成统一的行为模式，有共同的语言习惯和道德规范。

3. 层次性

从社会需要角度来看，职业并没有高低贵贱之分。但在现实生活中，由于对各职业从业人员的素质要求不同，以及人们对职业的看法或舆论的评价不同，职业便有了层次之分。这种职业层次往往是由不同职业体力、脑力劳动的付出，收入水平，工作任务的轻重，社会声望，权力地位等因素决定的。

4. 组群性

职业常常和一定数量的从业人员密切相关。凡是达不到一定从业人员数量的劳动，都不能被称为职业。组群性不仅表现为一定的从业人员数量，还表现为这些从业人员在从事不同工序、不同工艺流程时产生的协作关系和人际关系。

5. 时空性

职业是社会分工的产物。随着生产力的发展，社会的劳动分工模式和职业结构必然会发生变革，不断有旧的职业萎缩甚至消亡，也有新的职业在诞生。除了弃旧更新外，同一种职业的活动内容和方式也会发生变化。所以，职业具有明显的时代性。此外，在空间上，职业的种类和分布也有区域、城乡或国别上的差别。

做一做

请判断以下哪些是职业，哪些不是。

（1）小王从农村来到城市，通过劳动服务公司介绍，成为给小区住户做家政服务的小时工。 （ ）

（2）张老板开了个印刷厂，专门印刷盗版书，以牟取暴利。 （ ）

（3）刘某为一家旅游公司在街头发放、张贴小广告。 （ ）

（4）周某以刻假章、办假证为生。 （ ）

（5）小李大学毕业后，成了一名调味品品评师。 （ ）

（6）小严是一名大三学生，利用假期在社区参加社会实践。 （ ）

（三）职业的分类

职业的分类是以工作性质的同一性或相似性为基本原则，对社会职业进行的系统划分与分类。职业的分类作为制定职业标准的依据，是促进人力资源科学化、规范化管理的重要基础性工作。《中华人民共和国职业分类大典（2022 年版）》将我国职业分为 8 个大类、79 个中类、450 个小类、1 639 个细类（见表 1-2）。

表 1-2 《中华人民共和国职业分类大典（2022 年版）》对职业的分类

大类	名称	中类	小类	细类
第一大类	党的机关、国家机关、群众团体和社会组织、企事业单位负责人	6	16	25
第二大类	专业技术人员	12	125	492
第三大类	办事人员和有关人员	4	12	36
第四大类	社会生产服务和生活服务人员	15	96	356
第五大类	农、林、牧、渔业生产及辅助人员	6	24	54
第六大类	生产制造及有关人员	32	172	671
第七大类	军人	4	4	4
第八大类	不便分类的其他从业人员	1	1	1
合计		79	450	1 639

拓展阅读

新职业赋能美好生活

近年来，我国经济实力稳步提升，创新活力竞相迸发，发展空间不断拓展，新技术、新产业、新业态、新模式层出不穷，新职业、新工种不断涌现。为服务制造强国、乡村振兴、绿色经济等国家重点战略，《中华人民共和国职业分类大典（2022 年版）》专门增设了相关中类、小类职业。例如，围绕制造强国，新增了工业机器人系统操作员、工业机器人操作运维人员等职业；围绕乡村振兴，新增了农业数字化技术员、农业经理人等职业；围绕绿色经济，新增了碳排放管理员、建筑节能减排咨询师等绿色职业。

随着生活水平的提高，人民对美好生活的向往更加强烈，人民的需要也呈现出个性化、多样化、细分化的特征，一些新职业在供需协同的过程中不断成长壮大。例如，老年人能力评估师、健康照护师、社群健康助理员、森林园林康养师、民宿管家等新职业，体现了在老龄化社会到来之际，人民对高质量美好生活的需要；托育师、研学旅行指导师、家庭教育指导师、在线学习服务师等新职业应运而生，为家庭教育提供了专业化、差异化的服务，有效缓解了多子女家庭的教育压力。

新职业诞生的背后是新场景、新需求、新技术的不断涌现。2021 年，我国数字经济规模达到 45.5 万亿元，占 GDP 比重为 39.8%。蓬勃发展的数字经济和实体经济深度融合，催生出新职业，也让传统职业焕发出蓬勃生机。例如，密码技术应用员、集成电路工程技术人员、智能硬件装调员等都是数字化技术发展和变革催生出的新职业，而传统职业出租汽车司机在数字技术赋能下成为网络预约出租汽车司机。

此外，为适应数字经济发展的需要，《中华人民共和国职业分类大典（2022 年版）》首次增加了数字职业的标识。《中华人民共和国职业分类大典（2022 年版）》共标注了 97 个数字职业，占职业总数的 6%。标识数字职业，有利于赋能数字经济与数字技术发展，进而催生出更多新职业，为经济社会发展注入新动能。

新职业的诞生带来了更多就业机会，成为扩大多样化就业的蓄水池。兴趣与职业的结合、个性价值的体现、潜在的机遇，为求职者提供了更加多元、更加丰富的选择，对于稳就业目标的实现也颇有助益。

资料来源：新华网，http://www.xinhuanet.com/comments/20221216/f5e78386186a410a8aebc7bfc5c4a486/c.html

二、职业生涯概述

（一）职业生涯的含义

职业生涯主要是指一个人从正式进入职场直到退出职场这段时间内的所有与工作活动相关的经历。职业生涯是一个动态的发展过程，它反映了职业选择、职位变动、个人职业理想得以实现的整个过程。在这个过程中，个人决定了自己的人生价值，并不断地追求自我，实现人生目标。由此可见，职业生涯是人一生中最重要的历程。

职业生涯包含了以下五个方面的含义：

（1）职业生涯是个体以职业为核心的行为经历，与组织和群体关系较小，随主体的不同而变化。

（2）职业生涯是一种动态过程，是个人一生中所有与职业相关的经历。职业生涯并非从个人步入社会工作才开始。它不仅包括职业发展和职业变更，还包括了从事工作前的职业准备阶段，如职业能力的获得、职业兴趣的培养、职业选择和定位、职业资格证书的获得等。

（3）职业生涯仅表示一个人一生中在各种职业岗位上的经历，并不包含职业的成功与失败，也不包含个人进步的快慢。

（4）职业生涯受多方面因素的影响，如个人对其终身职业生涯的设想与计划、组织的需要与人事计划、社会客观环境、教育成长环境、个人发展需求等。

（5）职业生涯是一个发展的过程，随着时间的延续而改变。这个过程有两种形式：一种是职业的改变，这种改变是个人所从事的工作内容的改变，与工作单位是否变动无关；另一种是职位的晋升，即在同一职业甚至同一单位中，个人职位不断升迁。这两种形式都属于职业生涯的良性发展。

（二）职业生涯的分类

从外部和内部不同的视角，可将职业生涯划分为外职业生涯和内职业生涯。外职业生涯是指从事职业时的工作单位、工作地点、工作内容、工作职务、工作环境、工资待遇等要素的组合及其变化过程，内职业生涯是指从事一项职业时所具备的知识、观念、心理素质、能力、内心感受等要素的组合及其变化过程。

外职业生涯和内职业生涯的构成要素及特点如表 1-3 所示。

表 1-3　外职业生涯和内职业生涯的构成要素及特点

分类	构成要素	特点
外职业生涯	工作单位、工作地点、工作内容、工作职务、工作环境、工资待遇等	① 不可控性：外职业生涯的构成要素往往是他人给予的，也容易被收回和否定 ② 不等偿性：外职业生涯的构成要素可能会与自己的付出不符，尤其在职业初期 ③ 依赖性：外职业生涯的发展以内职业生涯的发展为前提条件
内职业生涯	知识、观念、心理素质、能力、内心感受等	① 自我实现性：内职业生涯的各项要素需要靠自己努力追求才可以获得 ② 不可剥夺性：内职业生涯的各种要素一旦获得，他人便不可收回或剥夺 ③ 可转化性：内职业生涯可以转化为外职业生涯

内职业生涯的发展是外职业生涯发展的前提，外职业生涯的发展依赖于内职业生涯的发展。如果用一棵树来比喻职业生涯，那么外职业生涯就是树干、树冠、树叶、果实等，而内职业生涯则是树根。植物的生长首先是树根，之后才能形成树干、树冠；而树干、树冠的成长又促使树根向更广、更深处发展。树根、树冠的作用相辅相成，内外职业生涯之间的关系也是如此。

因此，努力提高心理素质、能力等，并将其作用于外职业生涯的发展过程中，可使个人的职业生涯沿着既定的方向顺利发展，使自己的职业生涯之树茁壮挺拔、枝繁叶茂、硕果累累。

课堂活动

请完成下列句子：

（1）我将来想干______。

（2）我以后会是一个______。

（3）到了一定年龄，每个人都应该有自己的______。

（4）我最大的期望是______。

（5）我认为成功是______。

（6）对我来说，职业是______。

填写完成后，2～3名同学为一组进行交流，并将能够形成共识的内容进行归纳。最后，老师挑选几名学生回答。

（三）职业生涯成功的标准

由于每个人的职业需求、职业目标不同，因此其职业生涯成功标准也不一样。目前，社会上达成广泛共识的职业生涯成功标准主要有以下五种：

（1）进取型——追求集团和系统中的最高地位或阶层。

（2）安全型——追求长期、稳定、安全的工作，获取他人的尊敬，成为“圈内人”。

（3）自由型——在工作中得到最大自由，视经历的多样性为成功。

（4）攀登型——善于利用刺激、挑战和冒险的机会，追求螺旋式上升路线和自我完善。

（5）平衡型——在工作、家庭和自我发展之间取得平衡，以使工作不至于变得太耗精力或太乏味。

实际上，职业生涯是否成功，主要还是看是否实现了自己设立的职业生涯目标，任何脱离预先设立的目标的成功都是毫无意义的。

（四）职业生涯成功的影响因素

职业生涯成功的影响因素是多方面的，主要可分为外部环境因素和个人因素。外部环境因素既包括社会政治经济形势、经济体制、国家政策，也包括组织的管理制度、领导管理水平、文化氛围与人际关系等。个人因素是决定职业生涯是否成功的关键，是起决定作用的因素。下面主要介绍影响职业生涯成功的个人因素。

1. 职业理想

职业理想是人生理想的重要组成部分，是个人依据社会需求和个体条件确立的奋斗目标。确定职业理想是每个人取得职业生涯成功的起点，获得职业生涯成功的重要条件。大学生要明确我想干什么？我爱干什么？我能干什么？对这些问题的综合思考，能使个人明确自己的奋斗方向，使自己胸怀长远目标，在遇到挫折与失败时能有面对的勇气，并且不断奋勇向前，进而使理想中的“我”与现实中的“我”统一起来。

企业家谈大学生就业："职业理想"不等于高薪

很多求职者被问到"职业理想是什么"的时候，给出的答案是月薪过万，或者进入全球500强企业。

我们常认为，理想就是实现某些物质利益，如金钱、名誉或者地位。我的一位同事在认为自己赚够了钱之后，说了声"拜拜"就去享受他的环球旅行了，当时他才30多岁。然而几个月后，他发现自己当初的决定是错的，虽然他不用担心温饱问题，但并不快乐。因为真正的快乐来自工作的过程，而不是通过它获得的报酬。

所以，在确立职业理想时，要考虑到这个前提——高薪并不等于职业理想。我们生命的价值不在于拥有多少钱，而在于做了多少有意义的工作。我希望所有的求职者都记住一句话：事业比金钱重要，机会比安稳重要，未来比今天重要。

很多求职者说，刚开始找工作时还有目标，现在越找越没有标准了，感到很迷茫。我想说的是，如果在大学四年（甚至更长的求学时间）里没有树立起自己的理想，那么，迷茫是正常的。

求学十几年，目标就是考上大学，这是家长为孩子树立的"理想"。而现在大学毕业了，面对求职，没人告诉你该做什么了，于是开始迷茫了。如何摆脱这种迷茫呢？当然是做人生规划，让自己有个目标。

但是，理想不是一天就能树立的。我一直建议大学生应该用大学四年的时间来做人生规划，当然也包括树立职业理想。大一大二是理解自己的过程，你喜欢什么，适合做什么，这些问题应该得到解决。我大学时选修了很多跟自己的专业没什么关系的课。但是这些课让我知道了自己的兴趣在哪里，这是我最大的收获，也是我确立职业理想的基础。

到了大三大四，你们的疑惑就不该指向自己了，而应该更多地去理解外界。例如，你想做的这个行业现在发展到了什么程度？有哪些公司能提供相关的工作机会？如果要得到这些工作机会，需要做哪些准备？其实在这个过程中，你就逐渐树立了自己的职业理想，也初步探索了一条通向理想的路。

资料来源：应届毕业生网，https://www.yjbys.com/resumemaker/show-259333.html

2. 自信心

自信心是一个人对生活保持乐观和积极进取的信念，是一种反映个体对自己是否有能力成功地完成某项活动的信任程度的心理特性，是实现目标的动力源泉。在许多成功者身上都可以看到超凡的自信心所起到的巨大作用。这些事业成功的人，在自信心的驱动下，敢于对自己提出更高的要求，能在失败的时候依旧心怀希望，坚持不懈，最终获得成功。自信心的建立是正向强化的结果，积极的自我暗示能使人产生自信意识。“天生我材必有用”就是对自己的鼓励，每个人都有自己的优势和特长，要对自己充满信心。

3. 行动

行动是取得职业成功的重要保证。将计划转化为行为，用行动践行计划，脚踏实地地走好每一步，是职业生涯获得成功的关键。因此，大学生要积极行动并坚持不懈，主动适应环境的变化与要求；要善于把握机遇，学会管理时间；要有远见和超前思维，抢占先机，不断创新。

了解家庭成员的职业

【活动目的】

加深对职业和职业生涯的认识，确定自己的职业生涯发展目标。

【活动流程】

（1）准备一张白纸，写上你的家庭成员及他们相应的职业。不限直系血亲，你能想到的家族成员都可以写上，越多越好。

（2）回答以下的问题：

① 根据《中华人民共和国职业分类大典》(2015 年版)，每一位家庭成员的职业属于何种类别？所有家庭成员从事的职业中，哪一类别的职业最多？

② 家庭成员对哪些职业表示出强烈的好恶？请简要说明他们的评价。(例如，“做什么都好，就是别去画画，否则连自己都养不起。”“还是公务员好，工作有保障。”)

③ 家人对你有职业期待吗？

A．没有，做什么都好。

B．有，他们希望我以后能从事__________职业。

④ 你对自己未来的职业期待是什么？

A．没有期待，主要原因有______________________。

B．我期待我以后能从事__________职业，主要是因为__________________。

（3）老师挑选几名学生分享自己的答案，然后进行点评。

模块三 大学与职业生涯发展的关系

案例导入

李洋：不知路在何方

李洋考入大学后，觉得完成了父母的心愿，大功告成，终于可以放松了。没有“束缚”的日子真是痛快，他置父母的嘱托、学校的要求于不顾，整天逃课打游戏。大一结束时，他就有三门课不及格。然而，在网络游戏里获得的成功感使得他根本认识不到自己已经偏离了正常的学生生活轨道。大二和大三期间，他受到了两次学校警告。到大四上学期，他已经有多门课程需要重修了。父母专程从外地赶来，苦苦相劝，才使他决心改正自己的错误。

通过重修，李洋终于拿到了毕业证书。然而面临职业选择时，看着就业推荐表中获奖栏、荣誉栏、社会实践栏里的空白，他顿觉茫然，不知接下来的路该怎么走。

王聪：我很清楚自己要走的路

王聪一进入大学，就给自己制订了计划：尽快熟悉校园环境；了解本专业的就业情况，认真学习专业知识，逐步确定今后的职业发展目标；至少加入一个学生社团，组织一次活动，培养组织和管理能力；积极参加社会活动。

下面是他在大学期间的收获：

奖学金：一等奖 2 次，二等奖 2 次，全国大学生网络安全技能大赛团体二等奖。

荣誉：省优秀学生干部 1 次，市优秀学生干部 1 次，校优秀学生干部 2 次，校优秀团干部 1 次。

担任职务：系学生会主席、学习部部长。

大三下学期，经过对专业发展的判断和对自己职业的规划，他选择了考研，继续在专业上进行深造。他说，他很清楚自己要走的路。

请思考：出现上述两种截然不同的结果，原因是什么？大学和职业生涯发展有什么关系？为了今后职业生涯的顺利发展，大学生在大学期间应做哪些准备？

知识链接

虽然对于大部分学生来说，求职、面试是从大学四年级才开始的，但实际上，专业的选择、大学期间的学业完成情况、参与社会实践活动的情况等，都会对自己今后的发展方向产生很大影响。大学的时间是非常宝贵的，它与一个人的职业生涯发展有着紧密的联系。大学生只有在大学期间夯实专业基础、顺利完成学业，并积极参与社会实践，才能为今后职业生涯的顺利发展打下坚实的基础。

一、专业与职业生涯发展

（一）专业概述

在高等教育中，专业是教学的基本单元，是学校与社会的结合点，是学生选择学校和职业的重要依据。

1. 专业的定义

专业是指高校或中等专业学校根据社会分工的需要而划分的学业门类，是行政管理部门进行教育统计和人才预测等工作的主要依据，也是用人单位选用毕业生的重要参考。

高等教育的主要功能之一是对学生进行专业教育，培养学生的专业能力。专业教育是随着学科分化和职业分化而产生的。专业教育的任务是传授专业知识，训练学生的某项技能，使其具备参加社会建设的能力。专业教育所培养的是某一行业的专家，所以它满足的是人或社会的工具性和实用性需求。大学专业教育的内容主要是教授一些专业知识，如工、农、医、财经、法律、管理等的专业应用性知识，以使受教育者在接受专业教育之后能从事相关专业的实际工作。

2. 大学生学好专业的意义

在现代社会，一个人不经过学习，不掌握一定的专业知识和技能，就很难谋生，更不能创造人生价值。大学生在校期间积极地学好专业知识和技能主要有以下意义：

（1）学好专业知识和技能是顺利就业的必备条件。扎实的专业知识和技能是就业的必备条件。无论什么工作岗位，没有一定的专业知识和专业技能，不具备职业所需的本领，将无法履行岗位职责，完成工作任务。

（2）学好专业知识和技能是实现人生价值的基础。大学生只有学好专业知识和技能，才能顺利找到职业。而在职业“舞台”上，只有灵活运用专业知识，充分发挥专业特长，才能提高工作效率，出色地完成工作任务，使自己的人生价值得以实现。

（二）专业与职业生涯发展的关系

专业是职业生涯发展的基础。要学好专业知识和技能，并且为职业生涯的发展做准备，大学生必须全面地了解自己所学的专业。只有对所学专业有了全面、详细的了解，才能激发自己对所学专业的兴趣，进而根据自身的性格、兴趣、能力、知识、职业倾向等，明确职业发展方向，即进行职业定位。

大学生主要可以通过以下几种方式了解所学专业：① 向学校老师和高年级同学咨询所学专业的发展前景、就业方向和学习方法；② 到学校就业指导部门了解本专业的就业情况；③ 仔细阅读所学专业的教学标准和人才培养方案，了解所学课程及具体要求；④ 从国家发布的行业动态中获取相关信息。

专业是学业门类，职业是工作门类。在进行职业定位之前，还应明确自己首选的职业与所学专业的关系。专业与职业之间主要存在以下四种关系：

（1）专业包容职业。在这种情况下，个人的职业发展一直在所学专业的领域内，选择的职业与学习的专业相吻合，能够做到学以致用。

（2）专业为核心，职业包容专业。这是指个人的职业发展以所学专业为核心向外扩展。这种情况下，选择的职业与学习的专业虽然方向一致，但职业发展超出所学专业领域，需要根据自己的职业规划，在学好专业的基础上通过选修、自学来提高自己的职业素质。

（3）专业与职业交叉。这是指个人的职业发展在所学专业的基础上有重点地沿某一方向拓展。这种情况下，所学专业在个人职业发展中仍有重要意义。个人需要在职业生涯规划的指导下，在学好本专业的基础上，同时辅修或自学其他专业课程。

（4）专业与职业分离。这是指个人规划要从事的职业与所学专业基本无关，所学专业的某些方面在个人职业发展中有一定的重要性，但方向并不一致。在这种情况下，个人应尽早调整专业；否则，应辅修其他专业。

可见，专业和职业之间呈现出复杂的关系。确定了自己想从事的职业与所学专业的关系后，就可以有目的地指导自己更好地学习专业；相反，学好专业也会促进自己职业生涯的发展。

课堂活动

关于是否对自己所学专业感兴趣，请同学们依据下列选项，判断自己属于哪种类型。

1. 对自己所学的专业感兴趣

（1）了解自己所学的专业，觉得所学专业与自己的兴趣相符。

（2）一开始并不了解自己所学的专业，但通过学习后越来越感兴趣了。

2. 不知道对所学专业是否感兴趣

（1）迷茫，不爱学习，无法专注听讲。

（2）课堂上，能听懂的时候有点兴趣，听不懂时就没兴趣。

3. 对自己所学专业不感兴趣

（1）不了解自己所学的专业，主要是不爱学习造成的。

（2）专业是家长选的，并非自愿，像是被“骗”到学校的。

（3）本来是感兴趣的，可是有些课程学得不好，就不感兴趣了。

（4）听别人说这个专业很好，但了解后感觉并不喜欢。

2～3人为一组，互相分享各自属于上述哪一种类型，讨论“如果对自己所学专业不感兴趣，就一定要转专业”的想法是否正确，并说明理由。

讨论结束后，老师挑选几名学生进行回答。

拓展阅读

解析专业名称“众生相”

人们对专业名称往往容易产生种种误会，比较典型的有以下几种。

一、土名字，好就业

求新求异是人的本性。对于一些传统的专业，人们总是容易忽略，殊不知“桃红又是一年春”，其内容、地位和就业方向早已随着社会的发展而焕然一新。

例如，石油工程、石油地质、勘察技术、土木工程、资源勘察、地质学、应用地球物理、核技术与核工程等专业，由于就业后工作条件相对艰苦，因此历年来报考人数偏少，就业竞争小。但是，随着石油、煤炭、国土、冶金等传统行业复苏，环境资源的进一步强化，这些专业的从业环境在大幅好转，工作条件和待遇也有了较大改善，报考人数也越来越多。

二、看名字，想职业

对于有的专业，人们常常通过望文生义来认定其对应的职业。例如，人们想当然地认为心理学专业对应的职业就是心理医生。实际上，心理学也可以作为一种辅助性专业出现，公安、司法、监狱系统在每年的公务员招录中都会招收一定数量的心理学专业毕业生。此外，在人力资源管理、客服、幼儿、出版、行政、公关、广告、市场调查乃至文秘等工作领域，心理学专业毕业生也都是可以发挥其专业特长的。

又如，人们通常会认为法医学专业是一个与命案打交道的专业，毕业后需要整天与尸体打交道。其实，法医学的基础课程是医学，只是多了一些法律方面的课程，是一种对伤害结果进行鉴定的学科。法医学专业毕业生从事的工作，也多是一些医疗鉴定、伤害案件的司法鉴定，做些DNA、伤痕检验、医疗事故界定等。至于命案，是少之又少的。

三、近名称，远专业

有些专业名称乍一看很相近，其内容却千差万别。例如，数学与应用数学专业和精算学专业，从名称上看是相近专业。然而，数学与应用数学是纯理科专业，主要培养学生严密而开阔的思维、较强的创造性和科技创新能力，而且作为基础学科，其应用范围十分广泛。而精算学则属于保险业的范畴，是以概率论和数理统计为基础，研究保险事故的出险规律、保险事故损失额的分布规律、保险费和责任准备金等保险具体问题和技术方法的应用数学，也可用于金融、投资、社会保障、军事等方面的风险分析。

又如，园林专业和园艺专业听起来是很美的一对姊妹专业，实际上却相差甚远。园林专业是一个创造美丽景观的专业，就业方向为城市建设，森林公园经营，在房地产建设中进行风景园林规划与设计，对园林植物进行繁育栽培、养护。园艺专业很容易让人误以为是园林艺术，实际上却是“园丁的艺术”，即种植、培植蔬菜、果树、花卉的技术，只是花卉种植与园林艺术联系得较为紧密而已。

资料来源：豆丁网，https://www.docin.com/p-624722258.html

二、学业与职业生涯发展

大学学业是大学生的立身之本，是大学生应当努力掌握的知识和能力。大学生只有具备扎实的学业，才能获得良好的职业。

（一）职业生涯发展从学业规划开始

对于大学生来说，学业规划是指根据自身情况，结合现有的条件和制约因素，为自己确立整个大学期间的学业目标，并为实现学业目标而确定行动方向、行动时间和行动方案。换言之，就是大学生探索并解决“学什么”“怎么学”“什么时候学”等问题，以确保自身能顺利完成学业，为成功就业或开创事业打好基础。

大学是社会的缩影，是大学生进入社会的过渡阶段。对于在校大学生来说，只有尽早做好自己的学业规划，明确自己的学业目标，提高素质，增强优势，才有可能在将来激烈的竞争中把握住机会，更好地适应现代社会发展的需要。可见，做好学业规划对于大学生来说尤为重要。

（二）扎实的学业为就业开路

机遇总是垂青有准备的人。一个人的文化素养如何，将决定他在求职择业时的自由度和取得职业岗位的层次。大学是就业前的准备教育，大学生应珍惜大学时光，努力完成学业，为未来的就业、创业、成功立业开山铺路。

根据社会发展和用人单位的需要，大学生应重点从以下三个方面努力完成学业，做好知识、能力、素质等全方位的就业准备。

1. 构建合理的知识结构

大学生应坚持广博与精深、理论与实践、积累与调节相统一的原则，使自己具备宽厚扎实的基础知识、广博精深的专业知识，构建合理的知识结构。这一过程没有捷径可走，大学生只有运用适合自己的科学方法，并且不断努力、辛苦耕耘，才能建立和不断完善自己的知识结构，为顺利就业打下良好的基础。

2．培养较强的实践能力

实践是检验真理的唯一标准。一名优秀的大学毕业生应把构建合理的知识结构、培养科学的思维方式和锻炼较强的实践能力统一起来，这样才能在择业、从业过程中立于不败之地。大学生应具备的基本能力包括表达能力、动手能力、适应能力、交际能力、管理能力、创造能力、决策能力等，而这些能力只有在不断的实践中才能得以提升。

提高实践能力的方法主要有勤奋学习、积累知识，积极参与、勇于实践，启迪思维、发展兴趣等。

3．全面提高综合素质

知识、能力、素质是大学生社会化的三大要素。知识即专业知识，是能力、素质形成和提高的基础。能力是知识、技能在运用中的体现，同时也是素质的一种外在表现。但是具备一定的知识和能力往往只能解决如何做事的问题，而提高素质可以解决如何做人的问题。

素质主要包括思想道德素质、心理素质、人文素质、身体素质等。大学生作为高素质人才，应该将做事与做人有机地结合起来，既把提高综合素质、培养健全的人格放在第一位，又注重专业知识、技能和能力的培养，使自身得到全面、和谐的发展。

课堂活动

请同学们结合自己的专业，想想老师挑选几名学生回答。在大学期间，还有哪些方法可以提高自己实践能力。

三、社会实践与职业生涯发展

大学生社会实践是我国发展社会主义现代化高等教育的一个重要途径，是促进大学生全面发展不可或缺的环节，是课堂教育的必要延伸，是实现素质教育的有效途径，也是促进教育与科技、教育与经济相结合的重要形式和途径。图 1-2 为某校大学生在暑假期间参加的“助力美丽乡村建设”社会实践活动。

（a）大学生对当地小学生进行文化课辅导

（b）大学生进行墙面涂鸦

图 1-2 某校大学生参加的“助力美丽乡村建设”社会实践活动

社会实践是青年学生成长成才的必由之路。从职业生涯发展的角度来说，大学生参与社会实践，并在实践中进行社会观察，可以弥补课堂教学模式在实践方面的不足，有助于大学生形成自我认识、提升综合素质、强化角色适应能力，从而对职业生涯的发展起到良好的推动作用。

（一）形成自我认识

大学生只有走出校门进行实践，进入与自己专业相关的单位去实习，才能不断了解专业知识、技能及其他方面的素质在实际工作中的作用；才能知道做好相应工作需具备哪些素质和能力；才能知道哪些知识是在学校就可以学到的，哪些是需要在课堂以外通过自己主动学习才能掌握的。

大学生参加社会实践，不仅能使自己所学知识得到应用，还能体会到工作的快乐与艰辛，体会到团队合作对成功的重要性。这些都有利于在校大学生形成正确的自我认识，有利于大学生进一步发挥自己的优势，弥补自身的不足，提高自己的综合竞争力。

（二）提升综合素质

大学生通过社会实践活动，可以提高自身的综合素质，具体表现在以下几个方面：

（1）有利于大学生了解国情，了解社会，增强社会责任感和使命感。现代大学生大多是在课堂学习中成长起来的，对我国的国情、民情知之甚少，而社会的复杂程度远不是读几本书、听几次讲座、看几条新闻就能了解的，社会实践活动可为他们打开一扇了解世界的窗户。

（2）有利于大学生摆正自己的位置，对自身成长产生紧迫感。通过广泛的社会实践活动，能让大学生看到自己和市场需求之间的差距，看到自身知识和能力上存在的不足，从而使其较为客观地去重新认识、评价自我，逐渐摆正个人在社会和人民群众中的位置。

（3）有利于大学生对理论知识的转化和拓展，增强运用知识解决实际问题的能力。大学生以课堂学习为主要学习方式，他们往往难以将理论知识直接运用于现实生活之中。而社会实践可使大学生更贴近社会和自然，并从中获得大量的感性认识和许多有价值的新知识，同时能够使他们把自己所学的理论知识与接触的实际现象进行比较，从而把抽象的理论知识逐渐转化为解决实际问题的能力。

（4）有利于增强大学生适应社会、服务社会的能力。社会实践活动可使大学生广泛地接触社会、了解社会，不断动手、动脑、动嘴，直接和社会各阶层、各部门的人员打交道，培养和锻炼实际的工作能力。此外，大学生还可在工作中发现自己的不足，从而及时改进自己的工作和学习方法。

（5）有利于发展大学生的组织协调能力和创新意识。社会实践活动没有课堂教学中的束缚和校园生活中的种种限制，学生的积极性容易被充分调动起来。学生在兴趣高涨时，思维也会变得活跃，在这种情形下，往往可产生一些小发明、小创造。

（6）有利于大学生提高个人素养，完善个性品质。社会实践活动能考验大学生的修养和品性。通过与平凡而伟大的人民群众接触，大学生身上的“娇气”和“骄气”可得到一定程度的克服，使他们逐渐养成坚韧、顽强的品性和务实的学习态度及生活作风。

（7）有利于大学生进行职业定位。社会实践活动有利于提高大学生对就业形势、难度和需求情况的认识，使其自觉调整职业定位。此外，还可使大学生对个人发展空间、待遇等方面的期望更加符合用人单位的实际情况。

（三）强化角色适应能力

角色适应的本质是个体由自然人向社会人的转化。从学生到企业员工的角色转变，是每一位大学生必须经历的。然而，完成从学生到企业员工的完美蜕变是需要时间的。学校对大学生的要求主要侧重思想品德、专业知识等方面，用人单位则更侧重不同职业岗位的特殊要求，看重员工创造的经济效益和社会贡献。只有通过实践，大学生才能较全面地了解用人单位对不同职业岗位的要求，特别是对一名初学者在品行、知识水平与应用、社会活动与交往能力等方面的具体要求。

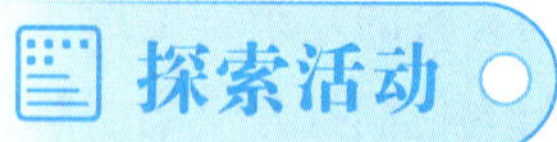

职业生涯人物访谈

【活动目的】

让学生充分认识到大学对职业生涯发展的重要性。

【活动流程】

（1）分组。每 6 人一组，设组长 1 名。

（2）确定被访对象、访谈主题、访谈时间和访谈地点。被访对象最好是本专业已经毕业参加工作的师哥师姐，也可以是从事与自己所学专业相关的其他人。访谈主题为“大学专业、学业、社会实践与职业生涯发展的关系”。为了避免访谈的片面性，被访对象至少为两个人。

（3）针对不同被访对象准备好需要采访的问题，明确访谈目的，提高访谈效率。

（4）访谈结束后，写一份关于访谈的记录和总结，分析大学专业、学业、社会实践与职业生涯发展的关系，思考在大学期间自己应为今后准备从事的职业做哪些准备。

榜样力量

洪家光：以匠心铸“机”心

身着深蓝色的整洁工装，犀利的目光紧盯着旋转的零件，一只手飞快地旋转着车床手柄，进刀、车削、退刀一气呵成，他就是在中国航发沈阳黎明航空发动机有限责任公司从事航空发动机工装制造的高级技师洪家光。

航空发动机被誉为现代工业“皇冠上的明珠”，是衡量一个国家综合国力的重要标志之一。洪家光团队制造的是用来加工航空发动机零部件的工装工具。发动机用的零件精度要求非常高，洪家光对每一个微小尺寸都追求精益求精。他一次次观察记录，比对调整。

一次，在修正金刚石滚轮时，掌握此项技术的师傅生病住院了，洪家光主动承担修正任务。为了提高加工精度，他在当时的车床无法满足加工要求的情况下，开始一项项改进，减小托盘与操作台的间隙，改造传动机构中齿轮间咬合的紧密程度。原有的刀台抗震性不强，他就重做刀台，小托盘与下面的托盘有间隙，他就想办法将小托盘固定……4 年多里，经过无数次尝试，洪家光最终研发出一套用于打磨叶片砂轮的滚轮工具。叶片加工厂使用该工具后，加工得到的叶片的质量得到了明显提高。

洪家光心中大国工匠梦的背后，是“航发人”代代传承的家国情怀——“国为重、家为轻，择一事、终一生”。

从 1998 年参加工作至今，洪家光先后跟随多位师傅，他们的匠心坚守，深深地印在了洪家光的心中。跟着付师傅学习的经历让他终身难忘。

洪家光刚见到付师傅时有点失落，心想：“年轻人都愿意跟老师傅学习，眼前这个师傅这么年轻，技术经验能丰富吗？”只见付师傅安装、调整、夹紧零件后，启动机床，快速移动机床拖板，紧接着操纵机床手柄加工零件，一系列动作极其麻利、标准。付师傅加工完零件，对站在一旁的洪家光说：“小洪，你测量一下这个零件各部分的尺寸精度，再按照这个标准加工零件。”洪家光测量后发现公差微乎其微，心想：“这水平太高了，这可是纯手工！”

到洪家光加工时，他满头大汗地忙活了十几分钟，发现自己的水平与付师傅的要求差距很大。付师傅语重心长地说：“光有在学校里学习的知识是不够的，机械加工技术深奥着呢，雄心壮志代替不了真才实学。当高水平的工人，没有你想象的那么简单，你得从一点一滴做起。”

那一刻，洪家光决定从头学起，一切从零开始。

如今，40 多岁的洪家光先后完成了 200 多项工装工具技术革新，解决了 300 多个工装工具技术难题。他与团队成员研制的航空发动机叶片滚轮精密磨削技术荣获 2017 年度国家科学技术进步奖二等奖。以他的名字命名的“洪家光劳模创新工作室”和“洪家光技能大师工作站”承担起了“传帮带、提技能”的职责。他带领团队获得了 31 项国家专利授权，完成创新和攻关项目 84 项，成果转化 63 项，解决临时难题 65 项。

资料来源：中国青年网，https://news.youth.cn/gn/202209/t20220929_14033959.htm

 生涯加油站

TED 演讲：20 岁光阴不再来（Why 30 is not the new 20）。

临床心理学家梅格·杰伊（Meg Jay）围绕 20 多岁的年轻人如何看待人生这一问题上，通过自己在工作中的所见所闻，深入浅出的讲述着简单却又重要的道理：30 岁不是一个新的 20 岁。所以，年轻人要趁早规划好自己的生活，选择自己理想的生活方式。你的现在决定着你的人生。

学习情境二

初识职业生涯规划

俗话说，机会总属于有准备的人。人的生命是有限的，其中职业生涯占据了绝对重要的部分。拥有成功的职业生涯的人，才可能实现完美的人生。职业生涯规划是个人走向职场的准备工作，与每个人职业的成功乃至人生的成功密切相关。从跨进大学校门的那一刻开始，大学生们就需要在规划中前行，通过学习和实践来完善规划。

知识目标

- 了解职业生涯规划的概念和类型。
- 了解进行职业生涯规划应遵循的原则。
- 熟悉职业生涯规划的内容。
- 熟悉职业生涯规划的基本理论。
- 掌握职业生涯规划的步骤和方法。

素质目标

- 明白“凡事预则立，不预则废”的道理，树立规划意识，不断提高自己的知识水平和专业技能。
- 树立崇高的理想和远大的职业发展目标，认识到个人的择业行为既要满足个人发展的需要，也要适应国家和社会发展的需要。

名人名言

凡事预则立，不预则废。

——《礼记·中庸》

如果一艘船不知道该驶去哪个港口，那么任何方向吹来的风，都不会是顺风。

——塔尔莱特·赫里姆

职业生涯规划是先觉知、有意愿、量己力、衡外情、订方针、找策略、重实践、善反省、再调整、重出发的轮回过程，其目的在于把握现在，看见未来，促进自我了解、自我定位、自我成长及自我实现。

——佚名

模块一 职业生涯规划概述

案例导入

小赵是2016届沈阳农业大学动物医学专业的一名学生。在校期间，小赵的成绩在班里数一数二，年年获得奖学金，并且在大二下学期就通过了英语六级考试。同学们开玩笑，说小赵的专业成绩这么好，将来肯定是班里最有出息的，进大公司当领导肯定没问题，说不定过不了几年就自己当老板了。虽说这些是同学们的玩笑话，小赵却往心里去了，他觉得自己这么优秀，毕业后进大公司当领导是毋庸置疑的。

转眼就到了大四求职季，小赵加入了求职大军。可每去一次招聘会现场，小赵就失望一次，因为现场除了基层岗位就是助理级别的岗位，根本没有他所期待的管理岗位。于是他转战网络招聘，在畜牧人才网、智联招聘等一些大型招聘网站上发布求职信息，因为这些网站上有区域销售经理、养殖技术支持经理、饲料配方主管、检验检疫组长等管理岗位。然而，这些岗位一般都要求有相关工作经验，基本不接受应届毕业生。无疑，小赵投出去的简历就如石沉大海，没有任何回应。这再一次打击了他的自信心，他想不明白，为什么自己的专业成绩那么好，却找不到满意的工作。

请思考：小赵为什么找不到满意的工作？你认为他应该怎么做？

知识链接

一、职业生涯规划的概念和类型

（一）职业生涯规划的概念

职业生涯规划又称职业生涯设计，是指在对个人职业生涯的主客观条件进行测定、分析、总结的基础上，对自己的兴趣、爱好、能力、特点进行综合分析与权衡，然后根据自己的职业倾向，结合时代特点，确定最佳的职业目标，并为实现这一目标做出行之有效的计划。

认识职业生涯规划

职业生涯规划的目的不仅仅是帮助大学生找到一份工作，更重要的是帮助大学生真正了解自己，正确估量内、外环境的优势和限制，为自己选择合适的职业生涯发展方向，并采取有效的措施，克服职业生涯发展中的困难和障碍，使自己的才能得到充分发挥，最终获得事业上的成功，实现自己的职业目标和人生理想。

（二）职业生涯规划的类型

按规划时间的维度，可将职业生涯规划分为短期规划、中期规划、长期规划和人生规划四种类型。不同类型的规划，其时间维度和任务也不一样，如表 2-1 所示。

表 2-1　职业生涯规划的时间维度和任务

类型	时间维度和任务
短期规划	一般是指两年以内的规划，主要是确定近期目标，规划近期应完成的任务。大学生即将从学校走向工作岗位，站在事业发展的起点，如何起步成了事业成败的关键。因此，大学生应在充分做好自我分析和环境分析的基础上，做好自己的短期职业规划
中期规划	一般为 3～5 年内的职业目标和任务，是最常用的一种职业规划。通常情况下，大学生毕业后所做的中期规划，其基本任务就是进入企业、学会工作，在工作中塑造自我，力求在选定的职业领域中获得初步成功
长期规划	一般为 6～10 年的职业规划，主要设定较长远的目标，以及为实现该目标将要采取的措施
人生规划	时间可长达 40 年，主要设定个人整体发展目标

提 示

短期规划的时间较短，内容具体，操作性、实践性较强，但导引意义不大。长期规划比较系统、周全，但由于时间跨度大，影响因素较多，因此难以把握。一般情况下，个人职业规划的重点应放在 3～5 年内的中期规划上。这样，既便于根据实际情况设定可行性目标和实施计划，又便于随时根据现实的反馈进行修正和调整。

二、职业生涯规划的意义

合理地设计职业生涯是个人迈向成功的第一步。大学生尽早进行职业生涯规划，对确保其更好地了解自我、顺利完成学业、进入社会就业具有重要意义。具体来说，职业生涯规划对大学生的意义主要体现在以下几个方面：

（1）有助于大学生树立正确的择业观念。很多大学生没有正确的择业观念，一味地随大流，或者仅仅认识到社会环境对职业发展的影响，而没有考虑到自身的特点和自己未来的发展目标。没有正确的择业观念的结果往往是就业时四处碰壁，事业上步履维艰。职业生涯规划所包含的各种理论、方法和工具，可以帮助大学生进行准确的自我定位，认清自己的优势和劣势，树立科学的择业观，明确自己的发展方向，理性地选择合适的职业。

（2）有助于激发大学生对未来的探索。职业生涯规划有助于减少大学生对未来的迷茫感，并使其在学习期间主动探索自己未来的职业方向，专注于如何在现有的条件下让自己得到更好的发展，合理地规划自己的学业与大学生活。

（3）有助于大学生提升就业能力。就业能力是一种综合能力，包括思维能力、学习能力、实践能力和适应能力等。这些能力是大学生成功就业的关键。一份行之有效的职业生涯规划，可以引导大学生树立明确的职业目标，使其学会运用科学的方法制订具有可行性的计划与措施，并在计划和措施的实施过程中，有针对性地培养自己某些方面的素质和能力，从而增强自身的就业能力。

（4）有助于大学生稳定就业，增强发展后劲。由于缺乏职业生涯规划的指导，不少大学生在毕业后随波逐流，不断更换工作。频繁地更换工作，一方面难以使个人积累某一专业领域的工作经验，为今后的职业发展奠定基础；另一方面也难以得到用人单位的青睐，不利于自身的稳定和发展。进行职业生涯规划可以使大学生明确自己的职业方向，慎重就业，从而避免因人职不匹配而离职。

三、职业生涯规划的原则

为了使自己的职业生涯规划更加科学、合理、切实可行，大学生在进行职业生涯规划时，应遵循以下原则。

（一）职业生涯规划要与社会需求相适应

就业作为一种社会活动，必定受到社会需求的制约。如果一个人所具备的知识与能力脱离了社会需要，就难以就业。因此，大学生在进行职业生涯规划时，要认清社会现状与未来的发展趋势，根据社会需要锻炼自己的能力、培养自己的综合素质、完善自己的人格，做到社会需求与个人能力的统一、社会需要与个人愿望的有机结合。

（二）职业生涯规划要与所学专业相匹配

每个专业都有特定的培养目标和就业方向，这是职业生涯规划的基础。在求职过程中，如果不能实现专业与职业的匹配，势必要付出额外的成本，这对个人和社会来说都是巨大的浪费。因此，大学生在进行职业生涯规划时，一定要了解与分析自己所学的专业，以专业特色和能力要求为导向来规划自己的学习与生活，强化专业知识与技能，力争做到专业与职业的相匹配。

（三）职业生涯规划要与自身实际相结合

职业生涯规划强调岗位适应性和人职匹配。大学生一定要结合自身的特点，将职业生涯规划与自己的个性倾向、人格特质及能力特长等方面相结合。通过职业生涯规划的相关测评对自己进行准确的定位，充分发挥自己的优势，做到人尽其才、才尽其用。

职业生涯规划的常见误区

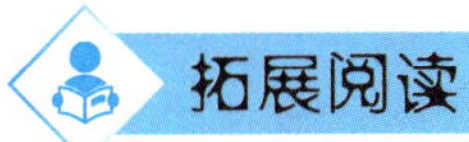

大学生职业生涯规划存在的问题

一、职业生涯规划意识不强

职业生涯规划意识不强是当代大学生的普遍特点。在某校召开的大学生座谈会上，80%的大学生表示自己从来没有对自己的职业生涯做过系统的规划，只知道就业形势特别严峻，从进校开始就十分紧张。不少大学生认为职业生涯规划可有可无，能否就业不由自己。还有部分大学生认为自己尚处于学习阶段，未来有太多的不确定因素，所以现在规划自己的职业生涯为时过早。职业生涯规划意识不强的学生在学习时无目的，浪费了宝贵的学习时间，也错过了有目的、有针对性、有计划地提高人生素养和能力的大好时机。

二、职业生涯规划中的自我定位不准

许多大学生没有做好职业生涯规划的首要原因是对自己认识不清，不知道自己想干什么、适合干什么。制订职业生涯规划时，首先应进行全面的自我分析，做好“四定”：定向，即确定自己的职业方向；定点，即确定自己职业发展的地点；定位，即确定自己在社会上的位置；定心，即做到心平气和。这实际上就是解决职业生涯规划中“干什么”“在何处干”“怎么干”“以什么样的心态去干”四个最基本的问题。这样，既可以防止“低价出售”自己，也可以防止期望过高而一无所获。

三、过于追求长远规划，希望一步到位

不少大学生忽视职业生涯规划的动态性和阶段性，不考虑自己的实际情况，盲目从众，急于求成，甚至企图走“捷径”实现目标。曾有一份调查显示，95%的大学生表示自己毕业后两年之内要做主管，五年后要成为部门总监；77%的大学生表示35岁之前要成为年薪50万～100万的职业经理人；还有20%的大学生表示毕业后十年之内要登上《福布斯》等知名杂志的富豪榜。这样的职业规划对于绝大多数大学生而言显然是不现实的，最终只能使自己产生挫败感。

四、职业生涯规划的内容

大学生应从学业、成长和社会实践三个方面入手，努力学习知识、掌握专业技能、提升综合素质，为未来进入职场做好充分的准备。

（一）学业规划

职业生涯发展是从学业规划开始的，而学生的主要任务就是学习。因此，大学生应在认真研究社会需求的基础上，结合学校的课程安排，制订科学的学业目标和学业规划。学业规划包括专业技能学习规划、公共基础知识学习规划、就业知识学习规划和实习规划等。

1. 专业技能学习规划

专业技能是大学生毕业后安身立命的基础，其重要性不言而喻。要做好专业技能学习规划，可从以下几个方面入手：

（1）确定专业技能学习的目标。每个专业需要掌握的技能不同，因此学习目标也不同。例如，师范专业学生的学习目标应是达到教师岗位所需要的技能要求，考取教师资格证；会计专业学生的学习目标应是掌握会计岗位所需要的会计知识，考取会计相关资格证书。有的学生在整个大学期间都没有明确的学习目标，浑浑噩噩，不知道该学什么，毕业以后才发现自己根本达不到岗位要求。为了避免出现这种情况，大学生应通过查阅资料（见图2-1）、咨询老师或到相关岗位观察等途径，了解所学专业的要求，确定专业技能目标。

大学生怎样学好专业知识

（2）合理规划不同阶段的学习任务。大一是打基础阶段，主要任务是适应新的学习环境，了解专业的基本特点，培养对专业的兴趣，寻找学习专业的方法，掌握专业基础知识；大二和大三是深入学习阶段，主要任务是了解专业的课程体系，掌握学习专业的方法，研究专业的发展动向，探析专业的就业特点；大四是实习实践阶段，主要任务是提高专业动手能力，撰写毕业论文，准备考取相关职业资格证书，为毕业做准备。

图 2-1 大学生在学校图书馆查阅资料

（3）合理地规划时间。大学学习比较自由，需要大学生合理地安排自己的学习与生活。自学是提升专业能力、拉开与其他同学差距的一个重要途径。大学生不仅要充分利用课堂时间汲取知识，还要加强自学，不断提高自己的专业水平和竞争力。

经典案例

求职成功的秘诀

小夏是某师范一名本科毕业生，她参加了成都市某中学语文教师的招聘。经过笔试，她从 200 多名应聘者中脱颖而出，并顺利通过了面试和试讲，成为该中学的一名教师。

面试中，当被问到有什么特长时，小夏为大家进行了现场书法展示，颇具专业水平。试讲时，小夏发音标准，表达流畅，课程设计出色，板书整洁，最终获得试讲考试第一名。

小夏成功的秘诀：一是专业基础知识扎实；二是具备良好的教师职业技能，如良好的表达能力、扎实的文字功底、突出的课程设计能力；三是综合素质较高，书法特长虽然不是教师必备的技能，但可为其加分不少。

启示：

专业技能是大学生求职择业的基础，也是职业发展的基础。大学生要想在求职中处于主动地位，获得理想的就业岗位，赢在职业发展的起点，就必须全面提高自己的专业技能。

2. 公共基础知识学习规划

公共基础知识主要包括外语、计算机、写作、公共关系等方面的知识。随着经济的发展，社会对人才的需求越来越多元化，对人才综合素质的要求也越来越高，而掌握公共基础知识就是提高综合素质的重要手段之一。因此，大学生在学好专业知识的同时，应重视公共基础知识的学习，并适当考取一些等级证书，如英语四、六级，计算机等级证书等，以提高就业竞争力。

值得注意的是，大学生在进行职业生涯规划时，要合理分配专业学习与公共基础知识学习的时间，不能顾此失彼。

好学不倦

在一个漆黑的晚上，老鼠首领带领小老鼠外出觅食，它们在一家人的厨房垃圾桶中发现了很多剩余的饭菜。就像人类发现了宝藏，它们高兴极了。

一大群老鼠在垃圾桶中享用大餐之际，突然传来了一阵令它们肝胆俱裂的声音，那就是一只大花猫的叫声。它们震惊之余，各自四处逃命，但大花猫毫不留情，穷追不舍。终于，有两只小老鼠躲避不及，被大花猫捉到。大花猫要将它们吞噬之际，突然传来了狗的狂吠声，大花猫手足无措，狼狈逃命。

大花猫走后，老鼠首领施施然从垃圾桶后面走出来说："我经常对你们说，多学一门外语有利无害，这次我又救了你们一命。"

启示：

多一门技艺多一条路，学习是通往成功的必经之路。

3. 就业知识学习规划

掌握专业技能是胜任岗位工作的前提，但技能与岗位之间需要一个桥梁，这个桥梁就是就业知识。只有掌握一定的就业知识，才能找到合适的工作岗位，使自己的专业技能得到最大限度的发挥。就业知识学习主要包括就业形势分析、就业信息搜集、就业技巧训练、职业素质培养等。

进行就业知识学习规划时，要注意以下三点：

（1）树立正确的就业观。

（2）明确阶段性学习目标。大一阶段主要是认识自我，确定好职业目标，提高职业素养；大二阶段主要是了解行业形势，做好职业生涯规划；大三阶段主要是搜集和掌握就业信息，了解面试笔试的技巧，做好求职准备；大四阶段主要是明确岗位职责、搜集就业信息、参加招聘会等。

（3）重视就业指导课，关注实习就业处的相关信息及国家相关就业政策。

4. 实习规划

实习是大学生检验自己专业技能掌握情况的有效途径，也是对自己未来职业的一种体验。具体来说，实习对大学生的意义主要有：① 提高专业技能，增强实践能力；② 了解职业与行业，确认喜欢或擅长的职业；③ 为从学生角色向职业人角色转变做准备；④ 增强找工作时的竞争优势。

大学生应对实习有所规划，对是否需要实习、到哪里实习、在实习中要获得哪些职业技能等，做到心里有数。同时，还应对可能在实习中遇到的困难做好心理准备。实习结束后，应尽可能请实习单位为自己的实习情况写一份实习评估，这对大学生未来的求职有很大帮助。

（二）成长规划

大学生的成长规划主要包括以下内容。

1. 养成良好的生活习惯

良好的生活习惯是个人身心健康的保证，而身心健康是人们学习、工作的基础。要养成良好的生活习惯，应做到以下几点：

（1）保证合理的营养供应，不暴饮暴食，不采用节食等错误的方法减肥。

（2）养成良好的作息习惯，合理地安排作息时间。

（3）进行适当的体育锻炼和文娱活动。

（4）改正吸烟、酗酒、沉迷于网络游戏等不良生活习惯。

2. 培养健康的兴趣爱好

大学毕业生在参加招聘面试（见图 2-2）时，常常会被问有什么兴趣爱好。用人单位希望通过这个问题，了解应聘者的性格，进而分析其是否适合招聘岗位。

图 2-2　招聘面试现场

良好的兴趣爱好对大学生的成长非常重要。兴趣是最好的老师，可激发人的创造热情、好奇心和求知欲。兴趣不全是天生的，大多数兴趣都是经过后天培养形成的。大学生应拓宽视野，多接触新鲜事物，并充分利用学校的资源，探索、培养自己的兴趣爱好。

3. 保持良好的心态

良好的心态和健全的人格是大学生身心健康的重要标志，也是取得良好学习成绩和成功就业的重要保障。当今社会，科技越来越发达，知识更新越来越快，竞争压力和大学生的就业难度也越来越大，这就要求大学生拥有良好的心态，包括成长的心态、竞争的心态、责任的心态、积极的心态、专注的心态、平常心等。

4. 学会理财

学会理财是大学生为踏入社会所做的一项准备工作，也是大学生尽快适应社会生存法则的必经之路。大学生要树立正确的消费观念，要量入为出，会计划、会管理、懂得专款专用，花钱有节制。

大学生理财的方式可以概括为开源和节流。

1）开源

开源即拓宽收入来源。大学生拓宽收入来源的方式主要有勤工俭学和投资。

（1）勤工俭学。勤工俭学能让大学生走出校园，接触更为真实和广阔的社会。它既能锻炼大学生的人际交往能力、处理实际问题的能力，又能使其更多地了解社会，提高心理承受能力和适应能力。

提 示

大学生勤工俭学的途径有：在学校图书馆兼职管理图书，在学校食堂负责收拾餐桌；做家教；在餐饮行业兼职做服务生；根据专业的不同在公司兼职做办事员、办公室助理；在超市做促销员、导购员；在报社兼职做记者、撰稿人、校对人员等。

（2）投资。大学生可以先从银行开始，通过了解最基本的金融常识、存款利率等，学习如何进行投资。但切忌尝试各种校园贷款，以免走上不归路。

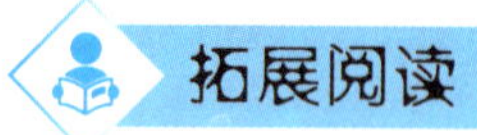

校园贷款的危害

一、校园贷款具有高利贷的性质

一些不法分子将目标对准学校，利用学生社会认知能力差、防范心理弱的劣势，进行短期、小额的贷款活动。从表面上看，这种借贷是“薄利多销”，但实际上，这种贷款的利率是银行的20～30倍，具有高利贷的性质。

二、校园贷款容易让学生误入歧途

学生的经济来源主要是父母。如果学生具有攀比心理，花钱不节制，导致父母提供的生活费不足以满足其需求，那么这些学生可能会通过校园贷款获取资金，还有可能去赌博，甚至因无法还款而走上犯罪的道路。

三、放贷人可能会通过各种非法手段向学生讨债

放贷人在放贷时，往往要求学生提供一定价值的物品进行抵押，有些放贷人还要收取学生的学生证、身份证复印件甚至私密照片。一旦学生不能按时还贷，放贷人可能会采取恐吓、殴打、威胁等手段进行讨债，严重危害学生的人身安全，扰乱了校园秩序。

四、不法分子可能会利用校园贷款进行其他犯罪

放贷人可能利用校园贷款诈骗学生的抵押物，或者利用学生的个人信息进行电话诈骗、骗领信用卡等不法行为。

2）节流

节流就是合理消费。大学生要做到合理消费，应从以下两个方面做起：

（1）树立正确的消费观念。大学生的主要任务是学习，不应片面地追求物质享受或者与同学攀比，要在自己能够承受的范围内消费。

（2）制订消费计划，合理安排生活支出。大学生可适度参加各种聚会或团体活动，但应自觉抵制超前消费和过度消费。

5. 树立正确的世界观

“青年是引风气之先的社会力量。”作为国家的希望和未来，大学生应该树立正确的世界观，培养民族责任感，以强大国家为己任，立志做一个有利于社会的人。

（三）社会实践规划

参加社会实践活动（见图 2-3）可以提高大学生解决问题的能力和人际交往能力，培养大学生吃苦耐劳的精神，使他们学会管理自己，发掘自身潜能，增强生存能力。

图 2-3 大学生参加“三下乡”社会实践活动

大学生在进行社会实践活动时，应注意以下几点：

（1）避免挤占学习时间。大学生应尽可能利用假期和课余时间参加社会实践活动。占用学习时间参加社会实践活动，对大学生精修专业是有一定负面影响的，一般情况下不提倡。

（2）必须明确参加社会实践活动的目的。大学生在参加社会实践活动之前，应明确自己的目的是开阔视野、适应社会、学会独立、进行专业实践，还是解决经济困难，或者兼而有之。只有明确了目的，才能选择合适的实践活动，并在实践中获得预期的收获。

（3）做好社会实践总结。做好社会实践总结可以让大学生明确自己在实践中有哪些收获，得到了哪些经验教训，自身还有哪些不足，从而在以后的学习和工作中扬长避短。

做一做

根据自己的实际情况制订自己本学期在专业知识和技能、个人特长及素质、兴趣爱好、综合素质拓展等方面的发展规划并填写表 2-2。

表 2-2 个人本学期发展规划表

规划项目			规划内容	完成情况	总结分析	后续规划修正
专业知识和技能发展规划	课程成绩计划	设定必修课、限选课、任选课等课程的目标成绩				
		设定英语、计算机等课程等级考试的目标成绩				
	奖学金计划	制订各类奖学金的获得计划				
	专业素质拓展计划	规划与专业相关的知识发展				
		规划与专业相关的素质发展				
		规划与专业相关的技能发展				
个人特长及素质发展规划	文娱特长发展计划	制订音乐、舞蹈、曲艺、美术、设计等方面的学习计划				
	体育特长发展计划	制订体育运动和比赛等方面的计划				
	计算机特长发展计划	制订计算机软硬件的学习、应用等方面的计划				
	思想政治素质发展计划	如积极参加学校组织的“五青”（由青蓝讲坛、青风学堂、青雨润堂、青烛讲堂、青影艺堂构成的思想政治工作体系）讲座及活动				
	心理健康发展计划	如积极参加心理咨询活动				
	其他方面发展计划	如参加演讲比赛、辩论比赛等				
兴趣爱好发展规划	读书计划	制订本学期的阅读书单				
	其他计划					

（续表）

规划项目			规划内容	完成情况	总结分析	后续规划修正
综合素质拓展规划	技能认证考试计划	如考取与所学专业相关或跨专业的某个技能认证证书				
	组织能力发展计划	如担任学生干部参与班级管理、组织大型活动				
	社会活动计划	如参与青年志愿者服务、社会实践、爱心奉献、专业实习等活动				

探索活动

开展课堂讨论会

【活动目的】

以“大学生需要在毕业之前做好职业生涯规划吗”为题进行课堂讨论，让学生了解职业生涯规划的重要性。

【活动流程】

（1）分组。5~8 人一组，设组长一名，记录员一名。组长明确讨论方向。

（2）组内讨论。组员依次发言，每人发言时间不超过 2 分钟。记录员控制发言时间并记录发言内容。

（3）发言完毕后，组长与组员共同讨论，得出简要结论。

（4）各组组长在课堂上陈述自己小组的结论，并做出简要说明。

（5）老师组织全班学生对讨论过程中产生的焦点问题进行进一步讨论。

模块二　职业生涯规划的基本理论

案例导入

李茗刚进大学不久，就听说同宿舍楼一位大四的师姐由于临近毕业压力过大，在楼道里整整哭了一夜。李茗暗下决心，决不能让自己出现这种情况。于是，刚上大一的她便开始学习职业生涯规划的相关知识，尝试进行职业生涯规划。为了更清楚、全面地认识自己，她与辅导员、其他同学积极沟通，请他们从不同角度帮助她分析自己的优缺点。此外，她还积极地参加学校组织的校友会活动，通过和已毕业的师哥师姐交流，寻找适合自己的工作类型。

进入大三后，李茗参加了学校就业指导中心举办的就业讲座，寻求专业的职业指导。在这里，她第一次接触到了系统的职业规划理论，对职业生涯规划的认识也逐渐清晰了。通过咨询一些大企业的人力资源讲师，她对各大企业的架构、岗位职能有了深入的了解，并将自己对号入座，逐渐找到了适合自己的职业方向。

大四开始，李茗便进入某企业进行实习。由于她在实习期间出色表现，实习期满后，该企业就正式录用了她。

请思考：职业生涯规划的基本理论有哪些？学习职业生涯规划的基本理论对工作有哪些积极作用？

许多大学生缺乏职业生涯规划基本理论的相关知识，因此在面对职业选择时，总是一脸茫然，无从入手。职业生涯规划的基本理论是大学生确定职业目标和方向的航标灯，对帮助大学生找到适合自己的职业具有重要的作用。

一、职业选择理论

（一）帕森斯的特质因素理论

帕森斯的特质因素理论又称“人职匹配理论”，由波士顿大学教授弗兰克·帕森斯于1909年提出。帕森斯认为，每个人都有自己独特的人格模式，每种人格模式的个人都有与其相适应的职业类型。所谓“特质”，是指个人的人格特征，包括能力倾向、兴趣、价值观和人格等，这些都可以通过心理测量工具加以衡量；所谓“因素”，是指在工作上取得成功所必须具备的条件或资格，这些是可以通过对工作的分析来了解的。

1. 人与职业匹配的类型

帕森斯认为，人与职业匹配的类型可分为两种，如表2-3所示。

表2-3　人与职业匹配的类型及其解释

类型	解释
因素匹配（职业匹配人）	需要专门技能和专业知识的职业与掌握这种技能和专业知识的求职者相匹配。例如，程序员、系统开发、信息工程师等对计算机编程能力要求较高的职业，需要具有一定的计算机工作经验、对编程非常熟练的劳动者与之相匹配

（续表）

类型	解释
特质匹配（人匹配职业）	具有一定特长或特质的人与需要该特长或特质的职业相匹配。例如，具有敏感、不守常规、个性强、理想主义等特质的人，适合从事艺术创作类职业

2．选择职业的步骤

帕森斯将选择职业的过程分为以下三个步骤：

（1）从特质方面着手，了解并评价求职者的生理和心理特点。职业指导人员可通过心理测试及其他测评手段了解求职者的身体状况、能力倾向、兴趣爱好、气质与性格等，通过面谈、调查等方法了解求职者的家庭背景、学业成绩、工作经历等，并根据这些资料对求职者进行综合评价。

（2）从因素方面着手，分析各种职业对人的不同要求，并向求职者提供有关的职业信息。职业信息主要包括职业的性质、工资待遇、工作条件及晋升的可能性，求职的最低条件，就业机会等。

（3）人职匹配。职业指导人员在了解求职者的“特质”和职业的“因素”后，应帮助求职者进行比较、分析，以便选择出一种适合其个人特点、有可能得到且取得成功的职业。

特质因素理论强调人与职业的匹配，为大学生职业发展指导工作提供了最基本的原则，现已成为学生职业发展指导实践中经久不衰的理论，帕森斯也因此被誉为“职业指导之父”。

（二）施恩的职业锚理论

职业锚理论又称职业定位理论，由麻省理工学院斯隆商学院、著名的职业指导专家埃德加·施恩教授提出。锚是船只停泊定位用的铁制器具，而“职业锚”是指人们选择和发展职业时所围绕的中心，可以简单地理解为职业定位。

施恩认为，职业规划实际上是一个持续不断的过程。在这一过程中，每个人都在根据自身的天赋、能力、动机、态度、需要和价值观等，慢慢形成较为清晰的、与职业有关的自我概念。随着个人对自身越来越了解，占主要地位的职业锚也就逐渐形成了。

经过长期的研究，施恩提出了职业生涯的八个方向，即八种“职业锚”，如图 2-4 所示。职业锚不同的人，其职业价值观也存在差异，如表 2-4 所示。

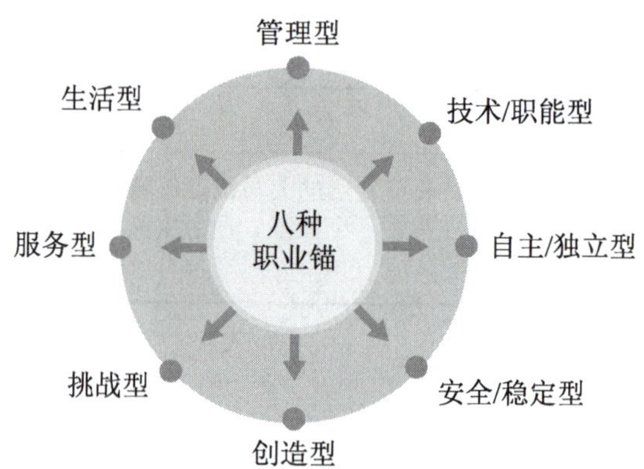

图 2-4 八种“职业锚”

表 2-4 不同类型职业锚的人的职业价值观

类型	职业价值观
技术/职能型	拥有这种职业锚的人追求在专业领域的成长和技能的不断提高。他们希望有机会充分发挥自己的技术才能，喜欢面对来自专业领域的挑战，并乐于享受作为某方面专家带来的满足感。他们一般不喜欢从事管理工作，因为这意味着他们将离开专业技术第一线
管理型	拥有这种职业锚的人追求并致力于职位晋升，倾心于全面管理，可以跨部门整合其他人的努力成果。他们想去承担整个部门的重任，并将公司的成功与否看成自己工作的成果
创造型	拥有这种职业锚的人追求自主和独立，不愿意受程序、工作时间、着装方式及其他标准规范的制约。他们往往希望通过自己的能力去创建属于自己的公司或开发完全属于自己的产品（或服务），愿意冒风险，勇于克服面临的困难
自主/独立型	拥有这种职业锚的人希望自己工作的时间和地点是弹性的。追求能施展个人能力的工作环境，最大限度地摆脱组织的限制和制约。他们宁愿放弃晋升的机会，也不愿意失去自由与独立
安全/稳定型	拥有这种职业锚的人坚持追求相对安全、稳定的工作，不太关心具体的职位和具体的工作内容。他们喜欢有保障的工作、体面的收入及可靠的未来生活
服务型	拥有这种职业锚的人坚持追求他们认可的核心价值，如帮助他人、改善工作环境等，通常不会接受不能实现自己价值的职业，即使面对高薪和高职位的诱惑也初心不改
挑战型	拥有这种职业锚的人通常会选择新奇、多变和困难较大的工作或职业，他们以战胜各种不可能的事情为终极目标
生活型	拥有这种职业锚的人希望将生活的各个主要方面整合为一个整体。正因为如此，他们需要一个具有足够弹性，使他们可以实现自己目标的职业

提 示

在理解职业锚时，应注意两个问题：

（1）每种职业锚都对应着一些典型的职业，而某些职业也可能对应着多种职业锚。

（2）职业锚不同于职业倾向，它对于个人来讲是单一的，每个人只可能拥有八种职业锚中的一种。

职业锚强调个人能力、动机和价值观的相互作用与整合。只有人职匹配，才能在工作中发挥自己的长处，实现自身价值。大学生在进行职业生涯规划和定位时，可以运用职业锚审视自己的价值观，确定自己的发展方向。

同学们可访问壹心理网站（https://www.xinli001.com/ceshi/598），测试自己的职业锚类型。

二、职业发展理论

（一）舒伯的生涯发展理论

著名生涯研究专家舒伯于 1953 年提出“生涯”的概念，他把职业生涯发展看成一个持续渐进的过程，由童年时代开始一直伴随人的一生。

1. 职业生涯发展的五个阶段

舒伯的生涯发展理论将职业生涯的过程分为成长、探索、建立、维持和衰退五个阶段，每一阶段都有其独特的职责、角色及发展任务，且前一阶段发展任务的完成情况会影响下一阶段的发展。职业生涯发展五个阶段的年龄及发展任务如表 2-5 所示。

表 2-5 职业生涯发展五个阶段的年龄及发展任务

阶段	年龄	发展任务
成长阶段	0～14 岁	建立起自我的概念。该阶段对职业的好奇占主导地位，应逐步有意识地培养自己的职业能力
探索阶段	15～24 岁	主要通过学校学习进行自我考察、角色鉴定和职业探索，完成择业和初步就业
建立阶段	25～44 岁	选择一个合适的工作领域谋求发展，这是绝大多数人职业生涯周期中的核心部分
维持阶段	45～64 岁	开发新的技能，维护已经获得的成就和社会地位，维持家庭和工作的和谐
衰退阶段	65 岁及以上	逐步退出职业领域，减少权利和责任，同时探索其他社会角色，适应退休后的生活

2. 生涯彩虹图

根据舒伯的看法，一个人一生中扮演的诸多角色就像彩虹一样具有许多色带。为了综合阐述职业生涯发展各阶段与角色间的相互影响，舒伯提出了“生涯彩虹图”理论，引入生命广度、生命空间的概念，展示了不同发展阶段各种角色的相互作用、继承与更替。图 2-5 为某人的生涯彩虹图。

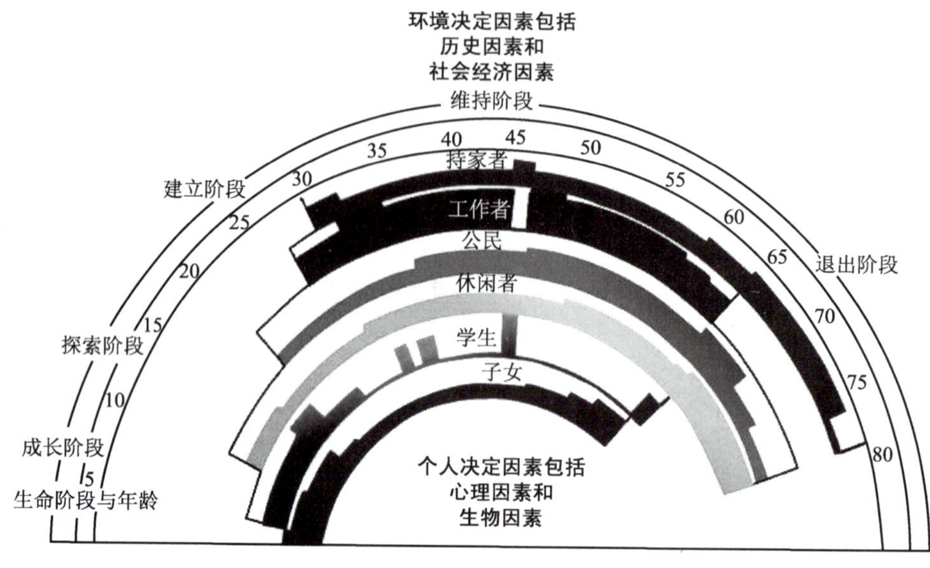

图 2-5 某人的生涯彩虹图

舒伯认为，在个人发展历程中，人会随年龄的增长而扮演不同的角色。在生涯彩虹图中，纵向层面由一组角色组成，分别为子女、学生、休闲者、公民、工作者和持家者，他们相互影响，交织出个人独特的生涯类型。

生涯彩虹图

生涯彩虹图的最外圈为生命阶段与年龄，内圈阴影部分代表不同角色，它们的范围、长短不一，表示在不同年龄段各角色所占的分量。在同一年龄阶段，一个人可能同时扮演多个角色，因此内圈阴影部分会有重叠，但其所占比例有所不同。

（二）金斯伯格的职业生涯发展理论

金斯伯格是著名的职业指导专家和职业生涯发展理论的先驱及代表，他研究的重点是从人类童年到青少年阶段的职业心理发展历程。他将职业生涯的发展分为幻想期、尝试期和现实期三个阶段。

1. 幻想期（11 岁之前）

11 岁之前的儿童对他们所看到或接触到的各类工作者（如父母、老师、军人、演员甚至动物园管理员等）的职业都充满了好奇和向往，幻想着长大后做他们那样的人、干他们所干的工作，甚至在装扮、语言和行为上进行模仿。

该时期职业需求的特点是：单凭自己的兴趣爱好选择职业，不考虑自身的条件、能力水平、社会需要与机遇，完全处于幻想之中。

2. 尝试期（11～17 岁）

尝试期是接受中等教育、由少年向青年过渡的时期。在这一时期，人的心理和生理均在迅速成长、发育和变化，逐渐形成独立的意识，产生基本的价值观，知识逐步累积，能力显著增强，初步获得社会生活经验。

该时期职业需求的特点是：明确自己的职业兴趣，开始客观地审视自身各方面的条件、能力和价值观，开始关注各种职业的社会地位及社会对该职业的需要。

3. 现实期（17 岁以后）

现实期的人们完成了中等或高等教育，有一部分人即将步入社会参加劳动，此时他们能够客观地将自己的职业愿望或要求与自己的主观条件、能力，以及职业需要密切联系起来，寻找适合自己的职业角色。

该时期职业需求的特点是：已有具体的、现实的职业目标，讲求实际。

（三）明尼苏达工作适应论

明尼苏达工作适应论是心理学家罗圭斯特和戴维斯提出的一种强调人境符合的心理学理论。该理论认为，当工作环境能满足个人的需求（即内在满意），且个人也能满足工作的要求（即外在满意）时，个人与环境之间的关系就会比较协调，个人的工作满意度会比较高，个人在该工作领域才能够得到持久的发展。其中，“内在满意”主要通过职业期待与企业文化、奖惩制度之间的适配性来评估，“外在满意”主要通过个人职业技能与工作的技能要求之间的匹配程度来评估。

明尼苏达工作适应论如同天平，追求平衡、匹配和适应。在工作环境中，天平的一端是个人的能力和个人对工作的需求，另一端是工作对个人能力的要求，以及工作所能够满足个人物质和精神需求的程度。个人想要有稳定的发展，就必须达到两者的平衡。

根据明尼苏达工作适应论，个人与工作环境存在互动关系。在实际工作中，个人需求和工作要求都会随着时间而不断调整和变化。如果个人能积极地维持与工作环境之间的协调统一关系，个人将会在这个工作环境中继续发展。反之，如果个人和工作环境之间不能维持这种平衡关系，则个人最终会离开这个工作环境。

故事与人生

两兄弟爬楼梯的故事

有一对兄弟，他们的家住在某栋大厦的 80 楼。一天，他们外出爬山回来，发现大厦停电了。两个人都背着大大的登山包，这时，哥哥对弟弟说：“我们爬楼梯上去吧。”于是，他们一人背一个登山包开始往上爬。

到 20 楼时，他们觉得累了。于是弟弟提议说：“哥哥，行李太重了，不如我们把它们放在这里，我们先上去，等来电后我们再坐电梯下来拿。”哥哥一听，觉得这个主意不错，便说：“好啊，弟弟，你可真聪明。”

于是，他们把行李放在了 20 楼，继续往上爬。卸下沉重的登山包后，他们觉得轻松多了，便一路有说有笑地往上爬。然而，到了 40 楼，两个人都觉得十分累，一想到只爬了一半，便忍不住开始互相埋怨，指责对方不注意停电公告，才会落到如此下场。

他们边吵边爬，就这样一直爬到了 60 楼。此时，两个人已经精疲力尽，连吵架的力气也没有了。哥哥对弟弟说："算了，只剩下最后 20 层，我们就不要再吵了。"于是，他们一路无言，安静地继续往上爬。

终于爬到了 80 楼。到了家门口，哥哥长吁一口气，伸出手说："弟弟，拿钥匙来！"弟弟说："有没有搞错？钥匙不是在你那里吗？"原来，钥匙还留在 20 楼的登山包里！

启示：

这个故事反映了很多人的人生。20 岁之前，活在家人、老师的期望之下，背负着很多压力，不停地学习、考试、升学，就像是背着一个沉重的登山包，走得很辛苦。20 岁以后，从学校毕业出来，踏上工作岗位，开始自己的职业生涯，想做什么就做什么，就好像是卸下了沉重的登山包。

到了 40 岁，人到中年，发现青春早已逝去，但又有很多遗憾，于是开始抱怨。到了 60 岁，发现人生所剩不多，于是告诉自己，不要再抱怨了，好好珍惜剩下的日子。于是，默默地走完最后的岁月。到了生命的尽头才突然想起，好像有什么忘记了。

是什么呢？是你的钥匙，你人生的关键。你把你的理想、抱负、人生最关键的东西都留在了 20 岁，没有完成。

正如舒伯的生涯发展理论所论及的，人生分为不同的阶段，每一个阶段都有特定的生涯发展任务，且前一阶段必定会影响后一阶段的发展。对大学生来说，在学校的学习情况会影响职业选择，而职业选择会影响职业发展，职业发展质量又会影响生活质量。人生不能重来，后悔、遗憾和抱怨都是没有任何帮助的。只有积极面对人生，合理地进行生涯规划，确定个人生涯发展目标，才能把握人生，生涯无悔。

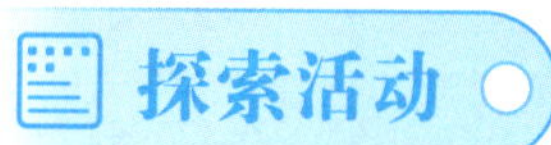

绘制生涯彩虹图

【活动目的】

通过绘制自己的生涯彩虹图，加深对职业生涯的认识，从而更好地明确自己的发展方向，确定自己的职业目标。

【活动流程】

（1）参照图 2-5，在图 2-6 中画出你的生涯彩虹图，主要应包括以下内容：

① 自己可能会扮演的角色（除书中提到的六个角色外，还可以加上其他角色）。

② 每个角色开始与结束的时间。

③ 将每个角色在不同年龄段的投入程度应按比例以厚薄来表示。

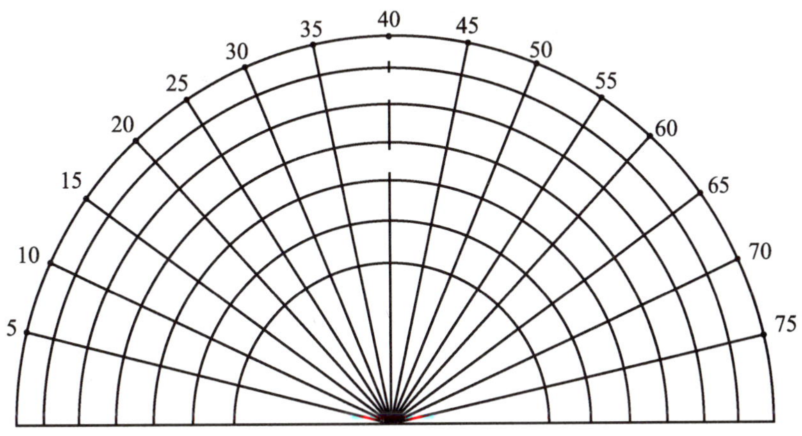

图 2-6 画出生涯彩虹图

（2）思考以下问题：

① 你最满意哪些角色？最不满意哪些角色？为什么？

② 你认为哪一个角色最重要？如果要将该角色扮演好，应做到哪些事？

③ 扮演哪一个角色最令你感到困难？为什么？

④ 这些角色按重要性如何排序？

⑤ 哪些角色是你原本希望投入更多，实际却没有做到的？请说明没做到的理由。

⑥ 哪些角色是你原本不打算投入过多，实际却投入了许多？请说明理由。

⑦ 在角色的比重分配上，你希望做什么调整？有哪些具体措施？

（3）老师挑选几名学生，让他们分享自己绘制的生涯彩虹图和个人心得，老师进行点评。

模块三 职业生涯规划的步骤和方法

案例导入

小安今年 19 岁，是某大学中文专业的一名大二学生。她是家里的独生女，父母都在当地重点中学任教。她从小学习成绩优异，性格外向，爱热闹、爱交朋友，上学期间一直担任班干部，是老师口中的“好学生”，父母口中的“好孩子”。

考大学时，小安本来想选自己喜欢的心理学专业，但高考发挥失常，没能进入理想的大学，最后被调剂到了另一所大学的中文专业。小安对这个专业没太大兴趣，大一期间的学习成绩一般，个别课程勉强及格。对未来要从事怎样的工作、选择怎样的职业，小安都没有明确的规划，只是觉得想要找一份相对稳定的工作。

小安说："上大学以前，我的学习目标都很明确，就是要考上大学。现在上了大学，却发现目标没了。我感觉自己现在很迷茫、很焦虑，也不知道自己毕业后要找什么样的工作。有师姐建议我做一个职业生涯规划，但我不知道如何做。"

请思考：职业生涯规划主要分为哪几个步骤？小安可以采用什么方法进行职业生涯规划？

知识链接

一、职业生涯规划的步骤

职业生涯规划是在知己知彼的基础上确定个人的职业生涯发展方向、目标及路径，落实实现各项目标的具体措施，并根据外界环境的变化及个人的成长不断修正的过程。明确"我是谁""我在哪儿""我能做些什么""我该如何做"，让自己每天做的事情和自己的美好愿望科学、紧密地连接起来，是实现人生价值的关键。大学生职业生涯规划的基本步骤包括自我评估、外部环境分析、目标确立、计划实施、反馈与修正。

职业生涯规划的步骤

（一）自我评估

自我评估就是对自己做全面分析。自我评估是职业生涯规划的基础，关系到职业生涯的成功与否。

在进行自我评估时，要通过科学的认知方法和手段，对自己的职业价值观、职业兴趣、能力、气质类型、性格等进行全面的认识。自我评估要客观、冷静，不能以点带面，既要看到自己的优点，又要敢于面对自己的缺点。只有以客观事实为依据，才能使自我评估不断趋于真实、客观。

此外，在进行自我评估时，不仅应对自身目前的状况做出适当、全面、客观的评估，还应着眼于未来的发展变化，预见性地评估自己将来的发展潜力和前景。

做一做

回答以下问题，可以帮助你更清楚地了解自己。

（1）你现在的年龄有多大？

（2）在工作方面，你是追求有更多发展机会的工作，还是追求能取得更多收入的工作？是追求工作的舒适感，还是追求在竞争中获得成功带来的成就感？什么样的工作能满足你的这种需要？

（3）你的兴趣爱好是什么？

（4）你是喜欢与人还是与事物打交道？是喜欢管理工作还是技术工作？

（5）你有什么样的特殊能力？这些能力比较适合什么样的工作？

（6）你的性格属于哪种类型？这种性格类型适合什么样的工作？

（7）你的专业是什么？该专业与哪些工作对口？

（二）外部环境分析

外部环境对个人职业生涯规划具有重要的影响。只有顺应外部环境的变化和需要，最大限度地发挥个人优势，才能使个人目标得以实现。外部环境分析包括对社会经济环境、行业环境、职业环境、企业环境及个人成长环境等方面的分析。一般来说，长期规划更注重对社会环境的分析，短期规划要侧重对企业环境的分析。

大学生在进行职业生涯规划时，要找出自己与上述环境的关系，以及有利和不利于自己的环境因素，并以此作为确定职业目标的依据。只有努力使自身因素与外部环境因素最大限度地契合，才能趋利避害，自己的职业生涯规划才更具有现实意义。

（三）目标确立

目标确立是进行职业生涯规划的关键，有效的生涯规划需要切实可行的目标。大学生应在自我评估、外部环境分析的基础上，选择自己的职业方向，确立职业目标。一般来说，确立职业目标应遵循以下几个原则。

职业生涯目标的确立

1. 适合自身特点原则

每个人都有各自的特点和优势。将职业目标建立在个人优势的基础上，在选择职业时，个人就能占据主动、有利的地位，有利于职业目标的实现；如果职业目标偏离了自身的优势，则会大大增加前进道路上的障碍。

2. 符合社会与组织需求原则

在确定职业目标时，应将职业目标视为一种“产品”。这种“产品”有市场，才有“生产”的必要。因此，职业目标的确立要考虑社会与组织的需要。有需求才有发展的空间。

3. 高远可行原则

职业目标既不宜过高，也不能过低。远大的职业目标能对个人起到激励作用，可以促进个人不断学习，不断改进工作方法，使个人为达到目标而努力奋斗。但职业目标不能过高，否则将容易使人丧失信心，或整日活在幻想中，最终一事无成。

4. 长短结合原则

职业生涯发展是一个有机的、逐渐展开的过程。在确立总体目标后，要把总体目标分解为若干个长期（6～10 年）目标，把长期目标继续分解为若干个中期（3～5 年）目标，把中期目标继续分解为短期（1～2 年）目标。在职业生涯发展过程中，总体目标和长期目标能够指明方向，而短期目标的达成能使人获得成就感，从而不断鼓舞自己向更高的目标前进。因此，确定职业目标时应长短结合。

5. 留有余地原则

留有余地，就是要留有机动的时间，以防实现目标的过程中出现意外情况。在实现目标的时间安排上，不要操之过急，把任务安排得太满、太紧，而要从实际情况出发，保证每项任务都能有条不紊地完成，并留出合理的机动时间。

故事与人生

新生活是从选定方向开始的

比塞尔是西撒哈拉沙漠中的一个小村庄，位于一块 1.5 平方千米的绿洲旁。可是在肯·莱文发现它之前，这儿的人没有一个走出过西撒哈拉沙漠。

1926 年，肯·莱文来到这里后，用手语向这儿的人询问原因，结果每个人的回答都一样：无论朝哪个方向走，最后还是要回到这个地方。为了证实这种说法的真伪，他做了一个实验——从比塞尔向北走。结果，三天半就走了出来。

比塞尔人为什么走不出去呢？肯·莱文非常纳闷。于是，他雇了一个名叫阿古特尔的比塞尔人，让他带路，看看到底是什么原因。他们带了半个月的水，牵上两匹骆驼，肯·莱文收起指南针等现代化设备，只拄一根木棍跟在阿古特尔后面。10 天过去了，他们走了数百公里的路程。第 11 天的早晨，一块熟悉的绿洲出现在眼前，他们果然又回到了比塞尔。肯·莱文终于明白了，比塞尔人之所以走不出沙漠，是因为他们根本不认识北斗星。

在一望无际的沙漠里，一个人如果凭着感觉往前走，往往会走出许多大小不一的圆圈，而且最终还会回到起点。比塞尔村处在浩瀚的沙漠中间，方圆几十公里都没有任何参照物，如果不认识北斗星又没有指南针，想走出沙漠确实是不可能的。

在离开比塞尔时，肯·莱文带上了这位叫阿古特尔的年轻人，并告诉他，只要白天休息，夜晚朝北面那颗最亮的星星走，就能走出沙漠。阿古特尔跟着肯·莱文，三天便来到了沙漠的边缘。

现在，比塞尔已是西撒哈拉沙漠中的一颗明珠，每年有数以万计的旅游者来到这里。作为比塞尔的开拓者，阿古特尔的铜像被立在了小城中央，铜像的底座上刻着一行字：新生活是从选定方向开始的。

启示：

成功需要明确的方向和目标。大学生只有明确自己的职业方向，树立科学、合理的职业目标并为之不懈努力，才能实现自己的职业理想。

（四）计划实施

“千里之行，始于足下。”规划制订得再好，如果不实施，也是不可能实现既定目标的。这里所说的“实施”主要指采取具体的措施落实目标。对大学生来说，计划的实施主要包括学习、社会实践、技能培训等。一旦有了明确的计划和措施，就要按照各个阶段的目标，拟定执行步骤并付诸行动。

（五）反馈与修正

由于社会环境的变化和其他不确定因素的存在，一个人的职业发展轨迹可能会与他原来制订的职业生涯规划有所偏差，这就需要对规划进行适当的修正和调整，使其更符合自身发展和社会发展的需要。

反馈与修正是个人对自己和社会的认识不断加深的体现，其内容主要包括以下几个方面：

（1）自我条件重新剖析，即在实践的基础上重新认识自己、分析自己，找到自己的优势与不足。

（2）生涯机会重新评估，即结合目前的社会、经济和组织环境，重新分析自己未来发展的空间及可能性。

（3）职业目标修正，即根据实际情况，重新思考与确定自己的职业目标，使其更加切合自己的情况，更加有利于自己的发展。

（4）调整生涯发展策略，即根据新的情况和目标，重新制订和调整生涯发展策略，强化自己的优势，弥补自己的不足。

课堂活动

如果给你 15 天的假期出去旅游，请你制订一个详细、可行的旅游计划。在制订计划前，请思考以下问题：

（1）你的旅游计划是什么？（包括目的地、去该地的原因、日程安排、交通工具等）

（2）你制订这个计划经过了哪几个步骤？

（3）你将如何落实这个计划？

（4）这个过程与职业生涯的规划有哪些相似之处？

老师挑选几名学生回答，并对回答情况进行点评。

二、职业生涯规划的方法

职业生涯伴随着人的一生，职业生涯规划直接影响着个人的前途和命运。因此，职业生涯规划一定要科学、正确，这就需要掌握一定的方法和技巧。

职业生涯规划的方法主要有 SWOT 分析法、5W 分析法等。

（一）SWOT 分析法

SWOT 分析法又称态势分析法，是一种能够较客观、准确地分析和研究一个单位和个体现实情况的方法，四个英文字母分别代表优势（strength）、劣势（weakness）、机会（opportunity）和威胁（threat）。其中，优势、劣势主要用来分析内部条件，机会、威胁主要用来分析外部条件。图 2-7 为 SWOT 分析表。

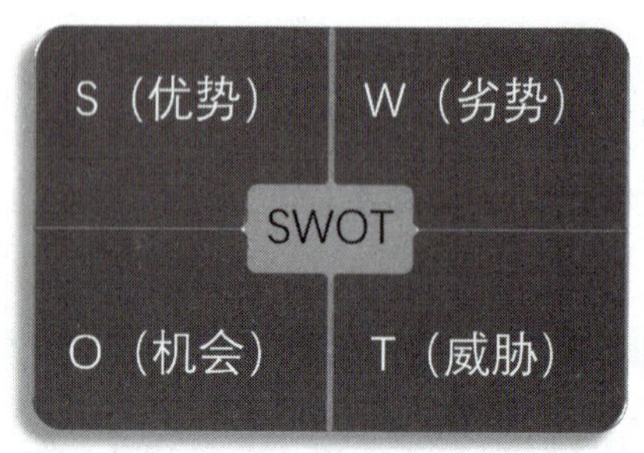

图 2-7 SWOT 分析表

SWOT 分析法是进行职业生涯规划的一个非常实用的工具，它能使个人明确自己的优势和劣势，并且能评估个人感兴趣的职业方向所存在的机会和威胁。一般来说，在使用 SWOT 分析法时，应按照以下四个步骤进行。

1．评估优势和劣势

优势就是自己所具备的知识、能力、水平和发展潜力。大学生可以通过回答以下四个问题来认识自己的优势：

（1）我具备哪些知识和技能？

（2）我最擅长的事情是什么？

（3）我最满意自己哪些品质？

（4）有哪些个性条件让我有自信从事目标职业？

劣势是相对于目标职业的要求而言的，是个人在今后需要继续提升的素质、知识、能力、创造力、财力等。

正确评估自己的优势和劣势，有利于在职业发展中扬长避短，以及有针对性地完善自己。

2．分析职业机会和威胁

不同行业或同一行业内的不同企业，它们面临的外部机会和威胁也不同。分析职业机会和威胁，有利于大学生做出正确的职业生涯决策。

分析职业机会和威胁可从以下几个方面着手：

（1）家庭环境分析，包括家庭经济状况、家庭成员的职业构成、家庭传承等带来的职业机会和资源。

（2）学校环境分析，包括学校的办学指导思想、专业水准、校企合作情况、校友资源等。

（3）社会环境分析，包括当前的政治环境、经济环境、科技发展水平、国家就业政策、社会需求等宏观因素。

（4）目标地域分析，包括目标地域的经济发展状况，目标城市的人文环境、人们的生活及工作压力等。

（5）目标行业环境分析，包括目标行业的现状和未来的发展趋势，国家政策、科技发展给行业带来的机会等。

（6）目标企业环境分析，包括目标企业的性质、信誉、产品市场占有率、发展历史和发展前景、福利待遇、企业文化等。

3. 列出五年内的职业目标

仔细对自己进行 SWOT 分析，列出毕业后五年内最想实现的 4～5 个职业目标，然后思考从事每一种职业自己想要达到的高度、想管理多少人、想拿到多少薪水等。

4. 列出五年的职业行动计划

拟出一份实现第三步列出的每一个目标的行动计划，并详细说明为了实现每一个目标要完成的每一件事情及完成这些事情的时间。

经典案例

SWOT 分析法应用实例

宋奇，男，上海某大学公共事业管理专业大三学生。他勤奋好学，吃苦耐劳，敢于面对挑战，喜欢从事有挑战性的工作。

宋奇对人力资源管理有浓厚的兴趣，在校期间系统地学习了人力资源管理的相关理论知识。他的短期职业目标是大学毕业后成为人事经理。宋奇的 SWOT 分析如表 2-6 所示。

表 2-6　宋奇的 SWOT 分析

因素	内容
优势	① 做事比较认真、踏实，有浓厚的学习兴趣，尤其对人力资源管理有着浓厚的兴趣 ② 有乐观积极的生活态度 ③ 有极强的责任心和耐心 ④ 办公软件运用能力强 ⑤ 英语水平较高，尤其具有较好的口语表达能力 ⑥ 对社会现象有自己的思考，具有一定的分析能力 ⑦ 书面表达能力较好，逻辑性和条理性较强
劣势	① 性格偏内向，对管理工作不太了解 ② 办事不够细心，有时考虑问题不全面 ③ 做事不够果断，尤其在做决定时容易犹豫不决 ④ 做事有时拖拉 ⑤ 工作、学习有些保守，冒险精神不够，创新能力有待提高

（续表）

因素	内容
机会	① 经济的快速发展为个人的发展提供了广阔的空间 ② 在学校可获得优质的人脉资源，奠定良好的人际关系基础 ③ 随着经济和社会的发展，企业对中高级人力资源管理者的需求越来越大 ④ 有亲戚从事人力资源管理工作
威胁	① 距离毕业仅剩一年时间，各种准备相当不充分。相比其他重点大学的毕业生来说，自身的实力还不够突出 ② 企业对个人素质的要求不断提高，个人能力尚有不足 ③ 缺乏实践经验

点评：

通过以上分析，可以看出宋奇从事人力资源管理工作的优势与机会大于劣势和威胁，他具备从事该工作的专业优势、个性优势、能力优势及发展条件优势。因此，他应该在今后的一年中积极寻找相关实习机会，为就业做好充分的准备。

做一做

请你参照宋奇的 SWOT 分析，对自己未来想从事的职业，用 SWOT 分析法进行初步分析并填在表 2-7 中。

表 2-7 你的 SWOT 分析

因素	内容
优势	
劣势	
机会	
威胁	

（二）5W 分析法

5W 分析法是指采用归零思考模式，通过“自己提问、自己回答”的方式综合分析，找准自己的职业定位和职业目标，最后形成适合自己的、合理的职业生涯规划的方法。

5W 分析法一共需要回答五个问题，分别如下：

（1）Who are you?（你是谁？）

（2）What do you want?（你想做什么？）

（3）What can you do?（你能做什么？）

（4）What can support you?（环境支持或允许你做什么？）

（5）What you can be in the ends?（你最终的职业目标是什么？）

经典案例

5W 分析法应用实例

周雨是一名计算机专业的学生。虽然计算机专业目前属于热门专业，但是在这个专业中，女生的竞争力明显弱于男生。与计算机相关职业相比，周雨更喜欢教师这个职业。因此在选择职业时，周雨觉得十分难以抉择。最后在老师的建议下，她采用了“5W 分析法”来思考自己的职业生涯，确定自己的就业方向。

1．我是谁

某重点高校计算机专业的大四学生，优秀学生干部；学习成绩优秀，英语已过国家六级；辅修过心理学和管理学；在高校演讲比赛中拿过名次。家庭经济状况一般，父母工作稳定，身体健康，暂时还不需要他人照顾。

2．我想做什么

最想成为一名老师，这是我儿时的梦想，也是我的兴趣所在；其次可以成为一名公司的技术人员。如果可以顺利出国读管理方面的硕士，回国后做一名企业管理人员也是可以接受的。

3．我能做什么

做过家教。我虽然不是师范专业的，但与学生交流有天生的优势——做家教时，每当看到学生成绩进步时就很有成就感。当过学生干部，组织过几次大型活动。实习时在公司做过一些技术开发工作，虽然没有大的成就，但感觉还行。

4．环境支持或允许我做什么

家里亲戚推荐我去一家公司做技术开发工作。GRE 考得还可以，已经申请了几所国外的高校，但能不能有奖学金还很难说。如果拿不到奖学金，家里难以提供留学资金。有几所学校来系里招聘，但不是教师岗位，而是计算机技术维护岗位。同学开了一家公司，希望我能够加入，但是我不了解这个公司的具体业务，也不知道其发展前景如何。

5．我最终的职业目标是什么

有以下三种选择：

第一，到学校当老师。我有这方面的兴趣和理想，具备相应的知识和能力；不足是缺乏教学经验，但可从助教做起，慢慢积累。

第二，到公司做技术人员。做技术人员，收入会高一些，但计算机行业发展迅速，需要不断学习，压力大，信心不足，兴趣也不大。

第三，如愿获得奖学金，出国读书，回国后成为一名企业管理人员。这个选择的不确定因素较多，自己始终处于被动状态。

启示：

周雨的这三种选择都有合理性，但从个人职业生涯发展来看，第一种选择是最为合适的，这是因为：① 从心理学角度来看，第一种选择能使她在工作时更投入，从而获得的成就感也最多，最终实现自己的梦想；② 从职业发展角度来看，教师这个职业的社会地位呈上升趋势；③ 从自身条件来看，她具备教师需要的性格特征和基本素质。

目前，她面临的主要问题是专业不对口。如果她在确定职业目标后，能努力弥补在专业知识和职业技能方面的差距，考取教师资格证，那么她将很有可能实现自己的职业理想。

利用 5W 分析法进行自我分析

【活动目的】

通过 5W 分析法进行自我分析，使学生更好地认识自我，初步找到自己的职业发展方向。

【活动流程】

（1）每位学生准备五张白纸、一支笔。

（2）在五张白纸上分别写下以下五个问题的答案：

① 我是谁？

② 我想做什么？

③ 我能做什么？

④ 环境支持或允许我做什么？

⑤ 我最终的职业目标是什么？

（3）静下心来，排除干扰，按照顺序、仔细思考每一个问题，初步找到自己的职业发展方向。

（4）老师挑选几名学生，让他们分享自己的思考过程和结论，老师进行点评。

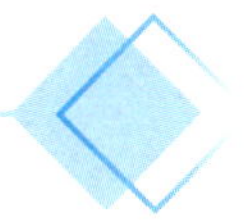

榜样力量

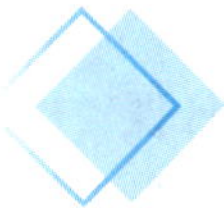

新农人返乡创业成乡村振兴有力推手

2020 年国庆节期间，电影《我和我的家乡》戳中了不少人的内心。电影里，曾经连颜料都买不起的孩子，为家乡设计出了一所梦幻山村学校；乔树林为了推广家乡特产，请师姐闫飞燕帮忙直播带货；被俄罗斯列宾美术学院录取的马亮，最终还是选择了在家乡发展稻田画，振兴家乡经济……

和电影里一样，年轻人返乡创业、带动乡村发展的故事一直在现实生活中发生着。越来越多的年轻人带着知识和技术投身于广袤的乡村田地，成为带动乡村振兴的有力推手。他们在带动家乡发展的同时，也成就了自己的梦想。

90 后彝族女孩杨丁是返乡创业大学生中的一员，她和团队成员用了 3 年时间深入家乡四川省凉山彝族自治州进行调研。2018 年 3 月，她创办了“彝居匠造”，将现代设计与传统彝族文化结合，邀请非遗传承人与“新匠人”参与设计制作。她的公司在生产链和产业上游释放出大量工作岗位，为当地贫困人员带来了就业机会。杨丁觉得，返乡创业的年轻人带来了新技术、新观念，他们激活了家乡沉睡的特色资源，并且通过科学的方法为家乡“对症下药”，同时避免了城镇化建设途中的千篇一律。

25 岁的郭佳明在 2016 年把碱地柿子种植项目带回家乡辽宁省盘锦市，成立了盘锦菜根堂农业科技有限公司。郭佳明和公司的技术团队还开办了“农民夜校”，为种植碱地柿子的农民免费义务开展技术培训和政策解读。碱地柿了丰收了，很多农民兴奋地跟郭佳明说，“今年柿子每亩增产了近 10%，没想到种地也有这么多学问”。

江苏苏州北台湖畔的“草莓硕士”林亚萍，总结出一套适合当地草莓的生态种植技术，带动周边种植户一起走生态路线。如今，林亚萍还有另外一个身份——苏州御亭现代农业产业园管理员。她和她的团队负责掌握农村企业优惠政策，对接农业人才，鼓励和帮助更多农业企业和人才创新创业。2017 年开始，她开展了“大学生创业培训”“现代农业发展经验分享和思考”两门课程，以自身经验鼓励新农人培养科研思维，在实践过程中尝试科学试验。在她的带动下，多名毕业于北京大学、南京农业大学等高校的高材生，或是带着项目落户，或是作为技术员在御亭农产园工作。

资料来源：中国青年网，http://news.youth.cn/gn/202010/t20201020_12536781.htm

生涯加油站

《斯坦福大学人生设计课》（见图 2-8）

作者：（美）比尔·博内特、（美）戴夫·伊万斯

译者：周芳芳

出版社：中信出版社

出版时间：2017 年

推荐理由：如何才能找到一份自己喜欢的，甚至是热爱的工作？如何才能创立一番伟大的事业，过上理想的生活？如何才能平衡好生活与工作之间的关系？如何才能实现自己的人生价值？以上问题都可以在这本《斯坦福大学人生设计课》中找到答案。这是一本实操性的职业生涯指南，它可以帮助读者跳出惯性思维，厘清思路、快速试错，找到更适合自己的职业方向，为自己制订更全面、周详的计划。

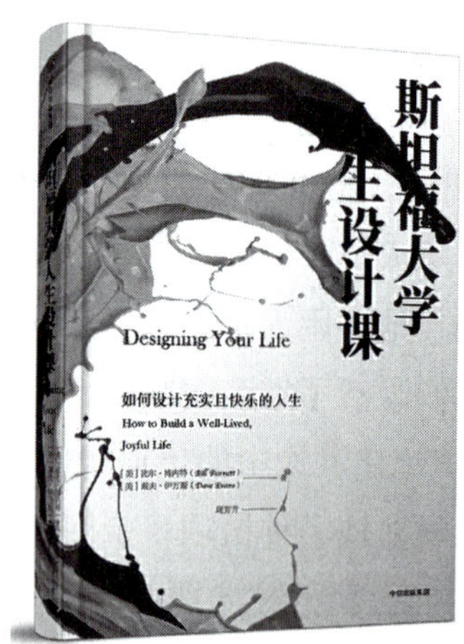

图 2-8 《斯坦福大学人生设计课》

学习情境三

自我认知

进行职业生涯规划的第一步就是探索内在的自我，知晓自己的优势与劣势。“天生我材必有用，千金散尽还复来”，任何人都有自身的价值，只有全面、深入地认识自己，才能更好地发挥自身的价值。认识自己就要弄清楚四个问题：我适合做什么？我喜欢做什么？我能做什么？我应该做什么？找到了这四个问题的答案，你对自己的性格、兴趣、能力和价值观也就有了大致的了解。

知识目标

- 熟悉性格的含义以及性格对职业发展的影响。
- 了解 MBTI 性格理论。
- 熟悉兴趣的含义以及兴趣对职业发展的影响。
- 了解霍兰德职业兴趣理论。
- 熟悉能力的分类以及能力对职业发展的影响。
- 熟悉价值观的含义以及价值观对职业发展的影响。

素质目标

- 通过自我剖析，明确自己的性格、兴趣、能力、价值观与自己想要从事的职业的性质和条件要求的接近程度，进而找准职业定位，做好知识储备。
- 树立正确的职业价值观，正确处理个人利益与国家利益、集体利益之间的关系，培养良好的职业精神和职业操守。

不认识别人并不可怕，可怕的是不认识自己。

——佚名

一个真认识自己的人，就没法不谦虚。谦虚使人的心缩小，像一个小石卵，虽然小，而极结实。结实才能诚实。

——老舍

模块一 我适合做什么——性格认知

案例导入

一位老板想从值得信任的甲、乙、丙三位助手中，选拔他们分别负责财务管理工作、业务推广工作、后勤管理工作。为了了解三位助手的性格特点，根据他们的性格分配适合他们的工作，老板安排他们下班后留在公司与他一起讨论问题。在讨论问题期间，老板故意制造了一起假火警。

面对火警，甲说："我们赶快离开这里再想办法。"乙一言不发，马上跑到屋角拿出灭火器去寻找火源。丙岿然不动，并说："这里很安全，不可能有火警。"

老板通过三位助手各自的行为表现，找到了满意的答案。他认为：甲首先撤离危险区，表现了他的谨慎、稳重、老练；乙不顾危险，抢先救火，表现了他的勇敢、大胆、敏捷、果断、忠诚；丙对公司的安全系数早有了解，甚至能看出这是一出"戏"，表现了他的沉着冷静、深谋远虑、才智过人。

根据他们的性格特点，老板决定让甲负责财务管理工作，让乙负责业务推广工作，让丙负责后勤管理工作，让甲、乙、丙三个人在各自的岗位上充分发挥他们的性格优势，做到了人尽其才。

请思考：性格对职业发展有什么影响？职业性格可分为哪些类型？

知识链接

了解自己应从认识自己的性格开始。法国作家让·吉罗杜曾说："从我们的幼年开始，每个人身上就编织了一件无形的外衣，它渗透于我们吃饭、走路以及待人接物的方式之中。这件外衣就是我们的性格。”

一、性格与职业发展

（一）性格的含义和形成

性格即人的性情品格，是人对现实的态度和人的行为方式中较稳定、具有核心意义的个性心理特征，是一种与社会关系最密切的人格特征。性格表现了人们对现实和周围世界的态度，并且体现在他们的行为举止中。

性格是在先天素质的基础上，通过家庭、教育和社会环境的影响，以及人自身的积极活动才逐渐形成的，是基因和环境共同作用的结果。性格不是一朝一夕形成的，但是它一旦形成，就比较稳定，并且会贯穿在个人的全部行动之中。

（二）性格与职业发展的关系

性格与职业发展有着非常密切的关系，具体如下：

（1）性格影响人的职业选择。性格是个性的核心，与职业息息相关。性格会使个人更加偏爱某一种职业环境，从而影响其职业的选择。

（2）性格是用人单位在招聘时的重要参考。近年来，许多用人单位在选人时出现一种新观念，他们认为性格比能力重要。其原因是：如果一个人能力不足，可通过培训来提高；但如果一个人的性格不好或性格与某个职业的特性不吻合，则很难改变。所以，这些单位在招聘新员工时，将性格测试放在首位。只有当性格与职业吻合时，才开始对应聘者的能力进行考察。

（3）性格影响个人的职业适应性。不同的职业对从业者性格的要求不同，如营业员职业要求从业者开朗、热情，幼师职业要求从业者温柔、乐观。大学生应尽量选择适合自己性格的职业，以便快速适应工作环境、提高工作效率。

（4）性格是可以培养的。性格与职业之间不存在严格的对应关系，也不可能百分之百匹配。当某种性格不能完全符合某个职业的要求时，个人可以对其性格进行调整、培养，以期符合职业要求。

想一想

小杉在某企业从事线上销售工作。工作一年多以来，她的业绩十分出色，她自己也一度相信在这里自己将会有一个光明的前途。就在大家都看好她的情况下，她却突然提出了辞职。小杉说：“领导让我从线上销售转为线下销售，但是我非常不喜欢和陌生人说话，或者看别人的脸色行事。线下销售需要与客户面对面沟通，我觉得很辛苦，干不下去。”

请问：你是如何看待小杉的选择的？她的选择给了你什么启示？

故事与人生

《西游记》取经团队的成功之道

《西游记》中的师徒四人都有缺点，组成的团队却爆发出了强大的战斗力，西天路上的九九八十一难都不在他们的话下。

唐僧是个管理天才，非常适合高层管理的角色。他有大唐皇室的友情赞助，还有观音为他网罗精干的部下，资源和外交能力可见一斑。能让三个徒弟有“西天取经”这一共同的价值观，表明他在打造企业文化上也颇有一手。他深沉，有计划，注意细节，善于发现问题，能够深切地关心他人。最重要的是，他有无比坚定的信念。虽然他不会降妖除魔，但他是管理取经团队的不二人选。

孙悟空是能力超强的业务骨干，也是当之无愧的明星员工，上天入地，几乎无所不能。他坚韧不拔，不屈不挠。在西行的路上，始终扮演着总监的角色，为实现取经目标披肝沥胆，最终取得了令人瞩目的成果。

猪八戒这一好好先生，看上去没什么长处，但他的存在其实大有必要。他性格开朗，幽默风趣，嘴甜，有人情味，能坦然接受批评，就像团队中的“润滑油”，哪里有矛盾，哪里就有他。

沙和尚是老实本分的办事员，是实干派的典型代表。他能力平庸，缺乏主见，但他任劳任怨，主动承担了“挑担”这种粗活重活。他性格内向，温和，勤恳，踏实，纪律性强，默默地为团队贡献自己的力量。

启示：

性格虽然是一种与生俱来的人格特征，但是并不是一成不变的。它具有可塑性，会受社会生活环境的影响。唐僧师徒四人各自找到了适合自己性格的职业岗位，最终取得了事业上的成功。可见，一个人只要能将自己的性格与职业合理地结合起来并且努力奋斗，就能实现既定的职业目标。

二、MBTI 性格理论

当今世界上应用最广泛的性格测试工具是 MBTI，它基于荣格的性格类型理论，后经心理学家布里格斯和迈尔斯母女深入研究而发展成型，现已广泛应用于职业发展、职业咨询、团队建设等方面。

MBTI 性格理论

（一）MBTI 性格理论的四个维度

MBTI 性格理论主要从四个维度测量个体的类型偏好（或称“倾向”），这四个维度能够显示出人与人在四个不同方面的差异。四个维度的具体内容如表 3-1 所示。

表 3-1 MBTI 性格理论的四个维度

维度	具体描述	倾向
能量倾向	个体与外界相互作用的程度及自己的注意力被引向何处	外向 E（extroversion）—内向 I（introversion）
接收信息	个体是如何获取信息的	感觉 S（sensing）—直觉 N（intuition）
作出决策	个体是如何做决定并得出结论的	思维 T（thinking）—情感 F（feeling）
行动方式	个体是喜欢以一种较固定的方式生活（或做决定），还是喜欢以一种更自然的方式生活（或获取信息）	判断 J（judging）—知觉 P（perceiving）

四个维度如同四把标尺，每个人的性格都会落在标尺的某个点上，这个点靠近哪一端，就意味着个体有哪方面的偏好。

1. 外向（E）—内向（I）

外向（E）—内向（I）是个体最重要的特征。外向的人通常将注意力投注到外部世界，从与人交往和行动中得到能量；而内向的人则较为关注自己的内心世界，从思考、回忆和反思中得到能量。外向型与内向型的特征对比如表 3-2 所示。

表 3-2 外向型与内向型的特征对比

外向型特征	内向型特征
与他人相处时精力充沛	独处时精力充沛
兴趣广泛	比较专注于某一领域，兴趣不太广泛
喜欢用谈话的方式进行沟通	更愿意通过书面方式进行沟通
通过谈话形成自己的意见	通过思考形成自己的意见
喜欢与人交往，善于表达	安静、不善言辞
在工作和人际关系中都很积极主动	在工作和人际关系中较少主动
反应快，喜欢快节奏	仔细考虑后才有所反应
看重广度而不是深度	看重深度而不是广度

做一做

图 3-1 是外向（E）—内向（I）标尺，请判断自己处于标尺的哪个位置，并在标尺上进行标记。

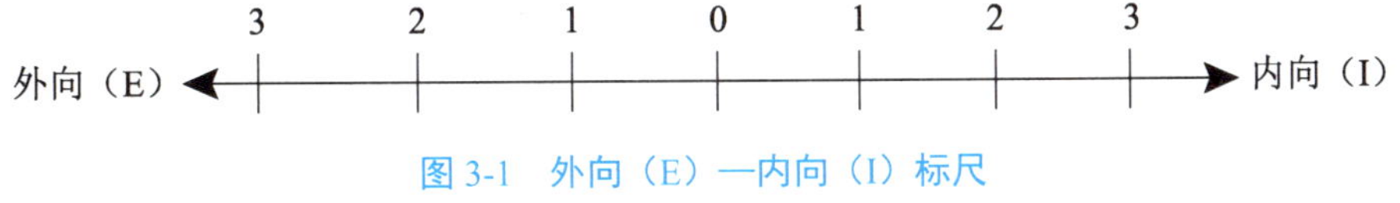

图 3-1 外向（E）—内向（I）标尺

2. 感觉（S）—直觉（N）

每个人都在不断地接受信息，这是个人跟上外界节奏的必要前提。但不同类型的个体，其接收信息的方式有感觉型与直觉型之别。感觉型的人用自己的感官来获取信息，喜欢收集实实在在的、确实已经出现的信息；而直觉型的人通常通过想象和感性认识来获取信息，关注事实之间的关联。感觉型与直觉型的特征对比如表 3-3 所示。

表 3-3 感觉型与直觉型的特征对比

感觉型特征	直觉型特征
相信自己的经验	相信自己的灵感
对概念和理论兴趣不大，除非它们有实际的效用	对概念和理论感兴趣
经过仔细、周详的推理一步步得出结论	靠直觉很快得出结论
喜欢使用和琢磨已知的技能	喜欢学习新技能，但掌握之后很快就会厌倦
留意具体的、特定的事物，倾向于细节描述	留意事物的整体概况、普遍规律及象征性含义，倾向于用概括、隐喻的方式进行表述
循序渐进地讲述有关情况	跳跃性地展现事实
着眼于当前的实际情况	着眼于未来，留意事物的变化趋势，习惯从长远的角度看待事物

做一做

图 3-2 是感觉（S）—直觉（N）标尺，请判断自己处于标尺的哪个位置，并在标尺上进行标记。

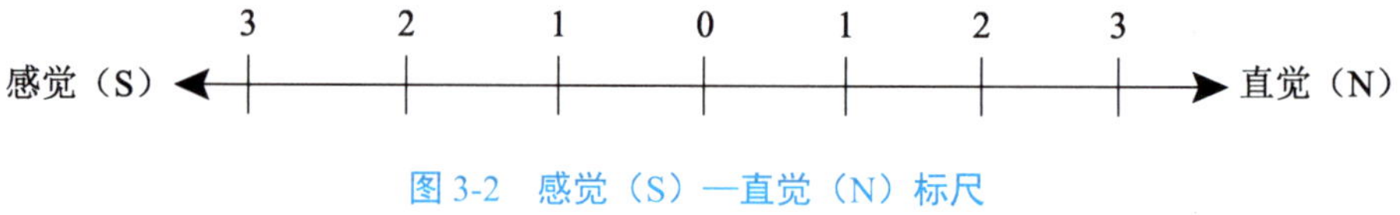

图 3-2 感觉（S）—直觉（N）标尺

3. 思维（T）—情感（F）

思维（T）—情感（F）反映的是做决策方式的差异。思维型的人比较注重依据客观事实的分析，一以贯之、一视同仁地贯彻规章制度，不太习惯根据人情因素变通；而情感型的人常从自我的价值观念出发，在贯彻规章制度时能灵活变通，做出一些自己认为正确的决策，比较关注决策可能给他人带来的情绪体验，具有较浓的人情味。思维型与情感型的特征对比如表 3-4 所示。

表 3-4 思维型与情感型的特征对比

思维型特征	情感型特征
擅长分析	善于体贴他人、感同身受
重视符合逻辑、公正、公平的价值，一视同仁	重视同情与和睦，认为准则具有例外性
被认为冷酷、麻木，对他人漠不关心	被认为感情过多、缺少逻辑性，软弱
认为公平是指每个人都能得到平等的待遇	认为公平是指每个人都被当成独立的个体来对待
通过理性分析解决问题	注重事物对他人产生的后果和影响
被“获取成就”所激励	被“获得欣赏”所激励
寻求合乎真理的客观标准	寻求和谐的气氛和积极的人际交往

做一做

图 3-3 是思维（T）—情感（F）标尺，请判断自己处于标尺的哪个位置，并在标尺上进行标记。

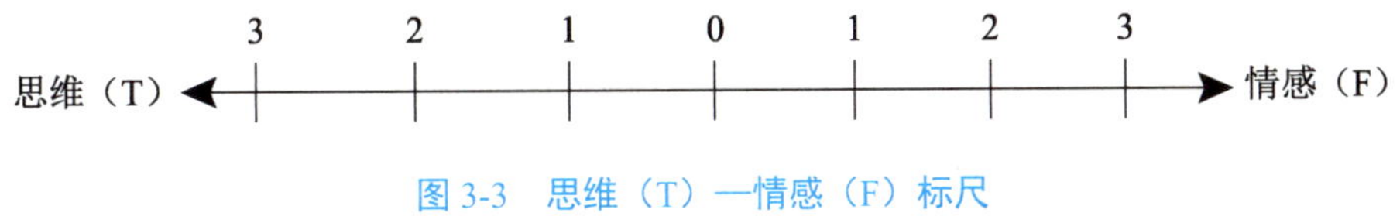

图 3-3 思维（T）—情感（F）标尺

4．判断（J）—知觉（P）

判断（J）—知觉（P）反映的是行动上的差异。判断型的人通常将事情管理得井井有条，喜欢有计划的、井然有序的生活方式；知觉型的人更愿意去体验和理解生活而不是去控制它，喜欢灵活、随意、开放的生活方式。判断型与知觉型的特征对比如表 3-5 所示。

表 3-5 判断型与知觉型的特征对比

判断型特征	知觉型特征
在做出决定时最为高兴	当存在多种选择时会感到高兴
先工作，后享受	先享受，后工作
设立目标并准时完成	随着信息的获取而不断改变目标
愿意知道将面对的情况	喜欢适应新环境
着重于结果（重点在于完成任务）	着重于过程（重点在于如何完成任务）
满足感来源于完成计划	满足感来源于完成计划的过程
把时间看作有限的资源，认真地对待最后期限	认为时间是可更新的资源，最后期限也可变动

需要注意的是，MBTI 性格理论中的某些术语虽然看起来很熟悉，但它们在 MBTI 中的意思与平时所表达的意思有所不同。例如，“外向”的意思不是我们平时理解的“开朗活泼”，“内向”的意思也不是“害羞”“深沉内敛”。我们要准确地理解这些术语，而不是简单地将其理解成生活用语。

做一做

图 3-4 是判断（J）—知觉（P）标尺，请判断自己处于标尺的哪个位置，并在标尺上进行标记。

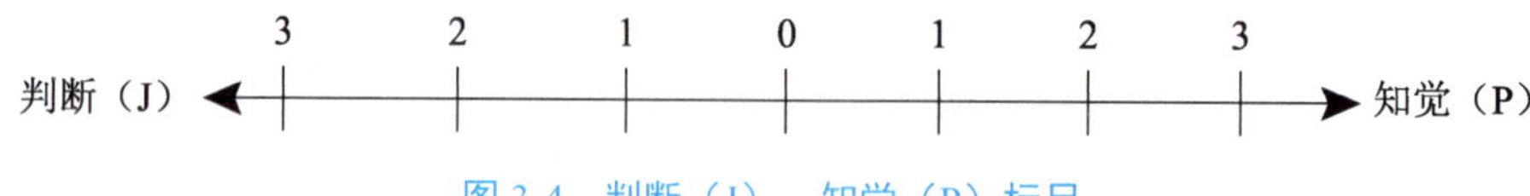

图 3-4 判断（J）—知觉（P）标尺

通过观察自己在图 3-1～图 3-4 中的标记，你或许已经识别出了自己在每个维度上的偏好。取每个维度上代表偏好类型的字母，即可组成你的 MBTI 代码。

你的 MBTI 代码是__________________。

（二）MBTI 的 16 种性格类型

MBTI 是一项综合型的性格类型探析方法，也就是说我们不能只以一个维度来理解人的性格，而应综合各个方面来了解。从四个维度中各取一种倾向，正好可组合成 16 种性格类型，这 16 种性格类型及其特点、典型职业如表 3-6 所示。

表 3-6 16 种性格类型及其特点、典型职业

性格类型	特点	典型职业
内向感觉思维判断型（ISTJ）	安静、严肃，通过全面性和可靠性获得成功；有责任心；有逻辑性，并一步步地朝着目标前进，不易分心；喜欢将工作、家庭和生活都安排得井井有条；重视传统，比较忠诚	护理指导员、会计、银行查账员、教师、企业管理人员、药剂师、医学研究者、公务员等
内向感觉情感判断型（ISFJ）	有责任感和良知，致力于完成自己的义务；安静、友好、全面、勤勉、忠诚、体贴；留心细节，关心他人感受	工程师、室内装潢设计师、护士、行政助理、幼师、家政等
内向直觉情感判断型（INFJ）	寻求思想、关系、物质等的意义和联系；对人有很强的洞察力；有责任心，坚持自己的价值观；对于怎样更好地服务大众有清晰的认识；对于目标的实现有计划且果断坚定	心理咨询师、艺术家、电影策划、小说作家、自媒体策划、人力资源经理、商品策划等
内向直觉思维判断型（INTJ）	在实现自己的想法和达成自己的目标时有创新的想法和非凡的动力；能很快洞察到外界事物间的规律并形成长期计划；一旦决定做一件事就会开始规划并完成；多疑、独立，对于自己和他人的要求都非常高	销售经理、程序员、生态旅游专家、作家、记者、广告客户经理等

（续表）

性格类型	特点	典型职业
内向感觉思维知觉型（ISTP）	灵活、忍耐力强，是个安静的观察者；遇到问题时会马上行动，找到实用的解决方法；善于分析事物运作的原理，能从大量的信息中很快找到症结；对原因和结果感兴趣，用逻辑思维处理问题；重视效率	银行官员、项目经理、数据库经理、信息总监、证券经纪人、电脑技术员等
内向感觉情感知觉型（ISFP）	友好、敏感、和善，享受当前；喜欢有自己的空间，喜欢按照时间表工作；忠诚，有责任心；不喜欢争论和冲突，不会将自己的观念强加到他人身上	银行业务员、销售代表、人力资源顾问、营销经理、信贷顾问等
内向直觉情感知觉型（INFP）	理想主义；好奇心重；能很快看到事情的可能性，并使之成为实现想法的催化剂；善于理解他人、帮助他人；适应能力强，灵活	哲学家、记者、演员、音乐家、导演、漫画家、教育顾问、社会工作者等
内向直觉思维知觉型（INTP）	喜欢理论性和抽象的事物；热衷于思考而非社交活动；安静、内向、灵活、适应力强；对自己感兴趣的领域有超凡的精力以及解决问题的能力；多疑，有时会有点挑剔；喜欢分析	艺术鉴赏、金融投资顾问、考古学家、历史学家、物理学家、财务专家、律师、战略规划师等
外向感觉思维知觉型（ESTP）	灵活、忍耐力强；注重实际，觉得理论和抽象的解释非常无趣；喜欢积极地采取行动解决问题；自然、不做作，享受和他人在一起的时光；喜欢物质享受和时尚；认为学习新事物最有效的方式是亲身感受和练习	情报人员、预算分析师、主持人、摄像、厨师、园艺设计、野外探险者等
外向感觉情感知觉型（ESFP）	外向、友好、接受能力强；热爱生活和物质上的享受；喜欢和他人一起合作完成任务；在工作中注重常识和实用性，并会尽力使工作显得有趣；灵活、自然、不做作，对于新的事物能很快适应；认为学习新事物最有效的方式是和他人一起尝试	幼教老师、心理医生、促销员、公关人员、经纪人、保险代理人、旅游项目经营者等
外向直觉情感知觉型（ENFP）	热情洋溢、富有想象力，能很快将事物和信息联系起来，然后根据自己的判断解决问题；总是需要得到他人的认可，也总是准备称赞和帮助他人；灵活、自然、不做作；有很强的即兴发挥能力和语言表达能力	人力资源管理师、变革管理顾问、宣传人员、播音员、演讲家、事业发展顾问等
外向直觉思维知觉型（ENTP）	反应快、睿智，有激励他人的能力；警觉性强，直言不讳；在解决具有挑战性的问题时机智而有策略；善于找出理论上的可能性，然后用战略的眼光分析；善于理解他人，喜欢不断发展新爱好，不喜欢例行公事	艺术总监、投资经纪人、后勤顾问、广告创意设计、国际营销商、金融规划师等
外向感觉思维判断型（ESTJ）	现实主义，做事果断，一旦下决心就会马上行动；善于将项目和人组织起来，并尽可能用最有效率的方法完成任务；注重细节；有　套非常清晰的逻辑标准，并希望他人也同样遵循；在实施计划时坚定而有力	军官、房地产经纪人、项目经理、业务运作顾问、证券经纪人、电脑技术员、业务经理等
外向感觉情感判断型（ESFJ）	热心肠，有责任心和合作精神；希望周边的环境温馨而和谐；喜欢和他人一起及时、高效地完成任务；对所有人、事都会保持忠诚；能体察到他人在日常生活中的所需并竭尽全力帮助；希望自己能受到他人的认可和赏识	医护人员、教师、公关客户经理、业务员、销售代理、人力资源顾问、零售业主、信贷顾问等
外向直觉情感判断型（ENFJ）	热情、友善、忠诚、有责任心，非常注重他人的感情、需求和动机；善于发现他人的潜能，并希望能帮助他们实现；能成为个人或群体成长和进步的催化剂；对赞扬和批评都会积极地回应；有领导能力，在团体中能很好地帮助和鼓舞他人	资金招募人、娱乐场所主管、招聘人员、电视制片人、新闻广播员、政治家、网页编辑、多媒体制片人等

（续表）

性格类型	特点	典型职业
外向直觉思维判断型（ENTJ）	坦诚、果断，领导能力强；能很快看到公司、组织和政策中的问题，并能提出有效、全面的解决方案；善于设定目标并做长期计划；通常见多识广，博览群书，喜欢拓宽自己的知识面并将此分享给他人；在陈述自己的想法时强而有力	CEO、理事、法官、社团负责人、网络一体化专家、人事经理、技术培训员、广告业务经理等

课堂活动

小巧想要在“十一”期间去上海游玩，于是给在上海的朋友打电话告知此事。朋友问她有没有预订门票及酒店房间，小巧都说没有。朋友一听就着急了，认为“十一”期间来上海游玩的人很多，如果不提前准备，很可能会没地方玩，也没地方住。小巧却认为能买到门票就去玩，买不到门票就在外面随便逛逛，如果到时候实在没有地方住，再想办法。

2人一组，讨论以下问题：

（1）小巧和她朋友分别属于哪种性格类型？

（2）小巧是一名服装设计师，你认为她的性格对于她的职业来说有哪些优势和劣势？

三、完善职业性格

职业性格是指人们在长期特定的职业生活中所形成的，与职业相联系的、稳定的心理特征。例如，有的人对待工作总是一丝不苟，踏实认真；在待人处事中总是表现出高度的原则性，果断、负责、谦虚、自信、严于律己。所有这些特征的总和就是其职业性格。良好的职业性格有利于个人职业生涯的顺利发展。

大学生可以通过以下几个途径完善自己的职业性格，为今后职业生涯的顺利发展做好准备：

（1）树立正确的职业价值观。这是做好任何工作的前提条件。只有树立正确的职业价值观，才能热爱自己的本职工作，进而主动调适自己不适应职业要求的性格特征。

（2）树立学习榜样。这里的榜样主要包括两类：一类是从事与自身性格相适应的职业并取得成功的人；另一类是从事与自身原有性格不相适应的职业，但经过自我调适取得了成功的人。

（3）严格要求自己。大学生可以从思想、行为等方面，通过自我分析、自我评价、自我监督、自我誓约等方式进行自我教育，从而提高自己的职业性格素养。当然，提高的前提是必须有持久的、较强的自制力。

（4）积极参加实践活动。人的职业性格是在职业活动中造就的，任何职业性格的培养都离不开实践活动。只有通过长期的实践和磨炼，养成自觉行动的良好习惯，才能塑造良好的职业性格。

经典案例

马克·吐温的故事

马克·吐温作为职业作家和演说家，在文学领域和演说领域取得了显著的成绩。但鲜为人知的是，他曾经试图成为一名商人。他先是投资开发打印机，该项目花费了他整整三年的时间，并且赔光了他千辛万苦借来的五万美元。后来，他发现出版商因为发行他的作品而赚了很多钱，对此他很不服气，认为如果自己能出版发行，利润就都能归自己所有。于是，他又投资开了一家出版公司。但写作与经商是截然不同的两件事，很快，公司就陷入了债务危机并破产了。

数次经商失败后，马克·吐温终于认识到经商不是自己所擅长的，于是彻底断绝了经商的念头，到全国各地巡回演讲，在演讲之余埋头写作。很快，马克·吐温因演讲风趣幽默而声名远扬，成了知名的演说家，其作品也迅速走红。

启示：

尺有所短，寸有所长。成功者能成功的原因之一，是对自己性格优势的发现和把握，并在此基础上，选择最能够使自己全力以赴、使自己的性格和长处得以发挥的职业。

探索活动

探索自己的性格

【活动目的】

通过职业性格测试，更好地了解自己的性格，探索适合自己性格的职业，从而为职业选择和职业生涯规划提供依据。

【活动流程】

（1）登录易测网、问卷星等网站进行 MBTI 职业性格测试，确认自己的 MBTI 类型。

（2）根据自己的 MBTI 类型，查找适合该性格类型的职业，并从中选择一个自己最想从事的职业。

（3）思考如果今后从事该职业，希望自己继续保持的性格特征是什么，希望改变的性格特征是什么。

（4）老师挑选几名学生分享自己的结论并进行点评。

模块二 我喜欢做什么——兴趣认知

案例导入

小杨毕业于某大学国际经济与贸易专业。虽然参加工作只有两年，但她已经换了好几份工作，最长的一份工作也仅仅做了八个月。每次换工作都是她主动提出的，理由是不太喜欢当前的工作，想找更喜欢的。

现在，小杨又处在求职阶段，她实在不想再像之前一样浪费时间了。她以前做过文员、外贸跟单、经理秘书等，稍微和专业有点关系的工作她几乎都做过了，迷茫的她也不知道接下来要做什么了。

请思考：小杨为什么会感到迷茫？你认为她应该怎么做？

知识链接

一、兴趣与职业发展

（一）兴趣的含义

兴趣是指个人对某种事物表现出喜好的情绪。当兴趣直接指向与职业有关的活动时，兴趣就成了职业兴趣。例如，某个学生喜欢给其他同学讲题，他积极地去学习有关教育学方面的知识，并希望自己将来能够成为一名教师。这时，他的兴趣就转变成了对教师这种职业的兴趣。兴趣是职业成功的前提，一个人对某种职业感兴趣，就会积极、热情、富有创造性地完成所从事的工作。

对职业兴趣的认识误区

明确职业兴趣是个人进行职业生涯规划的重要依据之一。大学生在寻找职业兴趣的过程中，要避免形成以下几种错误观念。

一、把简单的喜欢和感兴趣当作职业兴趣

有的人看了几本小说，就认为自己应当去当作家；有的人喜欢打游戏，就觉得自己应该去学计算机。而真正接触这些职业后，却发现并不适合自己。只有想清楚自己想要从事什么样的具体工作，并对工作的内容、职责、性质等有一定了解，且乐于准备达到工作要求的知识技能时，才谈得上对该工作真正有兴趣。

二、从事自己感兴趣的工作，就意味着轻松愉快

做自己感兴趣的工作是快乐的，甚至可以激发工作热情，但不一定轻松。实际上，不管任何职业，都要努力付出才能做出成绩、取得成就。另外，感兴趣的职业不一定经济待遇好、社会地位高，如果坚持自己的职业兴趣，可能要以牺牲一定的经济报酬和社会地位为代价。

三、不是自己感兴趣的工作就不做

能从事自己感兴趣的职业是每个人的理想，但选择职业时，除了兴趣，还要综合考虑自己的性格、能力等，这也是理想与现实之间的矛盾。有调查显示，超过60%的大学生正在就读自己不喜欢的专业，50%的职场人正在做着自己不感兴趣的工作。在遇到这种情况时，个人应立足于现实，把自己不喜欢的专业学好，把自己不喜欢的工作做好，并在这个过程中逐渐培养兴趣、积累技能，寻找新的机会。

（二）兴趣对职业发展的影响

《论语·雍也》中记载着先贤孔子的话：“知之者不如好之者，好之者不如乐之者。”诗人歌德也有一句名言：“如果工作是一种兴趣，人生就是天堂！”兴趣给人的工作活动带来的乐趣可见一斑。

兴趣对职业发展很重要

大量研究表明，兴趣与工作满意度、职业稳定性和职业成就感之间存在着明显的关联。如果从事的职业符合自己的兴趣，自己的内心就会拥有源源不断的动力，促使自己全身心地投入，并不断提高自己应对挫折及解决问题的能力。具体来说，兴趣对职业发展的影响主要表现在以下几个方面：

（1）职业兴趣可以影响人的职业定位。正如人们在日常生活中喜欢从事自己感兴趣的活动一样，在进行职业定位时，人们也更倾向于寻找与职业兴趣有关的职业类型，特别是当外界环境限制较少时。

（2）职业兴趣能够激发人的潜能和创造力。职业兴趣在个人的职业活动中起着非常重要的作用，它使工作不再是一种负担，而是一种享受。它可以调动人的全部精力，使人以敏锐的观察力、高度集中的注意力和丰富的想象力投入其中，促使个人能力的超水平发挥。

（3）职业兴趣可以增强人的职业稳定性和职业满意度。个人从事自己感兴趣的工作，能够从中获得更多的愉悦感、价值感和满足感，进而会对工作产生更深的认同感，其职业稳定性也能得到保证，工作满意度也容易提高。

总之，兴趣对职业发展有着十分重要的影响，实现兴趣与职业的最佳匹配，可为个人的职业发展提供持续不断的动力。因此，大学生在大学期间应重视对兴趣爱好的培养，并在充分把握各个因素和环境特征的基础上，重点培养和发展自己的职业兴趣，为将来的职业选择和职业发展做好准备。

课堂活动

活动一：

老师播放一段轻音乐，所有学生闭上眼睛，放松身心，进行深呼吸，然后回忆近期自己感到特别愉快、甚至有点忘我的时刻。请仔细地回想当时的场景、细节及自己的感受，并思考：你在什么时候感到幸福？你的幸福时刻是否与你的兴趣有关？这种兴趣有可能转化为职业兴趣吗？

思考结束后，老师挑选几名学生进行回答。

活动二：

有人说“性格决定命运，兴趣只是点缀”。3～5 人一组，发表自己对这种说法的看法。

二、霍兰德的职业兴趣理论

霍兰德（Holland）是约翰·霍普金斯大学心理学教授、著名职业指导专家，他于 1959 年提出了具有广泛影响力的职业兴趣理论。

（一）职业兴趣的类型

霍兰德认为，职业选择是人格的一种表现，某一类型的职业通常会吸引具有相同人格特质的人，这种人格特质反映在职业上，就是职业兴趣。霍兰德将人的职业兴趣归纳为六种类型，即现实型（R）、艺术型（A）、研究型（I）、社会型（S）、企业型（E）和传统型（C），如表 3-7 所示。同时，霍兰德也将社会上的职业归纳为这六种类型。

表 3-7　霍兰德职业兴趣类型

类型	特点	职业能力要求	代表职业
现实型（R）	喜欢制造或修理东西；愿意从事实物性的工作或体力活动；喜欢户外活动或操作机器，不喜欢在办公室工作	具备一定的专业知识和动手能力	园艺师、木匠、汽车修理工、工程师、军官、外科医生、足球教练员等
艺术型（A）	喜欢表达自我；喜欢文学、音乐、艺术和表演等具有创造性、变化性的工作；重视作品的原创性和创意	有创造力；具备对情感的表现能力；以非传统的方式来表现自己；思想自由、开放	作家、编辑、音乐家、摄影师、厨师、漫画家、导演、室内装潢设计师等

（续表）

类型	特点	职业能力要求	代表职业
研究型（I）	喜欢探索事物，善于思考、分析、研究抽象问题；喜欢阅读和讨论科学性论题；喜欢独立工作，对未知的挑战充满兴趣	具备分析、研究并创造性地解决问题的能力；思维缜密，能独立工作；具备一定的写作能力	实验室工作人员、生物学家、化学家、心理学家、工程师、大学教授等
社会型（S）	喜欢与人合作；热情，关心他人，愿意为他人解决困难、提供服务	具备良好的人际交往能力；具备教导、医治、帮助他人的能力；关爱他人，愿意承担社会责任	教师、社会工作者、心理咨询师、护士等
企业型（E）	喜欢领导和支配他人，通过领导、劝说他人而达到个人或组织的目标；希望成就一番事业	具备说服他人或支配他人的能力；敢于承担风险；以目标为导向	律师、营销者、市场部经理、电视制片人、保险代理等
传统型（C）	喜欢固定的、有秩序的工作或活动，希望确切地知道工作的要求和标准；愿意在大的组织或机构中处于从属地位；善于对文字、数据和事物进行细致、有序的处理，使其达到标准	掌握文书技巧；具备组织能力和听取并遵从指示的能力；能够按时完成工作并达到标准的要求；具备组织计划能力	文字编辑、会计师、簿记员、办事员、税务员、计算机操作员等

（二）六种职业兴趣之间的关系

霍兰德以一个六角模型形象地阐述了六种职业兴趣之间的关系，如图 3-5 所示。

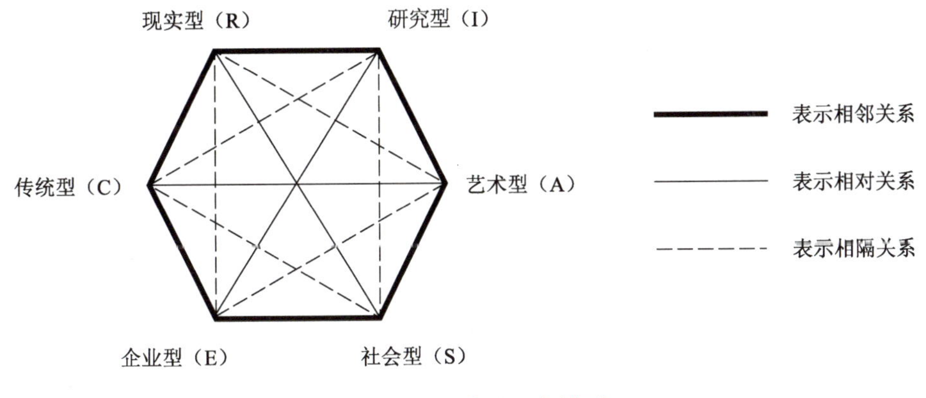

图 3-5 霍兰德的六角模型

从图 3-5 中可以看出，每一种职业兴趣与其他职业兴趣之间存在不同的关系，这种关系大体分为三类：

（1）相邻关系，如 RI、IR、IA、AI、AS、SA、SE、ES、EC、CE、RC 和 CR。属于相邻关系的两种类型，其个体之间有较多的共同点。例如，职业兴趣为现实型（R）和研究型（I）的人，他们都不太喜欢人际交往。

（2）相隔关系，如 RA、RE、IC、IS、AR、AE、SI、SC、EA、ER、CI 和 CS。属于相隔关系的两种类型，其个体之间的共同点较相邻关系的少。

（3）相对关系，如 RS、IE、AC、SR、EI 和 CA。属于相对关系的两种类型，其个体在六边形上处于对角位置，他们之间的共同点少。一个人同时拥有相对关系的两种兴趣的情况较为少见。

根据六角模型，霍兰德认为，同一类型的从业者与该类型的职业结合，便能达到最佳的适应状态；属于相邻关系的从业者和与对应的职业结合，也较容易达到适应状态；属于相隔关系的从业者和与对应的职业结合，经过艰苦努力，也能达到适应状态；而属于相对关系的从业者和与对应的职业结合，则很难达到适应状态。

（三）霍兰德职业兴趣测试

使用霍兰德职业兴趣理论探索自己职业兴趣的步骤依次为测试、统计测试结果、判断适合自己的职业类型。

1. 测试

测试分为两大部分。

1）第一部分：找出你所感兴趣的活动

表 3-8 中列举了若干活动，请判断你对这些活动的好恶。对于喜欢的活动，请在“是”一栏内画“ √ ”；对于不喜欢的活动，请在“否”一栏内画“ √ ”。

表 3-8 找出你所感兴趣的活动

活动类型	内容	是	否	活动类型	内容	是	否
R 型：现实型活动	装配、修理玩具			A 型：艺术型活动	绘画		
	修理自行车或电动车				观看话剧、戏剧		
	用木头制作小家具				设计家具或布置室内		
	开汽车或骑摩托车				练习乐器或参加乐队		
	用机器制作东西				欣赏音乐		
	参加木工技术培训班				看小说、读剧本		
	参加制图培训班				从事摄影创作		
	驾驶火车				写诗或吟诗		
	参加机械和电气培训班				参加艺术培训班		
	装配、修理大型机器				练习书法		
I 型：研究型活动	阅读科技图书或杂志			S 型：社会型活动	参加学校的正式活动		
	在实验室工作				参加社团活动		
	改良水果品种				帮助他人解决困难		
	研究某物质的成分				照顾儿童		
	解决遇到的棘手问题				出席晚会、联欢会		
	解算术题或玩数学游戏				和大家一起外出郊游		
	上物理课				学习心理学方面的知识		
	上化学课				参加讲座或辩论会		
	上几何课				观看或参加体育比赛		
	上生物课				结交新朋友		

（续表）

活动类型	内容	是	否	活动类型	内容	是	否
E型：企业型活动	说服、鼓舞他人			C型：传统型活动	整理桌面与房间		
	推销商品				处理文件和信件		
	谈论政治、经济事件				撰写报告或公务信函		
	制订计划、参加会议				统计个人收支情况		
	以自己的意志影响他人				参加计算机操作培训班		
	在社会团体中担任职务				参加文秘等实务培训班		
	检查与评价他人的工作				参加会计培训班		
	结交社会名流				参加档案管理培训班		
	指导团体运营				整理报告和会议纪要		
	参与政治、经济活动				撰写商业贸易信函		

2）第二部分：找出你所喜欢的职业

表 3-9 中列举了多种职业，请选择你感兴趣的职业，并在“是”一栏内画“√”；对于不太喜欢或不关心的职业，在“否”一栏内画“√”。

表 3-9 找出你所喜欢的职业

职业类型	职业	是	否	职业类型	职业	是	否
R型：现实型职业	乐队指挥			A型：艺术型职业	乐队指挥		
	野生动物专家				乐器演奏家		
	汽车维修工				作家		
	木匠				摄影师		
	测量工程师				记者		
	软件技术人员				画家、书法家		
	园艺师				歌手		
	长途公共汽车司机				作曲家		
	电工				电影、电视演员		
	火车司机				导演、编剧		
I型：研究型职业	气象学或天文学家			S型：社会型职业	街道或工会干部		
	生物学家				教师		
	医学实验室的研究员				医生		
	人类学家				婚姻介绍所工作人员		
	动物学家				体育教练		
	化学家				福利机构负责人		
	数学家				心理咨询师		
	科学杂志的编辑				共青团干部		
	地质学家				导游		
	物理学家				国家机关工作人员		

（续表）

职业类型	职业	是	否	职业类型	职业	是	否
E型：企业型职业	厂长			C型：传统型职业	会计师		
	电视制片人				银行出纳员		
	公司经理				税收管理员		
	销售员				计算机操作员		
	法官				簿记员		
	市场部主管				成本核算员		
	体育活动主办者				档案管理员		
	销售部主管				公司后勤人员		
	个体工商业者				法庭书记员		
	企业管理咨询顾问				人口普查登记员		

2. 统计测试结果

（1）第一部分与第二部分的全部测试中，选择“是”的项目每个计 1 分，选择“否”的项目不计分。

（2）分别将六种职业兴趣类型的得分进行统计，填入表 3-10 中。

表 3-10　职业兴趣类型评价表

测试部分	R 型	A 型	I 型	S 型	E 型	C 型
第一部分						
第二部分						
总分						

（3）将六种职业兴趣类型按得分高低从左到右进行排列，并将得分最高的职业兴趣类型圈出来。

3. 判断适合自己的职业类型

个人的职业兴趣往往是多方面的，因此霍兰德用三个字母组成的代码来表示一个人的职业兴趣，这个代码就称为“霍兰德代码”。三个字母的顺序表示兴趣的强弱程度。如果一个人在六种职业兴趣类型上的得分有较大差异，则表示个人的职业兴趣或个人对职业环境的偏好比较明确。如果六种职业兴趣类型的得分比较接近，则表示个人的职业兴趣不够明确。

霍兰德职业兴趣代码对照表

霍兰德代码中，占主导地位的兴趣类型可以为个人选择职业指明方向。读者可扫描右侧二维码，根据自己的霍兰德代码找出相应的职业。例如，代码是 RIA，那么适合该代码兴趣类型的职业是牙科技术人员、陶工、建筑设计师等。

其次，还可以寻找与该代码相近代码的职业。例如，代码是 RIA，那么由 R、I、A 三个字母组成的其他代码（如 IRA、IAR、ARI 等）对应的职业，也较适合与该代码对应的人。

兴趣理论对大学生的启示

（1）职业与专业并不是简单的一对一关系，同一个专业有许多职业和岗位可以选择。例如，护理专业的学生可以依据个人的兴趣选择不同的岗位，如儿科护士、内科护士、外科护士等。

（2）大学生可以将自己的兴趣与所学专业很好地结合在一起，最大可能地满足自己的愿望。例如，一个学生喜欢幼教工作，却选择了护理专业，那么他可以考虑将来做一名儿科护士，或者到幼儿园当一名保健员。

（3）即使一个人不得不从事与自己的兴趣爱好不相适应的工作，也没有必要沮丧，因为人的兴趣是可以培养的。社会的需要是职业兴趣产生的基础，专业学习和社会实践是职业兴趣形成和发展的动力。大学生可通过深入了解工作和不断取得成就来培养对工作的兴趣。也可根据实际需要，通过多种途径和自身的努力去发展和改变职业兴趣。

（4）虽然许多人提倡在选择职业时，尽量达到兴趣与职业的匹配。但实际上，完全的匹配只是一种理想状态。除了工作，人们还可以通过生活中的其他方面来满足自己的兴趣，而不必强求兴趣与职业的完全匹配。

三、职业兴趣的培养

人的兴趣是可以培养的，职业兴趣也是一样。虽然职业兴趣一旦形成，就具有一定的稳定性，但个人可以通过主动培养自己的职业兴趣来改善求职择业的状况。

具体来说，大学生应做到以下几点：

（1）培养广泛的职业兴趣。具有广泛职业兴趣的人通常眼界比较开阔，解决问题时也可以从多方面思考，职业选择的空间比较大。

（2）培养重点职业兴趣。人的兴趣应广泛，但要有侧重，否则就难以找到明确的职业方向。所以，大学生应着重培养自己在某一方面的职业兴趣，促进自己的发展和成才。

（3）保持兴趣稳定。大学生在培养职业兴趣时，不能朝三暮四、见异思迁，而应注重培养持久、稳定的兴趣，这样才能投入更多的精力深入钻研相关内容，才能在事业上有所成就。另外，在培养职业兴趣时，还应客观地评价自己的能力，只有在自身能力基础上形成的职业兴趣才是持久、稳定的。

（4）积极参加职业实践活动。职业实践活动包括生产实习、社会调查、参观访问等。

每一个大学生都可以通过参加各种职业实践活动，并根据社会和自我需要，有意识地培养和发展自己的兴趣，为事业成功创造有利条件。

兴趣测试

【活动目的】

通过兴趣测试，更好地了解自己，从而为职业选择和职业生涯规划提供依据。

【活动流程】

（1）阅读以下材料。

您获得了一次免费度假旅游的机会，可以免费去下面六个岛屿中的一个，唯一的要求是您必须在这个岛屿上待满至少半年的时间。请不要考虑其他因素，仅凭您的兴趣按顺序找出您最向往的三个岛屿。

岛屿 A：美丽浪漫岛。岛上到处都是美术馆、音乐厅、街头雕塑和街边艺人，弥漫着浓厚的艺术文化气息。岛上居民有很强的艺术创新能力，他们喜欢舞蹈、音乐和绘画，许多文艺界的朋友都喜欢来这里寻找创作灵感。

岛屿 C：井然有序岛。该岛具有现代化的都市形态，以完善的户政管理、地政管理、金融管理见长。岛上居民冷静、保守、细心，做事有条不紊且高效，精于组织策划。

岛屿 R：自然原始岛。岛上拥有良好的自然生态环境，仍保留着原始森林，有各种各样的野生动物。岛上居民的生活还相当原始，他们擅长手工，自己种植瓜果蔬菜、修缮房屋、打造器物、制作工具，喜欢户外活动。

岛屿 S：友善亲切岛。岛上充满人文气息，居民温和、友善，乐于助人，重视互助合作和教育，关心他人，各社区共同组成一个联系紧密的服务网络。

岛屿 I：深思冥想岛。岛上建筑物和居民较少，适合进行研究活动，有多个天文馆、科学图书馆等。岛上居民喜好观察、学习、研究、分析，崇尚和追求真知，常有机会和来自各地的哲学家、科学家、心理学家等交流心得。

岛屿 E：显赫富庶岛。岛上居民善于企业经营和贸易，能言善道。岛上经济十分发达，处处是高级饭店、俱乐部、高尔夫球场等，曾数次召开财富论坛和各行业的巅峰会议。来往者多是企业家、经理人、政治家、律师等。

（2）分组。选择相同岛屿的同学成为一组，按分组就座，并选出一名小组长。

（3）以小组为单位，讨论自己为什么选择这个岛屿，分享各自的兴趣爱好，组长列出本组成员的共同兴趣爱好。

（4）给自己的小组命名并选取一个标志物，在白纸上制作一张本小组的宣传图。

（5）每个小组选出一位同学来展示自己小组的宣传图，并介绍小组成员的共同点。

（6）老师进行点评，选出表现最出色的小组。

模块三 我能做什么——能力认知

案例导入

小廖是深圳某高校 2016 级电气专业的学生。毕业后，他顺利进入中国广核集团有限公司（以下简称“中广核”），并在通过试用期后，成为该公司的一名正式技术人员，令其他同学都羡慕不已。

小廖的应聘经历要从大四说起。2019 年 10 月，苏州一家电梯公司来学校召开专场招聘会，需要招聘一批技术过硬的技术人员。当时小廖抱着试一试的心态投了简历，没想到后来顺利地通过了笔试和面试。

小廖接到该电梯公司的录用通知时，没有立即签约，因为另一家企业——中广核也向他抛来了“橄榄枝”。同样是在 2019 年 10 月学校举办的中广核专场招聘会上，他投了简历，然后一路过关斩将，顺利通过了笔试、面试、身体测试等，最终脱颖而出。

小廖于 2019 年 11 月初与中广核签订就业意向书。据他介绍，每年有 20 多万人竞聘这家企业的岗位，而最后被录用的只有 2 000 人左右，他就是其中的一员。

小廖入学时的成绩仅处于班级中下游，但很快，他的成绩尤其是专业课成绩就扶摇直上，稳定在班上前几名。小廖说，他的成绩不是靠考前突击得来的。与很多同学不同的是，进入大学后，他比高中阶段更注重课堂知识，从不放过课堂上的一分一秒。

在课余时间，小廖还充分利用学校的实训教学设备锻炼自己的动手能力，积极参加学校组织的“技能大比武”，进一步巩固了自己的专业技能，为参加各项专业竞赛做好了充分的准备。此外，他还利用课余时间参加电工技师培训，在毕业时已通过考试的四个模块，等通过最后一项技师论文答辩后，就能拿到电工技师资格证。

功夫不负有心人，在校四年积累的过硬的专业技术让他在就业时尝到了甜头。“只要技术过硬，有真本事，就不怕找不到工作。”小廖说。

请思考：能力对职业发展有哪些影响？小廖是如何提高自身能力的？

知识链接

能力是指直接影响活动效率，使活动得以顺利完成的个性心理特征。在当今这个竞争激烈的时代，只有具备足够的能力，才能在社会上成功立足。我们进入学校进行专业学习，就是为了获得“一技之长”，能够顺利就业、进入社会。如果把性格比作我们的“身份证”，能力就是我们在社会上的“通行证”。拥有怎样的“通行证”，决定着个人能否顺利就业。

一、能力的分类

按照获得方式（先天具有与后天培养）的不同，能力可被分为能力倾向（潜能）和技能两大类。在现实生活中，个人的能力水平往往是能力倾向和技能两方面结合的结果。例如，刘翔能获得奥运会跨栏比赛的冠军，既归功于他先天良好的运动协调能力，也离不开他后天持续的技能训练。

（一）能力倾向

能力倾向

能力倾向是指经过适当训练或被置于适当的环境下，能够完成某项活动的可能性。简而言之，能力倾向是指个人能学会做什么，以及个人获得新的知识和技能的潜力如何。能力倾向主要包括语言能力、数理能力、空间判断能力、细节察觉能力、书写知觉能力、运动协调能力、动手能力等，其含义和匹配的职业如表 3-11 所示。

表 3-11 各种能力倾向的含义和匹配的职业

类型	含义	匹配的职业
语言能力	语言能力包括对词语的理解和应用能力，对句子、段落、篇章的理解能力，以及清楚、准确地表达自己的观念和向他人介绍信息的能力	售货员、商务师、导游、演员、导演、编辑、播音员、主持人、教师、律师、审判员等
数理能力	数理能力是指迅速、准确地进行运算、推理，并应用数学方法分析和解决实际问题的能力	会计、银行职员、保险公司职员、税务员、审计员、统计员、自然科学家、计算机工程师等
空间判断能力	空间判断能力是指对立体图形以及平面图形与立体图形之间关系的理解能力，包括能看懂几何图形、能理解立体图形的三维结构、能识别不同物体在空间运动中的联系、能解决几何问题等	技术员、工程师、服装设计师、艺术家、家具设计师、建筑师、摄影师、家电维修专家、自然科学家、军官、司机等
细节察觉能力	细节察觉能力是指正确感知物体或图形的有关细节的能力，以及对图形的明暗、线的宽度和长度等进行比较的能力	技术员、工程师、电工、房管员、咨询师、教练员、导演、图书管理员、会计、银行职员、保险公司职员、审计员、统计员、编辑、自然科学家等
书写知觉能力	书写知觉能力是指对印刷物、账目、表格等材料的细微部分具有正确知觉，善于发现错误并校正的能力	教师、公务员、社会科学家、秘书、打字员、编辑、银行职员、咨询师、经理、记者、作家等
运动协调能力	运动协调能力是指身体迅速、准确、协调地做出动作和反应的能力	运动员、教练、演员、服装设计师、家具设计师、美容师、电工、司机、警察等
动手能力	动手能力是指手和手腕迅速而准确地活动和操作细小物体的能力	医生、护士、药剂师、运动员、自然科学家、技术员、工程师、服装设计师、家具设计师、艺术家、美容师、售货员、服务员、保育员、摄影师、导演等

（二）技能

技能是指个人在特定目标的指引下，运用已有的知识，通过练习而形成的一定的动作方式或智力活动方式。技能的学习要以程序性知识的掌握为前提，一般通过感性认识（看或听）、模仿（学习）、练习反馈等过程，由不会到会再到熟练，并最终定型。

程序性知识又称操作性知识，主要用于解决“做什么”和“怎么做”的问题。

职业咨询师辛德尼·梵和理查德·鲍尔斯将技能分为三类：专业知识技能、自我管理技能和可迁移技能。

1. 专业知识技能

专业知识技能是指通过教育或培训才能获得的知识或能力，也就是个人所学习的科目、所懂得的知识，如外语、中国古代史、电脑编程、化学元素周期表等。

技能

如果把知识看作一种信息，专业知识技能就是对信息进行分类、加工、整合、应用的能力。这类技能与专业学习或工作内容直接相关，需要经过专业培训才能获得，且不能迁移。其获取途径主要有：课堂教育、课外培训、自学、上岗培训，以及参加专业会议、讲座或研讨会、社会实践、社团活动等。

2. 自我管理技能

良好的自我管理技能能够帮助个人更好地适应周围的环境、应对工作中出现的问题，因此也被称为“适应性技能”。自我管理技能经常被看作个性品质，被用来描述或说明个人具有的某些特征。它常以形容词或副词的形式出现，如诚实的、仔细的、认真的、负责的等。

3. 可迁移技能

人们所获得的各种技能可以相互作用，已经掌握的技能可能促进新技能的学习，也可能阻碍新技能的学习，这种现象叫作技能的迁移。可迁移技能一般用动词来描述，如交往、沟通、解决、合作、领导、适应等。它可以从日常活动特别是工作之外的活动中得到发展，还可以应用于不同的工作之中。因此，可迁移技能也被称为“通用技能”。

想一想

一般来说，一名医务人员需要具备的技能有专业知识、表达能力、交流与沟通能力、应变能力、设备操作能力、逻辑判断与推理能力、协调能力、情绪控制能力等。在这些技能中，哪些是专业知识技能？哪些是自我管理技能？哪些是可迁移技能？

二、能力对职业发展的影响

（一）能力是就业的关键

个人要想谋求理想的职业，在职业岗位上立足并做出成绩，不仅要具备一定的科学文化知识和思想道德素质，还要具备良好的职业能力。职业能力是人们从事某一特定职业所必须具备的能力，它是就业的关键，也是获得职业成功的前提。

在当今社会，就业形势日益严峻，就业竞争日趋激烈，而这种竞争将突出体现为职业能力的竞争。在优胜劣汰的市场竞争中，不具备一定的职业能力，就意味着可能失业和再次择业。据调查，我国国有企业的下岗人员再就业难的一个重要原因，就是相当一部分下岗人员职业能力不足，没有过硬的技术本领。

故事与人生

不能让猪唱歌、兔游泳

为了和人类一样聪明，森林里的动物们开办了一所学校。学校一共开设了五门课程：唱歌、跳舞、跑步、爬树和游泳。

开学的第一天，来了许多动物，有小鸡、小鸭、小鸟、小猪、小兔、小山羊、小松鼠等。当老师宣布今天上跑步课时，小兔子兴奋地在体育场跑了一个来回，并自豪地说："我能做好我天生就喜欢做的事！"再看看其他小动物，有噘着嘴的，有耷拉着头的。

放学后，小兔回到家对妈妈说："这个学校真棒！我太喜欢了！"

第二天一大早，小兔子蹦蹦跳跳地来到学校。老师宣布：今天上游泳课。小鸭子兴奋地跳进了水里，而天生怕水的小兔子傻了眼，其他小动物也面面相觑。

接下来，第三天是音乐课，第四天是爬树课……以后发生的情况，便可以猜到了。没过多久，小动物们就纷纷不来上课了。

资料来源：中国人力资源开发网，http://www.chinahrd.net/blog/142/24724/141533.html

启示：

这个寓言故事诠释了一个通俗的道理，那就是"不能让猪去唱歌、让兔子去游泳"，要做自己能力范围之内的事情。要成功，小兔子就应跑步，小鸭子就该游泳，小松鼠就得爬树。无论从事什么职业，都应该量力而行。

（二）能力推动职业生涯快速发展

在工作过程中，职业能力强的人，一般会取得更好的工作绩效，为组织创造更大的价值，所以有更多的职业晋升机会，从而获得更好的职业生涯发展。随着能力的积累和发挥，其职业发展空间会越来越大，而随着发展空间的增大，其能力的提升也会更快，如此形成良性循环，最终使其获得职业生涯的成功。

三、自我能力探索

（一）能力倾向探索

能力倾向探索是自我认知的重要组成部分。我们可以通过能力倾向测试，对自己的语言能力、数理能力、空间判断能力、细节察觉能力、书写知觉能力、运动协调能力和动手能力进行综合测评。该能力倾向测试分为七组，每组均有六道题，按五个等级对各题进行评分：能力强为 1 分，较强为 2 分，一般为 3 分，较弱为 4 分，弱为 5 分。具体测试步骤如下：

（1）根据自己的实际情况填写能力倾向测评表（见表 3-12），并将每个等级的得分相加，得到合计分数。

表 3-12 能力倾向测评表

能力倾向	内容	强（1 分）	较强（2 分）	一般（3 分）	较弱（4 分）	弱（5 分）
语言能力	表达自己观点的能力					
	阅读能力					
	向他人解释难懂的概念的能力					
	对字、词、段落和篇章的理解分析能力					
	掌握词汇量的程度					
	中学时的语文成绩					
	合计分数					
数理能力	进行精确测量的能力					
	解算术应用题的能力					
	笔算能力					
	心算能力					
	使用工具（如计算器）的能力					
	中学时的数学成绩					
	合计分数					
空间判断能力	解答立体几何习题的能力					
	画三维立体图形的水平					
	看几何图形的立体感					
	想象盒子展开后的平面形状的能力					

（续表）

能力倾向	内容	强（1分）	较强（2分）	一般（3分）	较弱（4分）	弱（5分）
空间判断能力	玩拼图游戏的能力					
	想象三维物体的能力					
	合计分数					
细节察觉能力	发现相似图形中的细微差异的能力					
	识别物体的形状差异的能力					
	注意到多数人忽视的物体细节部分的能力					
	检查物体细节的能力					
	判断图案是否正确的能力					
	中学时查找作业中的细小错误的能力					
	合计分数					
书写能力	抄写资料的速度和准确率					
	在阅读过程中发现错别字的能力					
	发现计算错误的能力					
	在图书馆快速查找编码卡的能力					
	发现图表中的细小错误的能力					
	自我控制能力（如可以较长时间地抄写资料）					
	合计分数					
运动协调能力	在劳动技术课中进行机器操作类活动的能力					
	玩电子游戏或瞄准打靶的能力					
	在广播操、跳舞等活动中，身体的协调性					
	打球姿势的平衡度					
	打字的能力					
	闭眼单腿站立的平衡能力					
	合计分数					
动手能力	使用手工工具（如榔头、棒子等）的能力					
	使用很小的工具（如镊子、缝衣针等）的能力					
	弹乐器时手指的灵活度					
	做小手工艺品的能力					
	削水果的能力					
	进行修理、装配、拆卸、编织等活动的能力					
	合计分数					

（2）将每组的合计分数依次填入能力倾向综合评定表（见表 3-13）中，并将合计分数除以 6，得出每种能力倾向的最后得分（应为 1～5 分）。

表 3-13 能力倾向综合评定表

能力倾向	自我能力强弱统计数据					最后得分
	强	较强	一般	较弱	弱	
语言能力						
数理能力						
空间判断能力						
细节察觉能力						
书写知觉能力						
运动协调能力						
动手能力						

（3）根据各种能力倾向的得分，判断自己的能力属于哪个等级。判断方法为：“1”为强，“2”为较强，“3”为一般，“4”为较弱，“5”为弱。能力倾向得分可能为小数，如 2.2，表示此项能力稍低于较强水平，高于一般水平。

（二）技能探索

1. 通过技能词汇表进行技能测试

技能词汇表中包括专业知识技能词汇、自我管理技能词汇和可迁移技能词汇，如表 3-14 所示。技能词汇表中的词汇非常丰富，大学生可以选择最符合自己情况的词汇，以便更全面地了解自己所拥有的技能。

表 3-14 技能词汇表

技能类型	技能词汇	测试要求
专业知识技能	美学、会计、管理学、农业、解剖学、声学、杂技、飞机、动物、古董、人类学、制陶术、工程学、地理、庆典、发动机、构造、仪器、娱乐、仲裁、化学药品、建筑、教堂、高尔夫球、数学、城市、艺术、艺术史、家庭、机构、气候、图表、衣服、时尚、天文学、语法、运动、颜色、肥料、原子、喜剧、电影、金融、手工艺品、儿童养育、计算机、财务记录、卫生保健、信仰、消防、化妆品、急救、历史、生物学、园艺、插花、植物学、外语、卡通、地理学、新闻业、商品、心理学、养育、设备、地震、预算、经济学、室内装饰、投资、绘画、法律、乐器等	圈出符合自己情况的词汇。如有可能，用一个更具体的词汇来替换这里的词汇。例如，如果你圈出了“外语”这个词，根据你所掌握的外语方面的知识，你可以把它替换成“英语”或“日语”等

（续表）

技能类型	技能词汇	测试要求
自我管理技能	诚实、正直、自信、合作、耐心、细致、慎重、认真、负责、可靠、灵活、幽默、友好、真诚、热情、投入、高效、冷静、严谨、踏实、积极、主动、豪爽、勇敢、忠诚、直爽、现实、执着、机灵、感性、善良、大度、坚强、随和、聪明、稳重、朴实、渊博、机智、敏捷、活泼、敏锐、公正、宽容、勤奋、镇定、坦率、慷慨、清晰、明智、坚定、乐观、亲切、果断、独立、成熟、谦虚、理性、客观、平和、有创意、有激情、有远见、有抱负、有条理、想象力丰富、善于观察、坚韧不拔、足智多谋、精力旺盛、多才多艺、彬彬有礼、善解人意、吃苦耐劳等	圈出符合自己情况的词汇，然后思考以下两个问题： ① 为什么会这样描绘自己 ② 有哪些实际生活、学习或工作中的例子可以证明你具备该技能
可迁移技能	执行、照顾、巩固、指导、编辑、建设、洞察、适应、发现、管理、选择、控制、拆除、装配、分类、烹调、展示、劝告、协调、分析、训练、预测、联络、申请、咨询、评价、交流、安排、比较、创造、评估、完成、决定、忍耐、权衡、集中、设计、协助、提高、领会、审核、计算、美化、调和、探测、解释、发明、探索、保存、诊断、表达、领导、生产、分享、学习、编程、感受、搬运、表演、填充、倾听、校对、简化、装载、保护、定位、维修、交际、追随、制造、宣扬、演讲、操纵、提问、调解、阅读、收集、推理、激励、记忆、记录、建议、给予、招聘、总结、统治、监督、引导、修改、讲述、合成、处理、教导、研究、识别、举例、解决、翻译等	圈出所有你所拥有的技能，并试着在这些技能的后面加宾语，如“记忆单词”

2．了解职业对技能的要求

大学生在对自身所具备的技能有所了解后，还需要了解自己所掌握的这些技能可以应用到哪些工作中，以及这些工作还有哪些其他方面的技能要求。大学生可以通过以下两种方法来及时了解职业对技能的要求：

（1）参考网站。招聘网站每天都会发布大量的职位信息，并对空缺职位所要求的技能进行较为详细的说明，一些专业网站也会对从事相关职业所需的技能进行简单介绍。大学生可参考这些网站上的信息，对自己想要了解的职业所需技能进行梳理，明确自己需要提高哪些技能、还需要学习哪些技能等。

（2）访谈。大学生可以利用访谈活动快速了解职业技能要求，如生涯人物访谈（详见学习情境四“职业环境分析”部分的内容）。

3．根据职业技能要求培养和发展个人技能

当个人明确了目标职业所需的技能要求后，就需要提早准备，有计划、有针对性地进行学习。在大学阶段，提高个人技能的方法主要有以下两种：

如何培养职场需要的能力

（1）课堂学习。课堂学习为培养大学生的专业技能创造了良好条件。大学生要充分利用学校的各种资源，主动参与课堂学习，

如积极与同学和老师进行讨论、进行实际操作等，逐步养成良好的学习习惯，不断提高自己的专业能力，为未来成就一番事业打下坚实的基础。

（2）广泛参加“第二课堂”。“第二课堂”是指课外的各种学习和实践活动，如学术讨论会、读书报告会、朗诵、演讲、写作等，它对大学生就业起到了良好的推动作用。大学生应根据自己的爱好和特长，积极参加各种“第二课堂”。此外，还应积极争取并充分利用各种实习机会，选择与职业目标相对应的行业及岗位实习。通过参加这些课外实践活动，大学生可以充分发挥主动性、独立性和创造性，有意识地从未来的工作需要出发来培养和锻炼自己。

制订能力提高计划

【活动目的】

使学生更清楚地认识自己的能力，并在此基础上提高自身能力，从而让大学期间的学习和生活更有针对性、计划性。

【活动流程】

（1）认识自己的能力。

拿出一张白纸，并在上面依次写下以下三个问题的答案：

① 你最突出的能力有哪些？

② 你未来想要从事的职业需要哪些能力？

③ 在未来想从事的职业所需要的能力中，你最欠缺的能力是什么？

（2）在上述步骤的基础上，制订提高能力的行动计划。

（3）老师选择几名学生以 PPT 的形式在课堂上展示能力提高计划。

模块四　我应该做什么——价值观认知

案例导入

一个美国商人坐在墨西哥某海边小渔村的码头上，看着一个墨西哥渔夫划着一艘小船靠岸，小船上有好几条大黄鳍金枪鱼。商人对渔夫恭维了一番，并问需要多长时间才能抓到这么多鱼。渔夫说："才一会儿工夫就抓到了。"

商人再问："那你为什么不待久一点，多抓一些鱼呢？"渔夫回答："这些鱼已经足够我一家人生活所需啦！"商人又问："那你一天剩下那么多时间，都在干什么？"

渔夫说："我呀，我每天睡到自然醒，出海抓几条鱼，回来后跟孩子们玩一玩，再睡个午觉，黄昏时到村子里喝点小酒，跟哥儿们玩玩吉他。我的日子既充实又快乐呢！"商人不以为然："我是哈佛大学的企业管理硕士，我可以帮你出出主意。你每天应该多花一些时间去抓鱼，到时候你就有钱去买一条大点的船，然后你就可以抓更多的鱼，再买更多的渔船，甚至可以拥有一个渔船队。到时候，你就不必把鱼卖给鱼贩子了，而是直接卖给加工厂。或者你可以自己开一家加工厂，自己控制整个生产、加工和销售环节。然后你就可以离开这个小渔村，搬到墨西哥城，再搬到洛杉矶，最后到纽约，在那里经营你不断扩充的企业。"

渔夫问："这得花多少时间呢？"商人回答："十五到二十年。"

渔夫问："然后呢？"商人大笑着说："然后你就可以在家当皇帝啦！时机一到，你就可以宣布股票上市，把公司股份卖出去。到时候你就发啦！"

"然后呢？"

"到那个时候你就可以退休啦！你可以搬到海边的小渔村去住。每天睡到自然醒，出海随便抓几条鱼，回家跟孩子们玩一玩，再睡个午觉，黄昏时到村子里喝点小酒，跟哥儿们玩玩吉他！"

渔夫疑惑地问道："我现在不就是这样了吗？"

请思考：读了这则故事，你有什么启示？是什么决定了渔夫和商人拥有不同的想法？

知识链接

一、价值观的含义和形成

价值观是人们对社会存在的反映，是社会成员用来评价行为、事物及从各种可能的目标中选择合适目标的准则。价值观通过人们的行为取向及人们对事物的评价、态度反映出来，是世界观的核心，是驱使人们做出某种行为的内部动力。它支配和调节着一切社会行为，涉及社会生活的各个领域。

家庭、学校、社会环境等对个人价值观的形成起着关键作用。价值观是随着知识的积累而逐步确立起来的，个人的价值观一旦确立，便具有相对稳定性，不易被改变。

二、价值观对职业发展的影响

（1）职业价值观是个人与职业匹配的基础之一。职业价值观是个人对职业的认识和态度以及他对职业目标的追求和向往。职业价值观决定了大学生的职业期望，影响着大学生的职业选择。俗话说，“人各有志”，这个“志”表现在职业选择上就是职业价值观，它是一种具有明确的目的性、自觉性和坚定性的择业态度，对个人的职业目标和择业动机起着决定性作用。例如，在求职择业过程中，有的人追求丰厚的收入，有的人热衷于较高的社会地位，有的人喜欢公平公正的工作环境等。这些职业价值观折射出大学生的世界观和理想，进而影响其对就业方向和具体职业岗位的选择。

（2）价值观是职业生涯发展的内在驱动力。职业与价值观关系密切，两者的契合度越高，个人对职业的满意度就越高。这种满意度也在一定程度上决定着个人的工作态度和工作质量。若职业与价值观能较好地匹配，将有助于鼓舞个人的工作士气、提高其工作效率。

经典案例

钱学森的爱国魂

1947 年，36 岁的中国科学家钱学森被美国麻省理工学院聘为终身教授。这是一个很高的荣誉，预示着钱学森将会有优厚的待遇和远大的前程。

然而，当钱学森得知中华人民共和国成立的消息后，这位每时每刻都在思念祖国的科学家顿时沉浸在极大的喜悦之中。钱学森已经在美国生活了十多年，被誉为“在美国处于领导地位的火箭专家”，拥有了别人梦寐以求的金钱、地位、声誉。但他认为：“我是中国人，我的根在中国，我能够放下在美国的一切，但不能放下祖国。我就应早日回到祖国，为建设祖国贡献自己的全部力量！”他还对中国留学生说：“祖国已经解放了，现在急需建设人才，我们要赶快把学到的知识用到祖国的建设中去。”

钱学森准备回国的决定，引起了美国有关方面的恐慌。他们认为：钱学森如果把专业技术带回去，中国的科学技术将得到高速发展。美国海军的一位领导人曾对美国负责出境的官员说：“钱学森至少值五个师的兵力。我宁可把他枪毙了，也不能让他离开美国！”

钱学森的回国计划受到了严重的阻挠。美国官方发“文件”通知他不准离开美国。本来，他的行李已经装上了驳船，准备由水路运回祖国。可美国海关说他的书籍和笔记本中藏有重要机密，诬蔑他是“间谍”。其实，这些书籍和笔记本，大部分是公开的教科书，其余的是钱学森自己的学术研究记录。

一波未平，一波又起。几天之后，钱学森突然被逮捕，并被关押在一个海岛的拘留所里，受到无休止的折磨。钱学森的遭遇引起加州理工学院坚持正义的同事和学生的同情，在他们和其他有识之士的强烈抗议下，美国特务机关被迫释放了他。可美国对钱学森的迫害并没有停止，他们限制他的行动，监视他的信件、电话等。即使有种种限制，钱学森也没有屈服。他不断提出严正要求："坚决离开美国，回中国去！"

钱学森争取回国的斗争得到世界各国主持正义的人们的支持，更得到了中国政府的重视。周恩来总理曾亲自了解他的状况，并指示参加中美两国大使级会谈的中国代表，在会谈中提出钱学森博士归国的问题。

1955 年 8 月，这场外交斗争最终取得了胜利，美国政府被迫同意钱学森回到中国。到达北京的第二天清晨，钱学森就带着妻子和两个孩子来到天安门广场，他激动地说："我相信我一定能回到祖国。此刻，我终于回来了！"

冲破重重阻碍而回国的钱学森，一头扎进了军事科学研究中。他倾其所学，不断推出科研新成果，为祖国的国防事业竭忠尽智，做出了巨大的贡献。

资料来源：中国军网，http://www.81.cn/2019zt/2019-07/22/content_9593088.htm

启示：

为了祖国的繁荣富强，钱学森放下了国外的优渥生活。钱学森的爱国言行，无疑表明了他高尚的价值观，展示了中华儿女对祖国的拳拳之心。

三、职业价值观探索

职业价值观能够引导大学生找到适合自己的职业，也是其在今后进行职业活动时会始终坚守的行为准则。探索职业价值观的过程可分为三步：① 职业价值观测评；② 描绘职业价值观地图；③ 职业价值观定位。

（一）职业价值观测评

表 3-15 中列出了一些常见的职业价值观，请在表中圈出你认为最重要的十个职业价值观。

表 3-15 一些常见的职业价值观

成就	家庭	自然	冒险	友谊	安全	成长	轻松	愉快
和谐	可预测	权威	健康	褒奖	自主性	有益	尊重	平衡
责任心	美丽	谦逊	诚实	风险承担	挑战	服务	自我实现	团队
竞争	正直	精神性	贡献	公正	稳定	控制	知识	高薪
领导力	地位	创造力	学习	团队合作	好奇	影响力	时间自由	多样化
信任	职责	意义	变化	自我控制	智慧	忠诚	协作	艺术展现

请在下方横线上写下你认为排名前十的职业价值观（也可以列出表 3-15 中没有的职业价值观），然后对这些职业价值观进行具体描述，同时回答以下问题：

（1）这个价值观对我来说重要吗？（选择“重要”或者“不重要”）

（2）这个价值观在我的目标职业中能得到满足吗？（选择“能满足”或者“不能满足”）

价值观 1：________________________

重要/不重要　　能满足/不能满足

价值观 2：________________________

重要/不重要　　能满足/不能满足

价值观 3：________________________

重要/不重要　　能满足/不能满足

价值观 4：________________________

重要/不重要　　能满足/不能满足

价值观 5：________________________

重要/不重要　　能满足/不能满足

价值观 6：________________________

重要/不重要　　能满足/不能满足

价值观 7：________________________

重要/不重要　　能满足/不能满足

价值观 8：________________________

重要/不重要　　能满足/不能满足

价值观 9：________________________

重要/不重要　　能满足/不能满足

价值观 10：________________________

重要/不重要　　能满足/不能满足

（二）描绘职业价值观地图

表 3-16 为价值观定位表，它将价值观分为了八种类型，并列出了每一类型中具有代表性的价值观。请仔细阅读表 3-16，把在上述步骤中选出来的十个价值观分别归类，并判断你的价值观集中在哪一个或两个类型中，从而得出你的职业价值观地图。如果你的结果看上去没有规律，就回到上一步，直到找出规律。

表 3-16　价值观定位表

价值观类型	代表性价值观
博爱型	美丽、团队、多样化、和谐、有益、精神性、正直、公正、自然、智慧
仁慈型	贡献、协作、友谊、诚实、忠诚、意义、服务、合作、信任
自主型	艺术表现、自主性、平衡、创造力、好奇、独立、知识、学习、时间自由

（续表）

价值观类型	代表性价值观
传统型	职责、谦逊、自我训练、尊重、自我控制
精彩型	冒险、轻松、愉快、变化、风险承担
成就型	成就、挑战、竞争、责任心、成长、自我实现
权力型	权威、控制、高薪、影响力、领导力、褒奖、地位
安全型	健康、稳定、安全

（三）职业价值观定位

职业价值观定位有助于大学生更好地理解自身价值、做出职业决策。图 3-6 是职业价值观定位模型，它将上述八种职业价值观进行了两两归类，将职业价值观分为“自我超越”“拥抱变化”“遵从”“自我提升”四个领域。

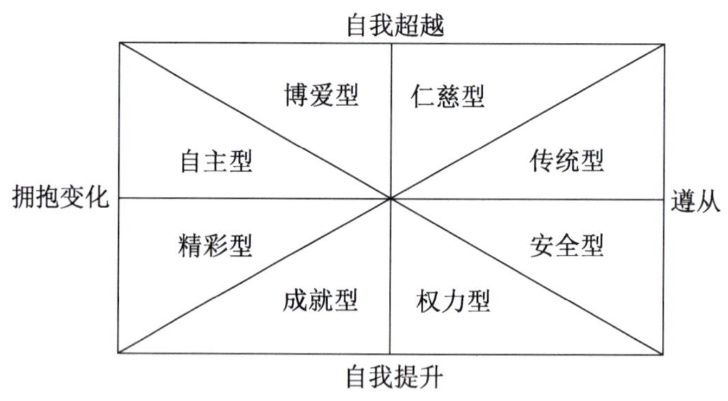

图 3-6 职业价值观定位模型

1. “自我超越”领域

“自我超越”领域包括博爱型和仁慈型两种价值观。属于这一领域的人通常具有良好的奉献精神，渴望超越自我，并致力于为他人和自然谋福利。对于这一领域的人来说，非营利性组织的工作人员、专业助人者、教师、心理医生等都是很好的职业选择。

2. “拥抱变化”领域

“拥抱变化”领域包括自主型和精彩型两种价值观。属于这一领域的人通常喜欢生活中的多姿多彩和不确定性，享受探索和创造的过程，看重工作中的灵活性。他们认为，未知让生命更精彩。

3. “遵从”领域

“遵从”领域包括传统型和安全型两种价值观。属于这一领域的人通常追求安稳、和谐，希望能保持自己的社会地位。他们将工作的稳定性看得非常重要，且在工作中常常需要他人较为清晰地讲明工作责任和工作要求。

4.“自我提升”领域

“自我提升”领域包括成就型和权力型两种价值观。属于这一领域的人通常希望从事富有挑战性的工作，并在工作中不断提升自己。对于这一领域的人来说，职业满意度取决于工作中有没有拥有更大权力、承担更大责任的机会。

做一做

判断自己的职业价值观属于图 3-6 中的哪一领域，并思考从事哪些职业可以实现你的职业价值观。将这些职业写在下方横线上：

____

____

____

____

____

四、树立正确的职业价值观

大学生要想树立正确的职业价值观，必须要有科学的世界观和正确的人生观，能够正确看待名利与地位。具体来说，要做到以下几点：

（1）处理好职业价值观与金钱的关系。有些经济条件不太好的大学生在求职时，将高薪作为首选价值观，这并没有错。但实际上，绝大部分大学生在毕业时所拥有的知识、能力和阅历，还不足以使其一走上社会就能获得大量的金钱回报。怀有“一夜暴富”的心理是危险的，容易使大学生被不法分子利用，甚至误入歧途。因此，大学生应理性地降低对金钱的期望值，尽可能地将自我成长和自我实现作为毕业求职时的首选职业价值观。

（2）处理好职业价值观的排序与取舍问题。一个人通常不会只有唯一的职业价值观，人性的本能也会驱使人们希望什么都能得到。但在现实生活中，“鱼和熊掌是不可兼得的”。大学生在择业时，应理性地对自己的多种职业价值观进行排序，并在必要时做出取舍。否则，将容易患得患失，更谈不上职业生涯的成功和对社会的贡献了。

（3）处理好职业价值观中个人与社会的关系。人不能离开社会而独立存在，个人只有在工作中为社会做贡献，才能实现自己的职业价值。当然，并不是说在择业时要忽略个人因素，一味地去尽社会责任，以免影响个人发展。

（4）处理好淡泊名利与追逐名利的关系。追逐名利既可能使人成就一番事业，也可能使人自我毁灭。以合理、合法、公正、公平的方式追逐名利，在一定程度上对个人和社会都有益。大学生在今后的职业生涯中，应把握好淡泊名利与追逐名利之间的“度”，切忌用不正当手段追逐名利。

职业价值观拍卖

【活动目的】

激发学生思考自己真正想要的是什么，从而确立自己的职业价值观。

【活动规则】

（1）老师扮演拍卖师，所有学生扮演竞买人。

（2）假设每位学生各有 5 000 元钱；所有拍卖品的底价都是 500 元，每次加价幅度必须是 100 或 100 的倍数，但不得超过 1 000。

（3）每件拍卖品都由最先出价且出价最高者购得。

【活动流程】

（1）所有学生先浏览拍卖品清单（见表 3-17），思考自己想要购买哪些拍卖品，并预算金额，将其填入表中。

（2）拍卖活动开始。老师按照表 3-17 中的拍卖品顺序依次进行拍卖。

（3）活动结束后，每位学生将拍卖结果和自己的心得记录下来，老师挑选几名学生进行分享。

表 3-17　拍卖品清单

拍卖品	预算金额	购入价格	选择（或放弃）原因
有充足的休息时间			
身体健康			
可以休长假			
工作具有吸引力、受人欢迎			
收入稳定			
有时间照顾家庭			
工作中没有歧视和不公正现象			
专业对口			
在工作中可以做自己喜欢的事情			
工作具有挑战性			
能获得较高的社会地位			
工作内容有意义			
有学习的条件，能够促使自己不断进步			

留在大山深处 坚守三尺讲台

杨红军，1964 年生，云南省临沧市沧源佤族自治县人。30 多年来，他坚守大山深处的三尺讲台，敬业奉献、以校为家，上千名学生在他的教导下走出大山。他曾获得“全国优秀教师”“临沧市优秀教师”等荣誉称号。

早上 7 点，天刚蒙蒙亮，云南省临沧市沧源佤族自治县南腊完小教师杨红军就拿着课本和教案走出了宿舍，他的住处紧挨着学生宿舍，看到还有没进教室的学生，他会习惯性地喊一句：“动作快点，别迟到了！”

走下两个台阶，再转过一个弯，就到了教学楼。这段 300 多米长的校园路，杨红军从青年走到了两鬓斑白。2024 年 8 月，年满 60 岁的他可能就要告别这条走了 30 多年的熟悉道路……

“我留下来，就是想让更多孩子走出去”

“有位勤劳的公公，天色一亮就开工，若有一天不见他，不是下雨就刮风。你们猜猜这是什么？”杨红军轻声提问。学生齐声回答：“太阳！”

“教低年级学生，声音要轻，课堂氛围要活，这是学校的年轻教师给我的建议。”杨红军说。杨红军教了很长时间的高年级，临近退休，重新回到低年级任教时，他主动向年轻教师请教低年级学生的授课方法。

杨红军说，他的小学时光也是在南腊完小度过的。1984 年中专毕业后，杨红军被分配到南腊乡（现更名为芒卡镇）任教，在两所“一师一校”的村级小学工作 7 年后，调入南腊完小任教至今。

那时候，除了上课，杨红军还把很多精力放在劝说想要辍学的学生返校上。曾经，杨红军的班里有个成绩很不错的女孩要辍学。女孩的家离南腊村很远，为了让她重返校园，杨红军决定家访。在崎岖的山路上，杨红军从早晨走到中午，终于找到了女孩的家。“不管怎样，先让孩子回来上学吧。实在不行，我回去跟学校商量，用南瓜、马铃薯抵学杂费。”杨红军苦口婆心地劝说女孩父母。最终，在杨红军的努力下，女孩重新回到了学校。

这样的家访，杨红军经历过很多次。家访路上，杨红军常常想起自己的小学老师——何老师。看到班里少了学生，何老师就忍不住流泪，然后一家一家去劝说。杨红军始终记着何老师说过的话：“如果不读书，孩子们很可能一辈子都走不出大山！”

1991 年，杨红军被评为“全国优秀教师”，这对一名乡村教师来说，也是一次改变命运、走出大山的机会。杨红军说：“当时，县里有学校想调我过去，我没有去。我留下来，就是想让更多孩子走出去。”

这一留，就是30多年。30多年来，杨红军教了20多届、上千名学生，沧源县的各行各业都有他的学生。

“跟孩子们学习相关的事，都是大事”

在南腊完小工作以来，杨红军教过的科目有数学、美术、劳动……，可谓“五花八门”。在教学上，杨红军既传统又“时髦”。翻开杨红军的教学课本，每页都是满满的批注，上面写着章节必背知识点、重难点提醒、拓展知识补充等。他还自己制作教具，有时还结合农村常见的农具，教学生记住一些知识点。

如今，南腊完小的每个班级都接通了教育专网，配备了电脑和电子白板。杨红军是学校资历最深的教师之一，但在信息技术方面却是个初学者。为了尽快掌握新技术，杨红军主动向“90后”教师学习。“要想把学生教好，教师首先要跟上时代。而且，跟孩子们学习相关的事，都是大事。”杨红军严肃地说。

“离孩子们近一些，好有个照应”

杨红军的老房子就在南腊村，但他很少回去住。他和妻子、女儿就住在学校的一间宿舍里，不到20平方米，一住就是30多年。旁人不解，杨红军只是笑笑，说：“住在这里，离孩子们近一些，好有个照应。”

杨红军对学生的爱，渗透在生活中的点点滴滴。因为父母常年不在身边，很多学生都在学校寄宿。杨红军的宿舍离学生宿舍很近。午休时间，杨红军会去学生宿舍转一转，看到学生都在午休，他才放心。转一圈回来，留给自己的午休时间就很少了。

到了周末，杨红军就从教师变成了“家长”。他带着男同学洗澡，给他们买各种生活用品。学生头发长了，他索性在宿舍门口摆张椅子，当起兼职“理发师”。多年来，他一直把学生当做自己的孩子。南腊完小职工陈老师是杨红军的第一批学生，他至今仍记得自己上学时身体不好，家又离学校很远，从家里带来的中药，都是杨红军煎给他喝。

杨红军爱学生，也深爱着这座校园。学校的饮用水是从山上的水源地引下来的。到了雨季，经常因为山洪而断水。杨红军就和同事一起，踏着泥泞的山路，前往5公里外的水源地维修。

山上蚂蟥多，维修回来后，杨红军被咬得全身到处都是伤。他顾不上处理伤口，也要先去看看供水是否正常了。由于把大部分精力都投入工作中，多年来，杨红军对家庭的关心有些少，这也成了他一直放不下的遗憾。

“他工作忙，家里大大小小的事基本上都是我来做。”杨红军的妻子说。女儿考上了大学，杨红军非常开心。他把女儿送到学校后，爬上床为女儿铺被褥。“爸，我印象中，这还是你第一次给我铺床呢。”女儿不经意间的一句话，让杨红军鼻子一酸。看着父亲苍老的身影，女儿也不禁红了眼眶，但是她理解父亲的坚守。

资料来源：人民网，http://edu.people.com.cn/n1/2023/0418/c1006-32667093.html

生涯加油站

《优秀到不能被忽视》（见图 3-7）

作者：（美）卡尔·纽波特

译者：张宝

出版社：北京联合出版公司

出版时间：2016 年

推荐理由：《优秀到不能被忽视》是写给每一个职场人的“醒脑剂”，也是在“鸡汤”和“鸡血”盛行之下对工作和人生的深度思考。

作者卡尔·纽波特描述了对待职业生涯的两种不同思维方式。一种是工匠思维，即关注自己能给世界带来什么；另一种是激情思维，即关注世界能给自己带来什么。书中，作者沿着一条清晰的逻辑，提出关于人生和职场的四大规则，教读者如何获取自己的职场资本，如何通过努力创造属于自己的一切。

图 3-7 《优秀到不能被忽视》

学习情境四

职业环境认知

个人职业生涯的发展既受个人的影响，同时也受职业环境的影响。只有对职业环境进行充分的分析，同时结合自身的实际情况，才能科学、有效地制订个人职业发展的目标、路线和实施方案，从而更加合理地规划个人的职业生涯。

知识目标

- 了解职业环境分析的内容。
- 了解大学生的就业政策。
- 了解职业资格制度。

素质目标

- 辩证看待职业环境，科学地分析家庭对个人发展的期望与个人发展意愿之间的差别，实现个体与家庭环境、学校环境、社会环境的和谐发展。
- 通过学习相关就业政策，感受国家对大学生成长的关心和对其建功立业的支持，从而增强就业信心。

知彼知己，百战不殆。

——《孙子·谋政》

社会犹如一条船，每个人都要有掌舵的准备。

——易卜生

模块一 职业环境分析

案例导入

某校计算机应用技术专业的一名学生在自己的职业生涯规划书中写道：

“近年来，众多 IT 企业为了适应行业发展，不断调整其业务结构，并且对 IT 从业人员的素质要求不断提高。按目前 IT 产业的发展情况来看，未来 3～5 年内，社会所需的软件开发人才大致有三类：第一类是既懂技术又懂管理的复合型人才，即软件金领；第二类是系统分析与设计人员，即软件白领；第三类是熟练的程序员，即软件蓝领。

“我的学历虽然不高，但是我很喜欢我所学的专业。学历只是一块敲门砖，学历不高并不代表着不会被用人单位录用。现实中，研究生输给本科生的例子很多。用人单位总是希望以最低的人力成本谋求最大的效益，只要我能够在大学期间掌握扎实的专业知识，扩大自己的知识面，不断用知识武装自己，同时提高自己的动手能力，总会得到用人单位的赏识。为了能够在大学毕业时顺利就业，我会认真规划、设计自己的职业生涯，充分利用人生中最为宝贵的大学时光。”

请思考：大学生在进行职业生涯规划时，除了分析行业环境，还应对影响职业环境的哪些因素进行分析？获取职业环境信息的途径有哪些？

知识链接

进行职业环境分析，主要是为了了解各种环境因素对职业生涯发展的影响。环境因素是客观的，是不以人的意志为转移的，但是环境因素是可以选择和利用的。大学生只有通过职业环境分析，了解环境对职业发展的要求、影响及作用，对各种因素加以衡量、评估，才能在复杂的环境中趋利避害，使自己的职业生涯规划更具科学性、实践性、前瞻性。职业环境分析主要包括社会环境分析、组织环境分析和家庭环境分析。

一、社会环境分析

社会环境分析就是对社会的政治环境、经济环境、文化环境等方面的分析。人是社会的产物，人的生存和发展离不开社会，社会环境对个人的职业生涯发展具有重大影响。通过分析社会环境，个人对当前社会的政治、经济、文化等方面就有了一定的了解，就能更容易发现发展机会。

（一）政治环境

政治环境主要包括政治制度、政治稳定性、政策连续性和国际关系等。良好的政治环境是经济快速发展的前提条件，经济快速发展能够给企业和个人提供更多的发展机会。政治环境对企业的影响是巨大的，而企业的发展变化又影响着个人职业生涯的发展。政局稳定，人民安居乐业，企业经营环境良好，个人的职业生涯就会顺利发展。相反，政局不稳，社会矛盾尖锐，秩序混乱，企业经营环境恶劣，个人的职业生涯发展就会不畅。

由此可见，政治环境对个人的职业生涯的影响很大。个人虽然不能左右政治环境，但是可以洞察和分析政治环境，据此规划自己的职业生涯，进而最大限度地实现自己的价值。

经典案例

“限塑令”带来商机

2007 年 12 月 31 日，中华人民共和国国务院办公厅下发了《国务院办公厅关于限制生产销售使用塑料购物袋的通知》。这份被称为“限塑令”的通知明确规定：“从 2008 年 6 月 1 日起，在全国范围内禁止生产、销售、使用厚度小于 0.025 毫米的塑料购物袋。”

“限塑令”的出台和实施是国家进行生态环境治理的重要举措之一。刚毕业的大学生小陈在“限塑令”中发现了商机。通过市场考察，他发现利用无纺布生产购物袋不仅生产周期短、成本低，而且购物袋能够自然分解，燃烧时无毒、无味、无残留，不会对环境造成污染。于是，小陈在家人的帮助下开办了一个小型环保购物袋生产厂。该厂生产的购物袋物美价廉，不久便销路大开。

资料来源：百度文库，https://wenku.baidu.com/view/626de498770bf78a652954a8.html

（二）经济环境

职业的选择不可避免地会受到当时的社会经济状况的影响。从国家层面来讲，经济的发展与科学技术的进步、劳动生产率的提高、职业需求的变化、岗位需求人数的多少密切相关。从区域层面来讲，区域经济发展不平衡导致经济发展速度快的地区成为大学生择业的热门地区。

此外，社会经济状况还会直接影响行业的经济状况和该行业从业人员在社会上的地位。例如，近年来，我国新一代信息技术产业创新能力持续提升，超高清视频、虚拟现实、先进计算等领域发展步伐进一步加快，基础软件、工业软件、新兴平台软件等产品供给能力持续增强，使得该产业从业人员的社会地位显著提升。然而在多数情况下，学校专业、课程的调整与社会需求的变化并不是同步进行的，这就要求大学生充分发挥自身的主观能动性，克服客观环境的不利因素，主动适应社会需要。

（三）文化环境

文化环境通常由一定社会形态下的教育水平、道德规范、价值观念、宗教信仰、风俗习惯和社会公认的各种行为规范等构成。构成文化环境的要素是人类在长期的生产生活实践中逐渐形成的，人们总是自觉或不自觉地将这些要素作为行动的准则。这些要素对大学生的职业观也产生了较大影响。例如，大学生在择业、就业过程中出现的“孔雀东南飞”“公务员热”“考研热”等现象，就是文化环境影响的结果。

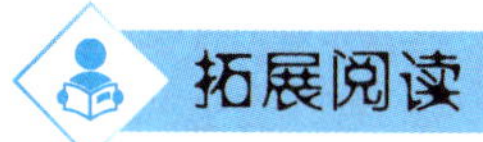

2023年大学生就业形势

2023年5月初，智联招聘发布《2023大学生就业力报告》（以下简称《报告》）。《报告》围绕就业去向、就业期待、求职心态与行为等，反映了不同学历、专业、毕业院校学生的就业状况。

从期望就业城市来看，2023届毕业生期望在一线、新一线、二线城市就业的比例分别为30%，30%，26.7%，期望在三线城市就业的比例为10.2%，期望在四、五线城市就业的比例不足2%。新一线城市成为高学历毕业生的首要偏好，与一线城市产业疏解和毕业生“一线城市情结”减弱有关。高学历人才对新一线城市的青睐，有助于弥补新一线城市与一线城市的人才差距，为新一线城市未来发展提供强有力的支持。

从期望就业行业来看，2023届毕业生期望就职于IT/通信/电子/互联网行业的人数占比为25%，较2022年上涨0.9%；就职于文化/传媒/娱乐/体育行业的人数占比为8.8%；就职于汽车/生产/加工/制造的人数占比为8.1%，较2022年上涨2%。相反，房地产/建筑业、文体教育/工艺美术行业占比进一步收缩，分别为5.2%和5.5%，连续三年呈下降态势。

从期望就业的企业类型来看，国企仍是毕业生的首选，占比为46.7%，较2022年上涨2.3%，且连续三年呈上涨态势。选择民营企业的毕业生占比为12.6%，较2022年下降4.8%，且连续三年呈下降态势。选择三资企业的毕业生占比为14.6%，较2022年上涨2.5%。

从期望就业的企业规模来看，选择中型企业的毕业生所占比例为48.6%，选择大型企业的毕业生所占比例为 25%，选择小型、微型企业的毕业生所占比例为 26.4%。

资料来源：道客巴巴，https://www.doc88.com/p-65329423765687.html

二、组织环境分析

组织环境是指所有影响组织运行和组织绩效的潜在因素和力量，对组织的生存和发展起着决定性作用。大学生通过全面分析组织环境，可以了解行业和企业的信息，使自己的职业生涯规划更有针对性。

组织环境分析包括行业环境分析和企业环境分析。

（一）行业环境分析

行业是指从事相同性质的经济活动的所有单位的集合。行业环境分析是指对目前从事或拟从事的目标行业的环境分析，分析的内容包括行业的基本情况和行业政策。通过分析，应明确行业的发展现状、发展前景、发展趋势、国内外重大事件对该行业的影响等。

1．行业的基本情况

大学生通过对行业环境分析，应了解以下内容：

（1）行业的性质、特点和范畴。

（2）行业对人类生活和社会的作用及行业的发展前景。每个行业在社会中都是具有特定功能的，明确行业对人类生活和社会的作用，就能在一定程度上了解该行业的发展前景和发展趋势，不至于在选择行业时盲目跟风。

（3）行业的细分领域。行业是大类，行业内部还有不同的分类。了解行业的分类，有利于全方位了解该行业，从而理清行业发展脉络。

（4）行业人力资源需求状况。大学生了解行业人力资源需求状况，不仅可以发现更多的就业机会，还可以根据需求的变化，不断提升自己的知识水平和动手能力，以适应行业的发展和企业的需求。

（5）从事目标行业需要具有的通用素质和职业资格证书。大多数行业都有相应的入行要求，了解从事目标行业需要具备的通用素质和职业资格证书，有助于大学生提早做好就业准备。

提 示

随着科学技术的飞速发展，某些行业如同夕阳陨落，逐渐萎缩、消失，某些行业却如同朝阳初升，蒸蒸日上。理论上，每个行业都会经历由成长到衰退的演变过程，这一过程称为行业的生命周期。一般情况下，行业的生命周期包括形成期、成长期、成熟期和衰退期。

就我国而言，目前，人工智能、物联网等行业尚处于形成期，电子通信、生物医药、新能源、新材料等行业正处于成长期，石油冶炼、电力、电子商务等行业正处于成熟期，煤炭开采、自行车、钟表、钢铁、纺织、烟草等行业正进入衰退期。

《国民经济行业分类》国家标准

《国民经济行业分类》（GB/T 4754—2017）规定了全社会经济活动的分类与代码，并将国民经济行业划分为门类、大类、中类、小类四级，其代码结构如图 4-1 所示。

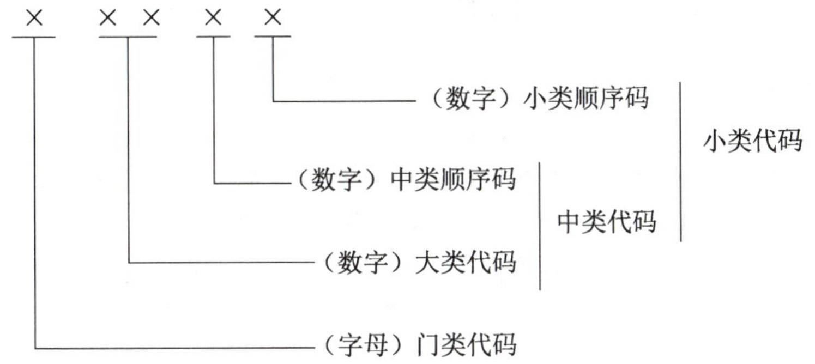

图 4-1 《国民经济行业分类》中行业的代码结构

《国民经济行业分类》根据经济活动的同质性原则划分国民经济行业，每一个行业类别按照同一种经济活动的性质划分，而不是依据编制、会计制度或部门管理等划分。在《国民经济行业分类》中，国民经济行业被分为 20 个门类（见表 4-1）、97 个大类、473 个中类和 1 380 个小类。

表 4-1 国民经济行业中的 20 个门类

门类代码	类别名称	门类代码	类别名称
A	农、林、牧、渔业	K	房地产业
B	采矿业	L	租赁和商务服务业
C	制造业	M	科学研究和技术服务业
D	电力、热力、燃气及水生产和供应业	N	水利、环境和公共设施管理业
E	建筑业	O	居民服务、修理和其他服务业
F	批发和零售业	P	教育
G	交通运输、仓储和邮政业	Q	卫生和社会工作
H	住宿和餐饮业	R	文化、体育和娱乐业
I	信息传输、软件和信息技术服务业	S	公共管理、社会保障和社会组织
J	金融业	T	国际组织

例如，代码为 A0111 的行业，其所属门类为“农、林、牧、渔业”（代码为“A”），所属大类为农业（代码为“01”），所属中类为谷物种植（代码为“011”），所属小类为“稻谷种植”（代码为“0111”）。

资料来源：中华人民共和国民政部，http://mca.gov.cn/article/sj/tjbz/b/201711/20171115006536.shtml

2. 行业政策

进行行业环境分析时，明确国家对该行业是支持、鼓励和引导，还是限制、控制和制约，同时了解国家政策对该行业的影响。在选择行业时，尽量选择那些前景广阔的行业。

例如，为了落实可持续发展战略，近年来，我国采取了一系较大规模的、实质性的环境保护行动，包括控制化学制品在农业生产中的使用。受相关政策的影响，环保设备生产、环保技术咨询等行业迅速发展，创造了大量就业岗位。大学生如果不了解这些情况，盲目进入那些污染严重的行业谋职，就会导致自己的职业生涯发展不畅。

想一想

（1）人工智能、新能源、虚拟现实、区块链、生物科技、物联网、无人驾驶、智能制造等行业都是目前的热门行业。你了解这些行业吗？

（2）你想从事的行业的发展前景如何？国家对该行业的发展是鼓励还是限制？

（二）企业环境分析

企业是员工实现职业生涯规划目标的平台。分析目标企业的基本情况、企业领导人、企业文化、企业制度等，有利于制订更有针对性的职业生涯规划。

1. 企业的基本情况

通过分析企业的基本状况，了解企业的规模、发展历程、业务范围、组织机构、经营战略、核心竞争力、资金和技术实力、现阶段的运营状况、未来的发展前景等。

2. 企业领导人

企业领导作为企业的掌舵人，其抱负和能力对企业的发展起决定性作用。因此在分析企业环境时，要了解企业主要领导人的管理方法、战略思想，以及其是否开明，是否尊重员工，是否有能力带领员工开创新天地等。

3. 企业文化

企业文化是指围绕企业生产经营，在员工长期的互动作用和相互影响过程中形成、员工普遍认可并共同遵守的各种文化要素的总和。良好的企业文化会让员工感受到快乐和尊重，员工在工作时也更有创造性。如果员工的价值观与企业文化有冲突，员工在企业中就难以发展。因此在进行企业环境分析时，需要分析企业文化是否与自己的价值观相符。

一些著名企业的企业文化如表 4-2 所示。

表 4-2 一些著名企业的企业文化

企业	文化精髓
海尔	崇尚创新精神
IBM	必须尊重个人、必须尽可能给予顾客最好的服务、必须追求优异的工作表现
微软	激情是工作的动力和灵魂

4. 企业制度

良好的企业制度有利于员工的发展，且能激励员工不断前行。因此，大学生在选择企业时，应注意了解企业的基本管理制度、员工培训制度、薪酬福利制度等，并分析这些制度可能给自己的职业生涯发展带来什么影响。

综上所述，大学生在进行企业环境分析时，应理出一条清晰的线索，确定自己在企业中有没有足够的发展空间，判断自己的目标能否在企业中得到实现。

想一想

你想从事的行业中，目前有哪些标杆企业及标杆人物？这些企业的文化和制度对你的职业生涯规划有何影响？

三、家庭环境分析

大学生在进行职业生涯规划时，家庭环境也是要重点考虑的因素之一。

一方面，每个人性格的养成都会受到家庭的影响。例如，成长于民主型家庭的大学生，在就业时往往表现得自信、乐观，敢于面对挑战；成长于宠爱型家庭的大学生，在严峻的就业形势面前往往表现得悲观、无助，常依赖家长。

另一方面，作为家庭的一员，大学生在选择职业时，不得不考虑家庭的实际情况和家人的意见。例如，有的父母希望子女留在身边，有的父母不愿意子女到民营企业或个体企业工作等。

经典案例

最美全家福

一张全家福

2012 年，《长沙晚报》推出了“寻找最美全家福”活动。市民易复刚老人送来了一叠穿越半个多世纪的老照片，讲述了一个书香门第的延续和发展。这个家族中有 40 多人当老师，其中 30 多人终身从教。其中，最有名的就是央视《百家讲坛》“开坛论道”学者易中天。

在这些照片中，有一张不完整的“全家福”（见图 4-2，第一排四个孩子中左一为易中天，最后一排右一为易复刚），这是 1952 年易中天一家去湖北前留下的。

图 4-2 易复刚的“全家福”

祖孙三代为人师表

易复刚的父亲于 20 世纪 30 年代从清华大学历史系毕业后回到湖南，在几所中学任教。抗战时期，易复刚的父亲随学校转移到农村坚持上课，他将自己的一生奉献给了教育事业。1947 年，易复刚的父亲参与创建清华中学，后该校并入长沙市一中。

易复刚回忆：“受父亲的影响，弟妹、子侄、孙辈及其配偶中，有 40 多人都是老师。我也是老师，毕业于中山大学中文系。参加工作后，一直在教书。1976 年，我教的湖南农科院子弟中学高三班还是当时长沙市的优秀班集体。”

1985 年，易复刚进入湖南广播电视学校任教，培养过许多优秀的电视节目主持人。退休后，易复刚也没闲着，加入了湖南省博物馆的第一批文化志愿者的行列，连续 8 年坚持为游客做义务讲解。

易复刚的儿子易培是 90 年代的大学生，毕业后也当了老师。祖孙三代延续着教书育人的传统，见证了教育事业的发展与变革。“我想我们家作为一个延续近大半个世纪的书香门第，虽不求名利，但天下功名自在人心。”易复刚自豪地说。

资料来源：腾讯大湘网，https://hn.qq.com/a/20120920/000119.htm

四、获取职业环境信息的途径

（一）网络

网络已经成为大学生获取信息的主要途径。大学生获取职业相关资讯的网站主要是人才门户网站，如前程无忧、智联招聘、中华英才网、搜狐招聘频道、新浪求职频道、中国中青网就业频道等。网站在发布招聘信息时，通常会按岗位（如销售经理、客户经理、前台、文员、人事助理等）或职能（如销售管理、行政/后勤、人力资源等）进行分类，方便求职者快速进行职位筛选。

除了上述网站，大学生还可以通过相关行业网站以及部、省、市级的人才网获取职业信息。另外，一些论坛也值得关注，如天涯社区的“职场天地”论坛等。这些论坛可以帮助大学生快速了解在职人士的工作状态和真实感受。

（二）亲身体验

大学生可以利用节假日到目标企业或与目标企业相似的企业进行实地考察、顶岗实习，以职业人的标准要求自己，做到与目标职业“零距离”接触。大学生这样做，一方面可以在学习职业技能的同时，感悟企业文化、企业经营理念，了解企业的用人要求，了解岗位的工作性质、工作内容、薪酬、晋升机会及发展前景等；另一方面也可考察自己对工作环境的适应能力，了解自身条件与工作岗位的匹配程度，为做出科学的职业决策奠定基础。

经典案例

“出乎意料”的成功

李玲是华南理工大学的一名学生。刚进入大四，她便收到了四个知名企业的正式录用通知书。当问起她是如何做到的时候，她的回答是：“第一，积极参加实习；第二，积极参加求职竞赛；第三，获取 ACCA（国际注册会计师）证书。”

李玲在大二和大三的寒暑假期间分别进入三家企业实习，其中一家企业为四大国际会计事务所之一，这让她的专业能力得到了很好的提升。同时，李玲通过参加招商杯“勇往直前”求职竞赛，使自己的现场应变能力、语言表达能力、逻辑思维能力等得到了锻炼。作为一名会计专业的学生，李玲拿到了 ACCA 证书，使自己的专业能力得到了认证。

（三）职业生涯人物访谈

大学生通过组织职业生涯人物访谈活动，可以更加清楚地定位自己的职业角色，发现未来职业生涯的切入点，从而制订更加合理的大学学习、生活和实习计划。此外，还可以与被访者建立长期联系，获得更多的人力资本。

一次完整、有效的职业生涯人物访谈的流程如下。

1. 选择目标职业

先分析自己的兴趣、性格、技能、工作价值观等，将分析结果与自己的教育背景及已掌握的职业知识相结合，然后列出 3～5 个自己未来可能从事的职业。

2. 选择生涯人物

在所选的每个职业领域内寻找至少两位被访者。被访者可以由院系老师推荐，也可以通过各种职业交流群、专业论坛、博客等寻找。被访者中，应既有入职多年、成就卓著的中高层人物，也应有初入职场、默默无闻的基层人物。

3. 准备访谈内容

确定被访者后，访谈者需要认真制订访谈提纲。访谈内容不宜过多，以免访谈时间超过约定时间。访谈内容可分为以下三个部分：

（1）被访者的工作情况，如工作内容、岗位职责、每天的时间安排等。

（2）任职资格，如任职者需要掌握的核心知识和技能及经验、需要获取的资格证书、需要具备的素质和品质等。

（3）职业的待遇及发展前景，如这个职业的一般薪酬标准和潜在收入空间、一般晋升路线，这个职业在我国甚至国外的发展前景，与这个职业相关或相似的职业都有哪些等。

提　示

为了进行有效的职业生涯人物访谈，访谈者可向被访者提出以下问题：

（1）您是如何找到这份工作的？

（2）在这个工作岗位上，您每天都会做些什么？

（3）在这个领域工作，您遇到过哪些问题？

（4）这份工作的哪部分最有挑战性？

（5）这份工作需要特别的知识、技能和经验吗？

（6）这份工作需要什么样的教育或培训背景？

（7）本领域初级职位和高级职位的薪水大概是多少？

（8）公司对刚进入这个领域的员工提供哪些培训？

（9）还有哪些深入了解该工作领域的方法？

（10）对于一个即将进入该领域工作的人，您有哪些意见和建议？

4. 正式访谈

正式访谈时，准时是第一要求，包括准时开始与准时结束。另外，还要注意言谈举止，要做到谦逊有礼。

5. 完善访后工作

无论最后是以什么样的心情和状态结束访谈的，访谈者事后都要发送感谢信给被访者，还可将整理好的访谈记录和个人心得一并发给对方。这样做，一方面表示对对方的尊重与肯定，另一方面也是有礼貌的表现。

（四）绘制家庭职业树

通过家谱，我们可以追溯每个人的根源。同样，通过家庭的职业谱，我们可以更好地了解自己家族成员的职业，甚至可以预测自己的职业趋向。事实上，有意无意中，家族成员都会以各种形式对我们的职业选择乃至职业生涯发展产生影响。

大学生可以通过绘制家庭职业树了解自己家族成员的职业。具体方法是：在图 4-3 中的横线上填写自己的家庭成员（不限直系血亲）及他们相应的职业，然后分析家族成员对各种职业的评价、家人对自己的职业期待，最后预测自己未来的职业趋向。

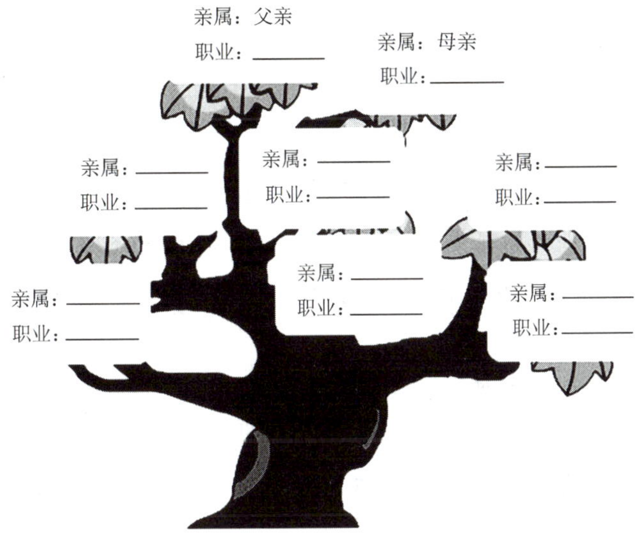

图 4-3 家庭职业树

绘制家庭职业树不仅有助于大学生了解家庭成员职业的种类和各类职业的任职要求，还有助于大学生发现家庭中现有的一些可用资源，为自己的职业发展做准备。

探索活动

职业环境分析讨论会

【活动目的】

通过搜集、介绍与讨论职业环境资料，帮助学生认识相关职业环境。

【活动流程】

（1）4～5 人为一组，每组选定一个与自己所学专业比较接近的具体职业，搜集相关的职业环境资料。

（2）以小组为单位，结合搜集到的资料介绍与所选职业相关的社会环境、组织环境等。讲解时间为 5 分钟左右。

（3）介绍完毕，全体组员接受其他同学的提问，老师视学生的回答情况做必要的补充。

模块二 就业政策

案例导入

黄世芳是北京大学 2017 届优秀毕业生。大学毕业后，他来到广西壮族自治区百色市德保县城关镇党建办工作，主要协助开展扶贫攻坚工作。

黄世芳毕业后有去广州知名企业工作的机会，但他最终还是选择了到广西基层工作。“在大城市，工作条件好，收入也高，但是理性地想想，自己能施展的空间不一定大。”他坦言道。

谈及职业选择和个人发展空间，黄世芳表示：“广西的就业渠道不断拓宽，对人才的需求量越来越大，个人施展才能的专业领域也越来越广阔。跟我一起来广西的同学都觉得，用人单位对人才的精心培养是最重要的。个人发展有保障，才能安心扎根基层。”

“基层需要更多青年大学生！”黄世芳说，“青年大学生的学习能力强，基层需要这样的人才来充实队伍，蓬勃的朝气和十足的干劲儿是做好基层工作的有力保障。”

生铁成钢需百炼，扎根基层路更宽。近年来，国家出台了一系列优惠政策，鼓励高校毕业生到基层就业创业，让高校毕业生有足够的时间与空间去找准定位，发挥所长，活出丰富多彩的人生。

资料来源：闽南网，http://www.mnw.cn/edu/zhichang/2009656.html

请思考：黄世芳选择到基层就业的原因是什么？国家鼓励高校毕业生就业的优惠政策有哪些？

知识链接

基层就业是指到城乡基层工作。近年来，国家为了引导学有所成的大学生到祖国最需要的地方建功立业，出台了一系列鼓励大学生到基层就业的政策。这些政策包括大学生志愿服务西部计划（以下简称“西部计划”）、高校毕业生“三支一扶”计划、农村义务教育阶段学校教师特设岗位计划（以下简称“特岗计划”）等。

一、基层就业政策

（一）西部计划

1. 西部计划的含义

西部计划是经国务院常务会议决定，由共青团中央、教育部、财政部、人力资源和社会保障部共同组织实施的一项重大人才工程。西部计划从 2003 年开始实施，按照公开招募、自愿报名、组织选拔、集中派遣的方式，每年招募一定数量的普通高等学校应届毕业生或在读研究生，到西部地区基层开展为期 1～3 年的教育、卫生、农技、青年中心建设和管理等方面的志愿服务工作。西部计划的宣传海报如图 4-4 所示。

大学生志愿服务西部计划

图 4-4　西部计划

提　示

2022—2023 年度西部计划紧紧围绕接续全国推进乡村振兴战略的有关部署，实施乡村教育、服务乡村建设、健康乡村、基层青年工作、乡村社会治理、服务新疆、服务西藏等七个专项。

2. 西部计划的优待政策

参加西部计划的大学生志愿者除享受国家规定的高校毕业生就业优待政策外，还可以享受表 4-3 中的优待政策。

表 4-3 参加西部计划的大学生志愿者可享受的优待政策

时间	优待政策	
服务期间	生活补贴	中央财政给予志愿者必要的生活补助（含交通补贴、人身意外伤害和住院医疗保险）。其中，交通补贴每年发两次，按志愿者家庭所在地和服务地之间的实际里程发放
	档案办理	志愿者要求户口和档案保留在学校的，按规定保留两年。在此期间，档案管理机构保管其档案并免收服务费用。志愿者要求将户口转回入学前户籍所在地的，公安机关按照规定为其办理落户手续
	工作相关	服务期间计算工龄，党团关系可转至服务单位，可兼职或专职担任所在乡镇团委副书记、学校及其他服务单位的管理职务。服务单位应向志愿者提供住宿等必要的生活条件。服务单位在录用党政机关公务员和新增国有企事业单位专业技术人员、管理人员时，应优先录用志愿者
	办理保险	志愿者保险由全国项目办统保。考虑到西部计划志愿者地域跨度较大、影响安全因素较多，各地按照全国项目办有关要求，为每名西部计划志愿者（含研究生支教团志愿者）购买重大疾病、人身意外伤害等商业保险。鼓励有条件的地方为志愿者办理其他补充医疗保险
服务期满后	户口迁移	服务期满，志愿者落实工作单位后，公安机关按有关规定为其办理户口迁移手续
	报考研究生	服务期满考核合格者，报考研究生时给予加分，在同等条件下优先录取，具体规定见当年的研究生招生政策
	报考党政机关公务员	服务期满考核合格者，报考党政机关公务员时可适当加分，在同等条件下优先录用，具体规定见报考省公务员考试录用主管机关发布的当年招考公告
	颁发奖章	志愿者服务期为 1 年、服务期满考核合格的，授予“中国青年志愿服务铜奖奖章”。服务期为 2 年、服务期满考核合格的，授予“中国青年志愿服务银奖奖章”；表现优秀的，授予“中国青年志愿服务金奖奖章”；表现特别优秀的，推荐参加“中国青年五四奖章”“中国十大杰出青年”“中国十大杰出青年志愿者”“国际青少年消除贫困奖”等评选活动

3. 如何成为一名西部计划志愿者

参加西部计划，成为一名大学生志愿者是一件值得骄傲和自豪的事情。西部计划是面向所有应届高校毕业生或在读研究生进行公开招募的，拥护中国共产党领导，热爱祖国、热爱人民、热爱社会主义，理想信念坚定，思想政治素质好的大学生都可以报名。

西部计划报名通道一般在每年 4—5 月开启，有意向参加的大学生届时可以登录西部计划官网（http://xibu.youth.cn），在西部计划报名系统进行注册、填写报名表并选择三个意向服务省。志愿者在下载并打印报名表后，经所在院系团委审核盖章，并由所在高校西部计划项目管理办公室审核备案，即可完成报名。招募省西部计划项目管理办公室单独或会同、指导本省、区、市报名参加西部计划的志愿者所在高校的西部计划项目管理办公室开展审核、笔试、面试、心理测试等选拔工作。

考核合格的志愿者携《确认通知书》、毕业证、学位证和本人身份证件，由招募省西部计划项目管理办公室集中组织到服务省培训地报到，并参加由服务省西部计划项目管理办公室统一组织的培训。培训结束后，由服务县西部计划项目管理办公室将服务本县的志愿者接到服务县，由服务县西部计划项目管理办公室、服务单位和志愿者签订三方服务协议，并在西部计划信息系统中确认并完善相关信息。

经典案例

逐梦西部献青春　服务基层显担当

“到西部去，到基层去，到祖国最需要的地方去。”这一句看似简单的话，让无数怀揣梦想的有志青年聚集在了一起，他们拥有一个共同的名字——大学生西部计划志愿者。2021 年，广西壮族自治区横州市成为广西西部计划志愿者项目县，截至 2022 年 10 月，共有大学生西部计划志愿者 20 多人投身于横州市基层青年工作、服务乡村建设和乡村社会治理等服务中，他们在基层一线挥洒热血和汗水，为横州市高质量发展贡献青春力量。

脚上有泥，青春破土而出

“叔、婶，我已经帮你们申请到公益性岗位保洁员工作了，每个月每人有 800 元的收入，除了种田和养鱼的收入外，这些也能补贴一些家用。”小梁在走访时对某监测户说。

小梁是横州市成功获批大学生西部计划志愿服务项目后第一批投身横州市建设的西部计划志愿者。在一次次走村入户、遍访群众、了解情况的过程中，她的心也与当地的群众连在了一起。她努力研读党和政府最新的理论和政策，为他们解决一个又一个生产生活中的难题，从“盲人摸象”到“心中有数”，从“无从下手”到“心中有招”，她的身影在那阳镇二合村的农家院落、田间地头随处可见。

小梁的故事仅是横州市大学生西部计划志愿者参与乡村振兴的一个缩影。据统计，截至 2022 年，横州市大学生西部计划志愿者直接参与乡村振兴一线工作的有 16 人，对口帮扶脱贫户和监测户共 42 户，他们在与群众朝夕相处中增进为民感情，在为民办实事、解难题中增进为民本领。

心中有招，青春拔节而生

2022 年 4 月 24 日，横州市新华书店“青空间”正式揭牌。横州市新华书店“青空间”是横州市大学生西部计划志愿者助力“双减”，主动谋划，积极向社会争取资源支持，倾力打造的青少年综合服务平台。依托这一平台，横州市大学生西部计划志愿者团队开展了“我们的节日”系列活动、“爱悦读”系列活动、志愿者伴读等内容丰富、形式多样的特色课后服务和假期活动，丰富了青少年的精神文化生活。

“我很高兴我们西部计划志愿者能拥有这样一个实践基地，与孩子们交心、谈心，帮助家长解决假期‘看护难，孩子无去处’的问题，同时助力‘双减’。我们在奉献的同时，获得了家长的信任，增进了与孩子的友情。”西部计划志愿者小张说。

截至 2022 年 10 月，横州市新华书店“青空间”共开展各类公益服务活动 15 次，帮助、服务青少年 600 人次，横州市新华书店“青空间”也逐渐成为横州市人气聚集的青年志愿服务品牌阵地，横州市大学生西部计划志愿者团队也成为有口皆碑的青年志愿团队。

资料来源：人民网，http://gx.people.com.cn/n2/2022/1027/c390645-40172023.html

（二）“三支一扶”计划

1.“三支一扶”计划的含义

“三支一扶”计划是支教、支农、支医和帮扶乡村振兴计划的简称。“三支一扶”计划为高校毕业生面向基层就业提供了具体的指导和保障。“三支一扶”人员的服务期一般为 2 年，期满后，可自主择业，择业期间享受一定的政策优惠。

2.“三支一扶”计划的招募条件

“三支一扶”计划的招募对象主要为全国普通高等学校应届毕业生，并且需要满足以下条件：① 政治素质好，热爱祖国，坚持党的基本路线和方针政策；② 学习成绩合格，具有相应的专业知识；③ 具有敬业奉献精神，遵纪守法，作风正派；④ 身体健康。

值得注意的是，对于“三支一扶”计划的具体招募条件和招募程序，各地有所不同，学生可咨询其所在学校就业指导办公室或其他相关部门。

3.“三支一扶”计划的优待政策

《中共中央组织部 人力资源社会保障部等十部门关于实施第四轮高校毕业生“三支一扶”计划的通知》对“三支一扶”人员的工作生活补贴和社会保险等待遇做了明确规定：

（1）关于工作生活补贴。“三支一扶”人员的工作生活补贴标准按照当地乡镇机关或事业单位从高校毕业生中新聘用工作人员试用期满后的工资收入水平确定，并根据物价、同岗位人员待遇水平等动态调整。在艰苦边远地区服务的，享受艰苦边远地区津贴。中央财政补助标准为西部地区每人每年 3 万元（新疆南疆四地州、西藏自治区每人每年 4 万元），中部地区每人每年 2.4 万元，东部地区每人每年 1.2 万元。

（2）关于社会保险等待遇。各地要按有关规定为“三支一扶”人员缴纳基本养老保险、基本医疗保险和工伤保险，根据实际情况为“三支一扶”人员缴纳补充医疗保险、重大疾病、人身意外伤害等商业保险以及住房公积金。中央财政部门按照每人 3 000 元的标准，为新招募且在岗服务满 6 个月以上的“三支一扶”人员发放一次性安家费。各地为“三支一扶”人员提供交通、住宿和伙食等方面的便利，基层服务单位参照本单位工作人员标准给予“三支一扶”人员相应补助。

4.“三支一扶”计划的流动机制

“三支一扶”人员在服务期满后，可享受机关公务员定向考录、事业单位专项招聘、升学加分等专项支持政策，各地还会为自主就业与创业的“三支一扶”人员提供相应的就业与创业服务。

（1）机关定向考录和事业单位专项招聘。为落实公务员定向考录政策，各省、区、市每年会拿出公务员考录计划的 10%左右，面向“三支一扶”计划等服务基层项目人员定向考录。各省、区、市、县乡基层事业单位在公开招聘时，会根据本地区的实际情况拿出一定数量或比例的岗位，对服务期满且考核合格的“三支一扶”人员进行专项招聘，并增加工作实绩在考察中的权重，聘用后可以不再约定试用期；省、市事业单位在公开招聘时，对服务期满且考核合格的“三支一扶”人员在同等条件下优先聘用。

（2）继续学习深造。服务期满且考核合格的“三支一扶”人员，3 年内参加全国硕士研究生招生考试的，初试总分加 10 分，同等条件下优先录取。已被录取为研究生的应届毕业生若参加“三支一扶”计划，则学校应为其保留入学资格。高职（高专）毕业生参加“三支一扶”计划服务期满且考核合格，可免试入读成人高等学历教育专科起点本科。服务期满的“三支一扶”人员可按规定享受学费补偿和助学贷款代偿政策。本科及以上学历毕业生参加支医服务，服务期满且考核合格后，由县级卫生健康主管部门统一安排参加住院医师规范化培训。

（3）自主就业与创业。各地依托公共就业和人才服务机构，为服务期满且自主就业的“三支一扶”人员提供有针对性的就业服务；对就业困难的，提供“一对一”就业帮扶。各地将服务期满且有创业意愿的“三支一扶”人员纳入创业引领行动，为其提供创业培训、孵化等服务，鼓励其创办家庭农场（林场）、农民合作社，并按规定落实扶持政策。参加“三支一扶”计划前无工作经历的人员服务期满且考核合格，2 年内在参加机关和企事业单位考录（招聘）、自主创业、落户、升学等方面可同等享受应届毕业生相关政策。“三支一扶”人员在基层服务年限计入工龄，参加工作时间按其到基层报到之日起算。

（三）特岗计划

1.“特岗计划”的含义

“特岗计划”是由教育部、财政部、人事部（现已并入人社部）和中央机构编制委员会办公室从 2006 年开始联合实施的对西部地区农村义务教育的一项特殊政策。

实施“特岗计划”的目的是通过公开招聘高校毕业生到西部地区原“两基”攻坚县、县以下农村义务教育阶段学校任教，引导和鼓励高校毕业生从事农村义务教育工作，创新农村学校教师的补充机制，逐步解决农村学校师资总量不足和结构不合理等问题，提高农村教师队伍的整体素质，促进城乡教育均衡发展。

2022 年，中央“特岗计划”仍面向中西部省份实施，重点向原“三区三州”、国家乡村振兴重点帮扶县、少数民族地区等地区倾斜；重点为乡村学校补充特岗教师，持续优化教师队伍结构，进一步加强思想政治、体音美、外语、科学、劳动、心理健康、信息技术、特殊教育等紧缺薄弱学科教师的补充。

2.“特岗计划”的招聘程序

“特岗计划”采取公开招聘方式进行，聘期为3年。合同中应明确规定用人单位和应聘人员双方的权利和义务。招聘工作遵循“公开、公平、自愿、择优”和“三定（定县、定校、定岗）”原则，按下列程序进行：① 公布需求；② 自愿报名；③ 资格审查；④ 考试考核；⑤ 集中培训；⑥ 资格认定；⑦ 签订合同；⑧ 上岗任教。

3.“特岗计划”的招聘条件

根据教育部办公厅、财政部办公厅发布的《关于做好2023年农村义务教育阶段学校教师特设岗位计划实施工作的通知》，2023年“特岗计划”的招聘条件为：

（1）符合招聘岗位要求，具有相应的教师资格证书，符合《中华人民共和国教师法》《教师资格条例》等法律法规规定的普通话水平、身体条件和心理条件。符合新时代中小学教师职业行为十项准则要求，无刑事犯罪记录和其他不得聘用的违法记录。

（2）以普通高等学校本科及以上毕业生为主，鼓励本科师范专业毕业生应聘，可适当招聘高等师范专科毕业生。

（3）年龄不超过30周岁。

（4）参加过西部计划、有从教经历的志愿者和参加过半年以上实习支教的师范院校毕业生在同等条件下优先录取。

4. 特岗教师优待政策

特岗教师在服务期间和服务期满后，可享受表4-4中的优待政策。

表4-4 特岗教师可享受的优待政策

时间	优待政策
服务期间	① 执行国家统一的工资制度和标准，给予与当地正式教师同等的待遇，绩效工资不足的部分由地方财政承担 ② 津贴和补贴由各地根据当地同等条件公办教师收入和中央补助水平综合确定 ③ 按规定将特岗教师纳入当地社会保障体系，同等条件下在职称评聘、评先评优、年度考核等方面享受与当地公办学校在编教师同等待遇
服务期满后	① 鼓励特岗教师在服务期满后继续从事农村教育事业，对考核合格、自愿留在当地学校的特岗教师，当地政府负责落实工作岗位，纳入教师编制，工资发放纳入当地财政统发范围 ② 在服务期满后重新择业的，各地政府为其重新选择工作岗位提供便利条件和必要帮助 ③ 3年内参加全国硕士研究生招生考试的，初试总分加10分，同等条件下优先录取 ④ 特岗教师3年聘期视同“农村学校教育硕士师资培养计划”要求的3年基层教学实践

建设高素质专业化创新型教师队伍

2020年全国两会（中华人民共和国第十三届全国人民代表大会第三次会议和中国人民政治协商会议第十三届全国委员会第三次会议）期间，全国政协委员管培俊为教师发声，提交了一份关于修改《教师法》的提案。对于记者关于如何提升教师专业素质能力的提问，管培俊是这样回答的。

“智能时代教育变革将更加凸显教师专业化的要求。教师专业素质的提高，首先要支持振兴师范教育，中国特色的教师培养培训体系是成功经验。我国的师范教育要坚持教师教育方向宗旨不动摇，教师教育体系开放不动摇；要尽快推动‘支持鼓励综合性大学举办教师教育’‘鼓励实行公费师范生教育’‘保障师范类毕业生优先从教’等政策落地。

其次，要坚持公费师范生教育，扩大地方师范大学公费师范教育的规模。

再次，要坚持高质量地实施‘特岗计划’。当前，特岗计划取得了显著成效。在许多边远贫困、民族地区，能够在最基层的乡村学校坚守教学的高学历正式教师，就是特岗教师。今年国家进一步增加‘特岗计划’招聘规模，优先解决贫困地区学校教师紧缺问题。我建议中央和地方在薪资及待遇上，继续加大对特岗教师的优待政策实施力度，持续支持‘特岗计划’，鼓励吸引更多优秀人才从事乡村教育。

最后，要完善强化教师发展机制。近年来，教育部组织实施的‘国培计划’培养了一批批名校（园）长和名师，在提高教师队伍素质方面产生了广泛而深远的影响，应当持续扩大，不断提高教师质量水平。”

资料来源：全国高校思想政治工作网，http://sizhengwang.cn/a/szzx_mtjj_wljj/200527/556219.shtml

二、自主创业政策

近年来，为支持大学生创业，国家和各级政府出台了许多优惠政策，涉及融资、开业、税收、创业培训、创业指导等诸多方面。对于打算创业的大学生来说，了解这些政策，才能走好创业的第一步。

（一）国家政策

为鼓励高校毕业生自主创业，以创业带动就业，根据《关于进一步支持和促进重点群体创业就业有关税收政策的通知》和《教育部办公厅关于做好核发〈高校毕业生自主创业证〉有关工作的通知》的相关规定，毕业生在毕业年度内创业的，三年内可享受税收减免优惠政策。其中，高校毕业生在校期间创业的，可向所在高校申领《高校毕业生自主创业证》；离校后创业的，可凭毕业证直接向创业地县以上人力资源和社会保障部门申请核发《就业失业登记证》，作为享受创业优惠政策的凭证，具体流程如图4-5所示。

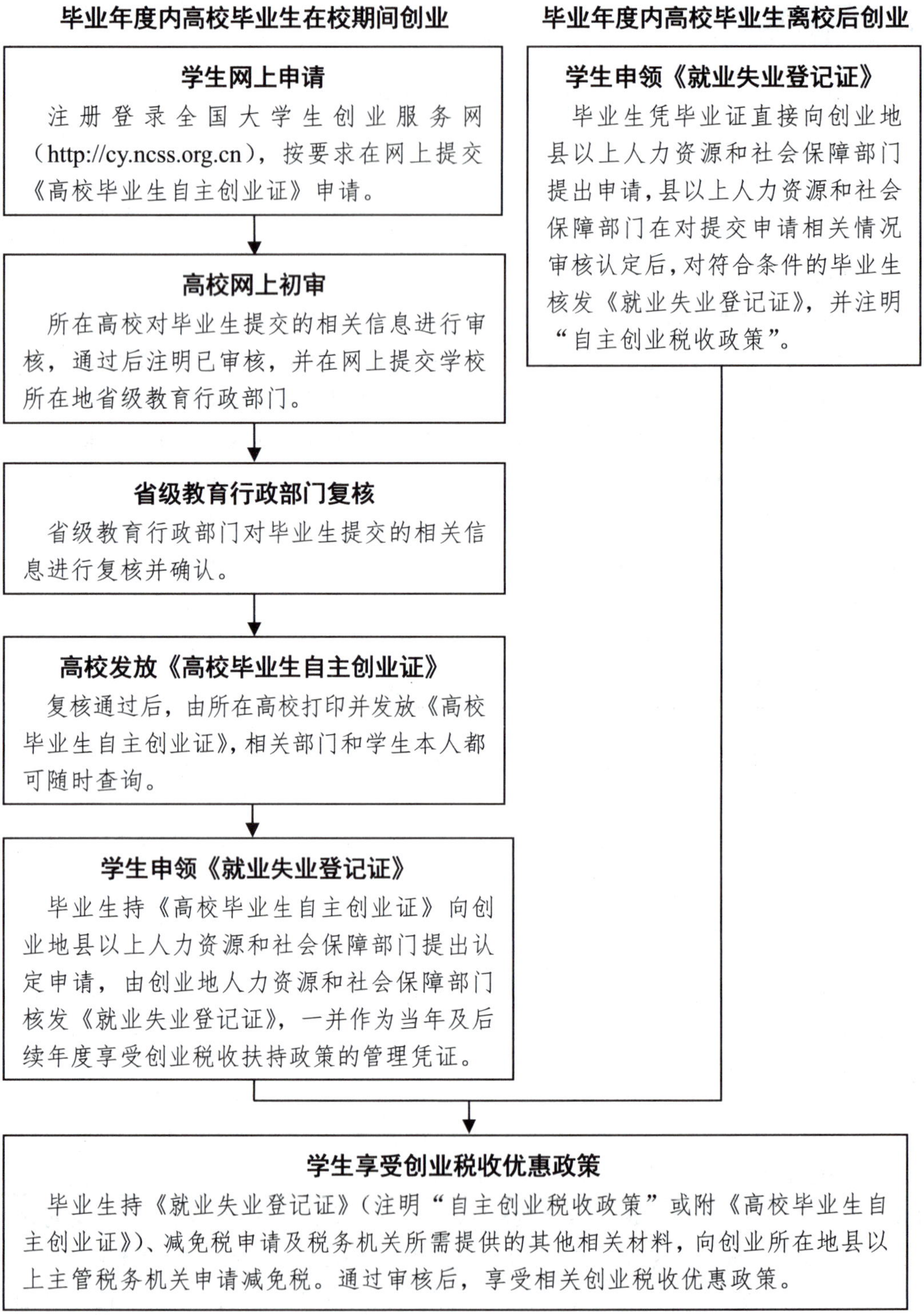

毕业年度内高校毕业生在校期间创业

学生网上申请

注册登录全国大学生创业服务网（http://cy.ncss.org.cn），按要求在网上提交《高校毕业生自主创业证》申请。

↓

高校网上初审

所在高校对毕业生提交的相关信息进行审核，通过后注明已审核，并在网上提交学校所在地省级教育行政部门。

↓

省级教育行政部门复核

省级教育行政部门对毕业生提交的相关信息进行复核并确认。

↓

高校发放《高校毕业生自主创业证》

复核通过后，由所在高校打印并发放《高校毕业生自主创业证》，相关部门和学生本人都可随时查询。

↓

学生申领《就业失业登记证》

毕业生持《高校毕业生自主创业证》向创业地县以上人力资源和社会保障部门提出认定申请，由创业地人力资源和社会保障部门核发《就业失业登记证》，一并作为当年及后续年度享受创业税收扶持政策的管理凭证。

毕业年度内高校毕业生离校后创业

学生申领《就业失业登记证》

毕业生凭毕业证直接向创业地县以上人力资源和社会保障部门提出申请，县以上人力资源和社会保障部门在对提交申请相关情况审核认定后，对符合条件的毕业生核发《就业失业登记证》，并注明“自主创业税收政策”。

↓

学生享受创业税收优惠政策

毕业生持《就业失业登记证》（注明“自主创业税收政策”或附《高校毕业生自主创业证》）、减免税申请及税务机关所需提供的其他相关材料，向创业所在地县以上主管税务机关申请减免税。通过审核后，享受相关创业税收优惠政策。

图 4-5 《高校毕业生自主创业证》及《就业失业登记证》的申领流程

按照《关于进一步支持和促进重点群体创业就业有关税收政策的通知》《教育部办公厅关于开展2022年高校毕业生就业创业政策宣传月活动的通知》等文件的规定，高校毕业生自主创业优惠政策如表4-5所示。

表4-5 高校毕业生自主创业优惠政策

政策	具体内容
税收优惠政策	（1）持《就业创业证》的高校毕业生在毕业年度内创办个体工商户的，可按规定在3年内以每户每年12 000元为限额（最高可上浮20%，具体由各省、自治区、直辖市人民政府根据本地区实际情况确定）依次扣减其当年实际应缴纳的增值税、城市维护建设税、教育费附加、地方教育附加和个人所得税 （2）对高校毕业生创办小微企业的，可按规定享受小微企业普惠性税费政策；创办个体工商户的，对其年应纳税所得额不超过100万元的部分，在现行优惠政策基础上减半征收个人所得税
担保贷款和贴息政策	高校毕业生可在创业地申请创业担保贷款，最高贷款额度为20万元，对符合条件的个人合伙创业的，可根据合伙创业人数适当提高贷款额度，最高不超过符合条件个人贷款总额度的10%。对10万元及以下贷款、获得设区的市级以上荣誉的高校毕业生创业者免除反担保要求；对高校毕业生设立的符合条件的小微企业，最高贷款额度提高至300万元，财政部门按规定给予贴息
资金扶持政策	（1）免收有关行政事业性收费：毕业2年以内的普通高等学校毕业生从事个体经营的，3年内，免收管理类、登记类和证照类等有关行政事业性收费 （2）求职创业补贴：对在毕业学年有就业创业意愿并积极求职创业的低保家庭、贫困残疾人家庭、原建档立卡贫困家庭和特困人员中的高校毕业生，残疾及获得国家助学贷款的高校毕业生，给予一次性求职创业补贴 （3）一次性创业补贴：对首次创办小微企业或从事个体经营，且所创办企业或个体工商户自工商登记注册之日起正常运营1年以上的离校2年内高校毕业生，试点给予一次性创业补贴 （4）享受培训补贴：对大学生在毕业年度内参加创业培训的，按规定给予培训补贴
工商登记政策	简化注册登记手续：创办企业时，只需填写“一张表格”，向“一个窗口”提交“一套材料”，登记部门就可以据此直接核发加载统一社会信用代码的营业执照，实现“多证合一”
户籍政策	取消落户限制：高校毕业生可在创业地办理落户手续（直辖市按现有规定执行）
创业服务政策	（1）创业指导服务：可免费获得公共就业和人才服务机构提供的创业指导服务 （2）技术创新服务：各地区、各高校和科研院所的实验室以及科研仪器、设施等科技创新资源可以面向大学生开放共享，并为其提供低价、优质的专业服务 （3）创业场地服务：鼓励各类孵化器面向大学生创新创业团队开放一定比例的免费孵化空间。对于政府投资开发的孵化器等创业载体，应安排30%左右的场地，免费提供给高校毕业生。有条件的地方可对高校毕业生到孵化器创业给予租金补贴 （4）创业保障政策：加大对创业失败的大学生的扶持力度，按规定为其提供就业服务、就业援助和社会救助。毕业后创业的大学生可按规定缴纳“五险一金”
学籍管理政策	（1）折算学分：各高校要设置合理的创新创业学分，建立创新创业学分积累与转换制度，探索将学生开展自主创业等情况折算成学分 （2）弹性学制：各高校可以根据情况建立并实行灵活的学习制度，放宽学生修业年限，允许学生保留学籍休学创新创业

（二）地方政策

各地政府在国家政策的基础上，针对大学生自主创业，也出台了相应的扶持政策。例如，在安徽省，高校毕业生申请创业担保贷款 50 万元以下的，在财政给予贴息的基础上，借款人承担的个人利息部分，再次给予等额补贴，期限 3 年。又如，江西省给予 2022 年 12 月 31 日前，在省内办理小微企业或个体工商户登记，稳定经营 6 个月以上且未在其他渠道就业的 2022 届高校毕业生相应补贴，补贴标准为：创办小微企业或从事有雇工个体经营的，按 10 000 元的标准发放一次性创业补贴；从事无雇工个体经营的，按 5 000 元的标准发放一次性创业补贴。

提　示

创业是一项极具挑战性的社会活动，涉及融资、项目选择、选址、营销等诸多方面，因此大学生在创业前，一定要认真准备。例如，通过各种渠道了解创业领域的基础知识；根据自己的实际情况选择合适的创业项目，为创业开一个好头；摸清市场情况，撰写一份详细的商业策划书，内容包括市场机会评估、赢利模式分析、开业危机应对等。

三、应征入伍政策

大学生入伍服义务兵役，对于提高兵员素质，优化兵员结构，加快实施人才强军、科技强军战略，完善国防动员体系，增强大学生服务国防和人民的责任意识，拓宽大学生磨砺品质、丰富阅历、增强体魄、健康成长的途径，都具有十分重要的意义。

（一）大学生应征入伍的条件

1. 学历条件

根据国家有关规定批准设立、实施全日制高等学历教育的公办普通高等学校、民办普通高等学校（含独立学院），按照国家招生规定录取的全日制普通本科、专科（含高职）、研究生、第二学士学位的应（往）届毕业生、在校生和已被普通高等学校录取但未报到入学的学生，可以应征入伍。

2. 政治条件

征兵政治审查的内容包括应征大学生的年龄、户籍、职业、政治面貌、宗教信仰、文化程度、现实表现以及家庭主要成员和主要社会关系成员的政治情况等。征集服现役的大学生必须热爱中国共产党，热爱社会主义祖国，热爱人民军队，遵纪守法，品德优良，决心为抵抗侵略、保卫祖国、保卫人民的和平劳动而英勇奋斗。

3. 身体条件

应征入伍的大学生要身心健康、体魄强健，在身体方面要符合国防部颁布的《应征公民体格检查标准》和有关规定，其中的几项基本要求如表 4-6 所示。

表 4-6 应征入伍的大学生应符合的身体条件

项目	应符合的条件
身高	男性 160 cm 以上，女性 158 cm 以上，条件兵身高条件按有关标准执行
体重	男性：17.5≤BMI<30，其中，17.5≤男性身体条件兵 BMI<27。女性：17≤BMI<24。BMI 为体重（千克）除以身高（米）的平方
视力	任何一眼裸眼视力低于 4.5，视为不合格。任何一眼裸眼视力低于 4.8，需进行矫正视力检查，任何一眼矫正视力低于 4.8 或矫正度数超过 600 度，视为不合格。屈光不正，经准分子激光手术（不含有晶体眼人工晶体植入术等其他术式）后半年以上，无并发症，任何一眼裸眼视力达到 4.8，眼底检查正常，除条件兵外，视为合格。条件兵视力合格条件按有关标准执行
内科	90 mmHg≤收缩压<140 mmHg，60 mmHg≤舒张压<90 mmHg。心率为 60～100 次/分；心率为 50～59 次/分或 101～110 次/分，经检查系生理性（条件兵除外）

4. 年龄条件

男性：在校生的年龄应为 18～22 周岁，本科、专科毕业生放宽到 24 周岁，研究生毕业生及在校生放宽至 26 周岁。女性：在校生和应届毕业生的年龄应为 18～22 周岁，研究生毕业生及在校生放宽至 26 周岁。

（二）应征入伍的流程

大学生应征入伍的流程如表 4-7 所示。

表 4-7 大学生应征入伍的流程

流程	具体内容
网上报名	在规定的报名时间内，有应征意向的毕业生登录“全国征兵网”（www.gfbzb.gov.cn）进行预征报名
初检初审	根据学校通知，大学生携带本人身份证（户口簿）、毕业证书（高校在校生持学生证），按规定的时间到指定地点参加学校所在地县级兵役机关组织的初审初检。被确定为预征对象的大学生，领取兵役机关和学校有关部门审核盖章后的预征对象登记表（以下简称“登记表”）和应征入伍学费补偿国家助学贷款代偿申请表（以下简称“申请表”）
体格检查、政治考核	大学生可在学校所在地或者入学前户籍所在地、经常居住地选择一个作为自己参军入伍的应征地。征兵开始后，应征地兵役机关将上站体检的具体时间、地点通知大学生本人，大学生可根据通知要求，携带本人身份证（户口簿）、毕业证书（高校在校生持学生证）以及审核盖章后的登记表和申请表直接参加应征地县级征兵办公室组织的体检，由当地公安、教育部门等同步开展政治联审工作
走访调查	体检和政审初步合格后，由县级征兵办公室通知大学生所在乡（镇、街道）基层人民武装部安排走访调查
预定新兵	县级征兵办公室对通过体检和政审的大学生进行全面评判，确定预定批准入伍对象，同等条件下，优先确定学历高的应届毕业生为预定新兵
张榜公示	将预定新兵名单在县（市、区）、乡（镇、街道）张榜公示，接受群众监督，公示时间不少于 5 天
批准入伍	体检、政考合格并经公示的，由县级征兵办公室正式批准入伍，发放《入伍通知书》

大学生入伍服义务兵役的年限为 2 年，但是男兵和女兵的报名时间、流程略有不同，具体请登录"全国征兵网"进行了解。

（三）应征入伍的优待政策

为了鼓励高校毕业生应征入伍，国家对高校毕业生入伍服义务兵役的政策进行了完善。入伍大学生可享受五个方面的优待政策，具体如表 4-8 所示。

表 4-8 入伍大学生可享受的优待政策

政策	具体内容
"四个优先"政策	高校应届毕业生在应征入伍时，享受优先报名应征、优先体检政审、优先审批定兵、优先安排使用的待遇
学费补偿、代偿、减免政策	学费补偿、国家助学贷款代偿及学费减免标准为本专科生每生每年最高不超过 12 000 元，研究生每生每年最高不超过 16 000 元
选用培养政策	高校毕业生士兵可优先选拔为士官，符合条件的本科以上毕业生可选拔为军官。在报考军校方面，专科毕业生士兵可参加全军统一组织的本科层次招生考试，进入有关军队院校学习；高校毕业生士兵参加优秀士兵保送入学对象选拔时，年龄放宽 1 岁，同等条件下优先列为优秀士兵保送入学推荐对象
考试升学政策	高校毕业生士兵退役后参加政法干警招录培养体制改革试点考试的，教育考试笔试成绩总分加 10 分；完成本科学历后 3 年内参加全国硕士研究生招生考试的，初试总分加 10 分，同等条件下优先录取。在部队立二等功以上，且符合全国硕士研究生招生考试报考条件的大学生退役士兵，可申请免初试攻读硕士研究生。高职（专科）学历的大学生退役士兵，可免试入读成人本科或经考核后入读普通本科；荣立三等功以上奖励的，在完成高职（专科）学业后，免试入读普通本科
就业服务政策	高校毕业生士兵退役后报考公务员、应聘事业单位职位的，在军队服现役的经历视为基层工作经历。退役后，按照国家规定发给退役金，由安置地的县级以上地方人民政府接收。退役后 1 年内，视同当年的高校应届毕业生办理就业报到手续，户口和档案随迁

经典案例

不负韶华迎接挑战 矢志不渝守卫家国

小付的老家在贵州。大一期间，小付无意间看到了征兵宣传，此后，便再也抑制不住对军营的向往。和他年龄相仿的同学，有的连续几年报名参军，但屡次因为体检不合格而未能如愿。小付祖祖辈辈都是农民，如果自己能成为一名军人，不仅能实现家族夙愿，还能实现自己的人生梦想。于是，小付选择了报名参军，并顺利通过体检和政治审查。

经过三个月的新兵训练，小付被分到了工兵排，成为一名工程兵，整天与炸药打交道。平时，小付还要在海关担负执勤任务。在海关执勤期间，他真正意识到战场就在身边。

图 4-6 为正在参加训练的小付。

图 4-6 正在参加训练的小付

一个深夜，小付和战友接到任务通报，附近的一个村庄里隐藏着一个走私团伙，常年向境外走私烟草制品。为避免打草惊蛇，小付和战友连夜行动，趁着夜色悄悄潜伏在村中。经过仔细摸排，他和战友们顺利找到犯罪分子所住的房屋。拂晓，他们果断出击，顺利擒获走私贩 1 人，并在地下仓库里查出烟草制品 600 余箱，为国家挽回经济损失近 400 万元。这一次的经历，让他意识到军人必须枕戈待旦，随时为国家和人民利益而战斗。

1 年后，武警部队改革如火如荼展开，小付也转岗成了一名防化兵。两年入伍时间转瞬即逝，转眼间就到了退伍季，小付不得告别军队。退伍后，小付在老家一家企业上班，虽然收入可观，但是军营生活始终萦绕在他脑海里，他无数次梦到自己又回到了军队，在训练场上摸爬滚打的场景。

2019 年征兵开始后，小付了解到符合相关条件的退役人员可以“二次入伍”，便萌发了再次参军的念头。抱着试试看的想法，他再次报名参军，顺利通过了体检和政审，成为“二次入伍”的士兵。

小付乘坐大巴驶入营门的那一刻，他感觉一切都是那么熟悉。看到一个个战友迎了上来，小付心情非常激动。“曾离开过军营，知道离别的滋味，更能懂得军旅生涯的可贵。要做一个好兵，才能对得起初心，不负青春韶华。”小付说。

资料来源：中国新闻网，https://www.chinanews.com.cn/mil/2020/04-10/9152856.shtml

探索活动

撰写就业政策认知报告

【活动目的】

树立大学生自愿到基层服务的就业观念。

【活动流程】

（1）讲课老师邀请学校负责就业指导工作的老师开展关于就业政策的讲座。

（2）学生认真听取就业指导老师的讲解，向就业指导老师请教就业政策方面的问题。

（3）讲座结束后，每位同学撰写一篇关于就业政策认知的文章，老师对其进行点评。

模块三　职业资格制度

案例导入

文科出身的大学生小郑经老乡介绍，来到一家大型超市做出纳。来了没两个月，该超市的电工辞职了。超市经理急坏了，因为仓库有不少需要冷冻存放的货物，一旦电路出现问题，损失就得由超市来承担。小郑心想：能兼一份职的话会多赚点儿工资，况且自己在农村时，经常跟当电工的叔叔去帮人维修电路。于是，他向经理毛遂自荐。由于眼下超市确实缺人，经理简单询问了小郑几个关于电路基础知识的问题后，就让他上岗了。

请思考：超市经理在询问小郑关于电路基础知识的问题后，就让其上岗的做法正确吗？大学生在进行职业生涯规划时，应该把考取职业资格证书考虑在内吗？

知识链接

职业资格是对从事某一职业所必备的学识、技术和能力的基本要求，反映了劳动者为适应职业劳动需要而运用特定的知识、技术和技能的能力。职业资格与职业劳动的具体要求密切相关，更直接、准确地反映了特定职业的实际工作标准和操作规范，以及劳动者从事该职业应具备的能力。

一、职业准入制度

（一）职业准入

职业准入也称就业准入，是指从事技术复杂，涉及国家财产、人民生命安全和消费者利益的职业（工种）的劳动者，必须经过培训，并取得职业资格证书后，方可就业上岗。

我国实行职业准入的职业范围由人社部确定并向社会发布，规定实行职业准入的职业有车工、铣工、磨工、镗工、组合机床操作工、加工中心操作工、铸造工、锻造工、焊工等。

（二）职业准入制度的规定

（1）用人单位聘用的专业技术从业人员，必须是取得相应职业资格证书的人员。

（2）职业介绍机构要在显著位置公告实行职业准入的职业范围，各地印制的求职登记表中要有登记职业资格证书的栏目，用人单位招聘广告栏中也应有相应职业资格要求。

（3）职业介绍机构的工作人员在工作过程中，对国家规定实行就业准入的职业，应要求求职者出示职业资格证书并进行查验，凭证推荐就业。用人单位也应凭证聘用人员。

（4）从事就业准入职业的新生劳动力，就业前必须经过1～3年的职业培训，并取得职业资格证书；对聘用未取得相应职业资格证书人员的用人单位，劳动监察机构应依法查处，并责令其改正；对从事个体工商经营的人员，在其取得职业资格证书后，工商部门才能为其办理开业手续。

（三）职业准入制度的意义

实施职业准入制度，既是经济社会发展的需要，也是合理开发和配置我国劳动力资源的战略举措。其目的就是要促进劳动者改善素质结构和提高素质水平，进而促进劳动者就业和再就业能力的提高。

二、职业资格证书制度

职业资格证书制度是我国就业制度的一项重要内容，也是一种特殊形式的国家考试制度。其主要内容是按照国家制定的职业技能标准或任职资格条件，通过政府认定的考核鉴定机构，对劳动者的技能水平或职业资格进行客观公正、科学规范的评价和鉴定，对合格者授予相应的国家职业资格证书。

提 示

《中华人民共和国劳动法》第六十九条规定："国家确定职业分类，对规定的职业制定职业技能标准，实行职业资格证书制度，由经备案的考核鉴定机构负责对劳动者实施职业技能考核鉴定。"

《中华人民共和国职业教育法》第十一条规定："实施职业教育应当根据经济社会发展需要，结合职业分类、职业标准、职业发展需求，制定教育标准或者培训方案，实行学历证书及其他学业证书、培训证书、职业资格证书和职业技能等级证书制度。国家实行劳动者在就业前或者上岗前接受必要的职业教育的制度。"

（一）职业资格

职业资格是指对将要从事某一职业的劳动者所必备的学识、技术和能力的基本要求。职业资格包括从业资格和执业资格。从业资格是指从事某一专业（工种）的学识、技术和能力的基本要求，也是最低要求。执业资格是指国家对某些责任较大，社会通用性强，关系国家、社会公共利益的专业（工种）实行准入控制，是依法独立开业或者从事某特定专业（工种）的学识、技术和能力的必备条件。

人社部制定的《国家职业技能标准编制技术规程（2018 年版）》中规定，职业技能一般分为五个等级，由低到高可分为五级/初级工、四级/中级工、三级/高级工、二级/技师、一级/高级技师。各等级的具体判定标准如表 4-9 所示。

表 4-9 职业资格等级标准

等级	等级标准
五级/初级工	能够运用基本技能独立完成本职业的常规工作
四级/中级工	能够熟练运用基本技能独立完成本职业的常规工作；在特定情况下，能够运用专门技能完成技术较为复杂的工作；能够与他人合作
三级/高级工	能够熟练运用基本技能和专门技能完成本职业较为复杂的工作，包括完成部分非常规性的工作；能够独立处理工作中出现的问题；能够指导和培训初、中级工
二级/技师	能够熟练运用专门技能和特殊技能完成本职业复杂的、非常规性的工作；掌握本职业的关键技术技能，能够独立处理和解决技术或工艺难题；在技术技能方面有创新；能够指导和培训初、中、高级工；具有一定的技术管理能力
一级/高级技师	能够熟练运用专门技能和特殊技能在本职业的各个领域完成复杂的、非常规性工作；熟练掌握本职业的关键技术技能，能够独立处理和解决高难度的技术问题或工艺难题；在技术攻关和工艺革新方面有创新；能够组织开展技术改造、技术革新活动；能够组织开展系统的专业技术培训；具有技术管理能力

提 示

目前，我国的职业资格由人社部及其委托的机构，通过学历认定、资格考试、专家评定、职业技能鉴定等方式进行评价，对合格者授予国家职业资格证书。

（二）职业技能鉴定

职业技能鉴定是考试考核机构按照国家职业标准对劳动者职业技能水平进行考核的活动，属于标准参照型考试，它是职业资格证书制度的重要组成部分。

1. 职业技能鉴定的方式

职业技能鉴定采用理论知识考试、技能考核及综合评审方式。其中，理论知识考试以笔试、机考等方式为主，主要考核从业人员从事本职业应掌握的基本要求和相关知识要求；

技能考核主要采用现场操作、模拟操作等方式，主要考核从业人员从事本职业应具备的技能水平；综合评审主要针对技师和高级技师，通常采取审阅申报材料、答辩等方式进行全面评议和审查。

理论知识考试、技能考核和综合评审均实行百分制，成绩皆达 60 分（含）以上者为合格。职业标准中标注“★”的为涉及安全生产或操作的关键技能，如考生在技能考核中违反操作规程或未达到该技能要求，则技能考核成绩为不合格。

2．职业技能鉴定的申报条件

根据《国家职业技能标准编制技术规程（2018 年版）》的规定，申请职业技能鉴定的人员，申报鉴定的等级不同，申报条件也各不相同。

例如，具备以下条件之一者，可申报五级/初级工：① 累计从事本职业或相关职业工作 1 年（含）以上；② 本职业或相关职业学徒期满。

具备以下条件之一者，可申报四级/中级工：① 取得本职业或相关职业五级/初级工职业资格证书后，累计从事本职业或相关职业工作 4 年（含）以上；② 累计从事本职业或相关职业工作 6 年（含）以上；③ 取得技工学校本专业或相关专业毕业证书（含尚未取得毕业证书的在校应届毕业生），或取得经评估论证、以中级技能为培养目标的中等及以上职业学校本专业或相关专业毕业证书（含尚未取得毕业证书的在校应届毕业生）。

3．申请职业技能鉴定的步骤

申请职业技能鉴定的人员要根据申报职业的资格条件，确定自己申报鉴定的等级。如果需要培训，要到经政府有关部门批准的培训机构参加培训，然后向当地职业技能鉴定站（所）提出申请，填写职业技能鉴定申请表。报名时应准备好照片、身份证、培训毕/结业证书、技术等级证书或工作单位劳资部门出示的工作年限证明等。申报技师、高级技师任职资格的人员，还应提交本人的技术总结和论文资料等。

4．职业技能鉴定的特征

我国的职业技能鉴定有以下特征：

（1）在制度体系上，属于国家证书制度。

（2）在认证方式上，采用国际通行的第三方认证的现代认证方式。

（3）在考试性质上，属于标准参照性考试。

（4）在鉴定内容上，主要以职业活动本身为导向决定其考核内容。

（三）职业资格证书

职业资格证书是国家给达到职业资格规定必备的学识、技术和能力的劳动者发放的证明。职业资格证书是求职、任职和用人单位录用的重要依据。只有考试或考核通过后，才能获得职业资格证书。

1. 职业资格证书的分类

职业资格证书可分为执业资格证、专业技术人员职业资格证和技能人员职业资格证。

执业资格证是国家对特殊行业规定的资格准入凭证，即无此证书不能从事这一行业。执业资格归行业主管部门管理，如注册会计师（CPA）资格归财政部注册会计师考试委员会管理，医师执业资格归卫生和计划生育委员会管理。

专业技术人员职业资格证是与职称对应的证书，两者的对应关系是：国家一级职业资格证对应高级职称，国家二级职业资格证对应中级职称，国家三级职业资格证对应初级职称。政策上，专业技术人员需要先取得职业资格证，单位才会聘用。

技能人员职业资格证与职称没有关系，主要针对的是技能工人，包括国家四级职业资格证和国家五级职业资格证。

2. 办理职业资格证书的程序

根据国家有关规定，办理职业资格证书的程序为：职业技能鉴定所（站）将考核合格人员名单报经当地职业技能鉴定指导中心审核，再报经同级劳动保障行政部门或行业部门劳动保障工作机构批准，然后由职业技能鉴定指导中心按照国家规定的证书编码方案和填写要求统一办理，加盖职业技能鉴定机构专用印章后，经同级劳动保障行政部门或行业部门劳动保障工作机构验印后，由职业技能鉴定所（站）送交本人。

提　示

开展职业技能鉴定，推行职业资格证书制度，是落实党中央、国务院提出的“科教兴国”战略方针的重要举措，也是我国人力资源开发的一项战略措施。这对提高劳动者素质，加强技能人才培养，促进劳动力市场的建设以及深化国有企业改革，促进经济发展都具有重要意义。

（四）大学生考取职业资格证书的好处

1. 证书驱动大学生对职业兴趣的探索

进入大学之后，大学生若没有明确的目标，就容易迷茫。而有了考取职业资格证书这一目标后，大学生就会思考毕业后从事哪方面的职业、达到什么样的职业目标等一系列问题。探索这些问题的过程，是大学生探索职业兴趣和了解就业需求的过程，同时也是认识自我和提升自我的过程。

2. 备考过程中实现自我进化

在践行考取某职业资格证书目标的过程中，大学生不仅可学习专业领域之外的知识，拓宽自己的知识边界，还可以使自己的意志力和执行力得到磨炼。因为这个目标完全是自发达成的，整个过程没有人监督，有的人可能中途就会放弃，而能坚持到最后的人必定会实现自我提升和进化。

3．职业资格证书增加求职砝码

拥有职业资格证书不仅代表了求职者有从事某种职业的基本资格，也表明了求职者的学习能力和执行能力，这是招聘单位更看重的职业素养。因此，拥有资格证书的人求职成功的概率更大。

想一想

《人民日报》曾评出十大高含金量的职业资格证书，它们分别是法律职业资格证、国家注册会计师证、特许金融分析师（CFA）证、中国精算师证、执业医师资格证、教师资格证、一级注册建筑师证、一级建造师证、人力资源管理师证和心理咨询师证。你对这些职业资格证书了解多少？

探索活动

了解自己需要考取的职业资格证书

【活动目的】

引导大学生提早为职业资格考试做准备，为自己将来的职业生涯添砖加瓦。

【活动流程】

（1）上网查找或询问就业指导老师与本专业相关的职业资格证书都有哪些。

（2）结合自己所学专业的人才培养目标，确定自己应考取的职业资格证书。

（3）针对所选择的职业资格证书，了解该证书相关考试的报名时间、报名条件、考试要求、考核内容等，做好相应的考试准备。

（4）汇总所收集到的信息，以报告的形式提交任课老师。老师对每位学生的报告进行点评和打分。

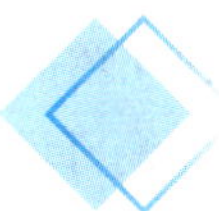

榜样力量

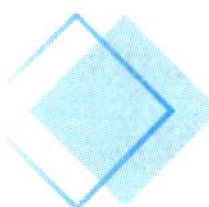

叶晶晶：靠“互联网+”带乡亲共同致富

“我做麦芽糖，一个月可以赚 1 300 元，但是如果没有晶晶帮助，我做的麦芽糖就不值钱了。”“晶晶不仅工作认真，为人处事在村里也是起表率作用的。”……在福建省南平市政和县镇前镇下园村，谈及叶晶晶，村民无不称赞。

叶晶晶，福建省南平市政和县镇前妇联主席、湘源村第一书记，中共党员，获评福建省农村青年致富带头人、三八红旗手等荣誉称号和福建青年五四奖章。作为一名返乡大学生，叶晶晶带头组建23支巾帼志愿服务队，带动农村妇女成立“巾帼电商互助组”，采用“互联网+助农”模式和“线上+线下”方式，带领当地群众脱贫致富。

2015年7月，在下园村党支部的号召下，毕业两年的叶晶晶转让了县城里的服装店，回到村里参加村民委员会换届选举。“当时，我没有想太多，只觉得自己是农村里的孩子，生于斯，长于斯，奉献于斯。当选后，我就下定决心，尽自己的力量为下园村的村民服务。”叶晶晶说。

“互联网+土特产”是叶晶晶发展下园村电商的第一步。当地大多数村民不会使用网络，更不相信这些土特产卖得出去，于是，叶晶晶带头开始做。她反复研究社交平台直播带货的特点和规律，将一锅自制的麦牙糖卖出了七八百元。此后，村民们开始主动找她帮忙。

为了能够带动更多村民致富，叶晶晶首先将从事过电商工作的村民纳入“村淘”（指农村淘宝），大家抱团发展，研究包装，策划活动。2015年11月，下园村的“村淘”成立，当季土特产成了主打产品并且销往全国各地，笋干之类的干货则一年四季可以销售。“我家原本收入不高，自从加入了‘村淘’，跟着姐妹们一起努力，如今我也有了零花钱，可以贴补家用。”下园村村民说道。

叶晶晶发展下园村电商的第二步，是引导村民发展特色手工产品。“以前，我只是做一点咸菜自己吃，现在经过包装，我制作的咸菜卖得很好，我们家庭的收入也提高了。”当地知名咸菜达人“魏三娘”说。

2022年，叶晶晶带着先前的工作经验，到湘源村任第一书记。她理清湘源村的发展思路后，因地制宜制定产业发展方向，依托政和县峰兆农业专业合作社，积极探索“党建+三支队伍+合作社+农户”模式，通过辣椒等蔬菜的多品种种植，打造高山辣椒百亩示范基地，促进高山蔬菜生产规范化和专业化，成功举办福建省高山辣椒新品种展示示范项目现场观摩会，开展以“辣椒文化”为主题的采摘、伴手礼制作等体验活动。如今，湘源村不仅成了省级“一村一品”专业村，也成了福建省巾帼示范基地。

此外，叶晶晶还是南平市政和县镇前镇妇联主席。她参与整合社会多元化资源，发动巾帼志愿者、乡贤、爱心企业发起“点亮空房子”主题公益活动，累计举办节日庆祝、公益课堂、贫困助学等活动2 000余场，丰富了乡村妇女和儿童的业余文化活动。

在全国妇联、中央网信办主办的2023年度“争做巾帼好网民”主题活动中，叶晶晶的“互联网+”故事入选第三届“百个巾帼好网民故事”。叶晶晶表示自己将继续扎根农村，借助“互联网+”模式，整合社会多元化资源，带领更多村民参与到人居环境整治、美丽庭院、维护妇女儿童权益、电商助农、关心关爱“三留守”人员等工作中，以“党政所急、妇联所能、妇女所需”为工作指南，做好党和政府联系妇女群众的桥梁，助力乡村振兴。

资料来源：中国青年网，https://news.youth.cn/jsxw/202306/t20230616_14588312.htm

生涯加油站

《前途是设计出来的》（见图 4-7）

作者：曾万紫

出版社：台海出版社

出版时间：2017 年

推荐理由：本书围绕着“前途”及与“前途”相关的话题展开，由小及大、由己及人地阐述了当代人应如何看待生活，以什么样的心态面对工作、面对自己的前途，该如何确定生活目标，等等。本书内容丰富、生动活泼、积极向上、催人奋进，不同年龄的人读后都会得到精神的愉悦和心灵的震撼。作者用实例告诉人们：前途确实是可以设计出来的！

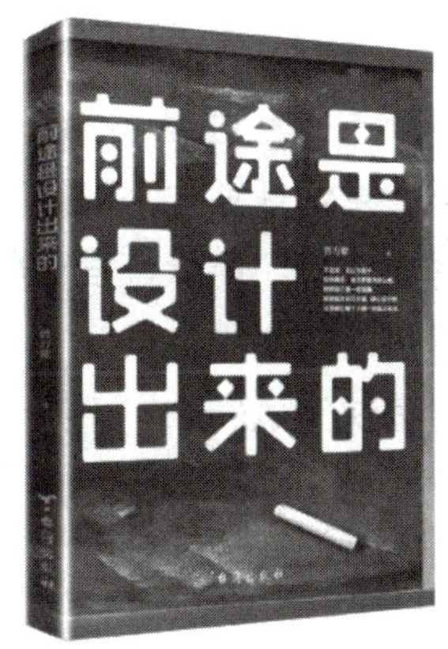

图 4-7 《前途是设计出来的》

学习情境五

职业生涯决策

人的一生就是一个不断选择的过程，决定一个人一生的或许就是一个或几个关键的决策。职业生涯规划本身就是做出决策的过程，是对未来可能的发展方向的选择。我们不能保证自己所做的决策都是正确的，但至少应力求避免最关键的决策出现失误。

大学生应了解职业生涯决策的特点、原则、风格等，并掌握职业生涯决策的方法，使自己的职业生涯决策更加贴合实际，适合自己。

知识目标

◈ 了解职业生涯决策的概念、特点和原则，以及影响职业生涯决策的因素。

◈ 了解职业生涯决策风格的类型。

◈ 掌握职业生涯决策的方法。

素质目标

◈ 增强职业生涯决策意识，提高科学决策的能力。

◈ 明确自己的优势和劣势，在学习和生活中能够扬长避短，以达到事半功倍的效果。

世界只会给知道自己要去哪里的人让路。

——爱默生

我们的决定，决定了我们。

——萨特《存在与虚无》

人生的道路虽然漫长，但要紧处常常只有几步，特别是当人年轻的时候。没有一个人的生活道路是笔直的，没有岔道的。有些岔道口，譬如政治上的岔道口，个人生活上的岔道口，你走错一步，可以影响人生的一个时期，也可以影响一生。

——柳青《创业史》

模块一 职业生涯决策概述

案例导入

小佳很喜欢考古，但高考时听从了长辈的建议，报考了国内某财经类名牌大学的财经类专业。大三暑假回家期间，一个偶然的机会，小佳得以到当地博物馆实习，担任义务讲解员。实习结束后，小佳把她对博物馆工作的认知、观察到的问题及对博物馆的建议，写成了一份实习心得，提交给博物馆馆长。这份实习心得得到了馆长的充分肯定，馆长亲自回信给小佳，欢迎她到博物馆工作。然而，当时的小佳一门心思只想考研，所以就谢绝了馆长的邀请。

全力以赴考研的小佳，最终以几分之差与财经类硕士研究生失之交臂。她调整好心态加入了求职大军的行列。因品学兼优，她相继收到了一些较好企业的聘用通知。但是在小佳的内心深处，她还是最喜欢博物馆的工作。经与父母沟通后，小佳向博物馆投出了求职信，并通过考核顺利入职。

请思考：小佳的职业生涯决策是否正确？大学生在进行职业生涯决策时，应遵循哪些原则？

知识链接

如今，大学生拥有自由选择职业的机会，同时也面临着激烈的竞争，可谓机遇与挑战并存。在这种情况下，大学生必须学会职业生涯决策，这是职业生涯规划中重要的一课。大学生在职业生涯决策过程中学习到的知识和技能，可以迁移到其他重要的决策情境中，这会使大学生成长为敢于冒险、敢于行动、敢于担当的人。

一、什么是职业生涯决策

职业生涯决策简称职业决策，源于经济学中的决策理论在职业行为研究方面的应用。凯恩斯经济学理论认为，职业生涯决策是个人以收益最大化及损失最低为标准，对职业生涯目标或职业进行的“理性选择”的过程，其中收益与损失不限于金钱，也包含社会声望、人身安全、社会流动等任何对个人有价值的事物。

职业生涯决策

有的学者认为，职业生涯决策是个体对自己将要从事的职业做出的选择；有的学者认为，职业生涯决策是个体了解自身与职业特点，并实现两者最佳组合的过程；有的学者认为，职业生涯决策是一个复杂的认知过程，通过此过程，决策者搜集有关自我和职业环境的信息，仔细考虑各种可供选择职业的前景，做出职业行为的公开承诺；有的学者认为，职业生涯决策是人们根据自身特点和社会需要做出合理的职业抉择的过程。

从上述各位学者对职业生涯决策的不同定义可以看出，职业生涯决策是一个过程，而不单单是一种结果，且这个过程涉及很多因素。由此可以总结出，职业生涯决策是一个依据决策者自身的特性，并参照外在环境的现状与发展趋势，通过合乎逻辑的分析，最终确定适合自己的职业领域的过程。

二、影响职业生涯决策的因素

职业生涯决策之所以复杂，主要在于影响决策的因素较多。下面从三个方面说明影响职业生涯决策的因素。

（一）个人因素

从自然属性向社会属性的过渡来看，影响职业生涯决策的个人因素大致包括个人的年龄、性别、健康状况、个性特征、兴趣、能力、价值观、文化程度等。

就健康状况而言，它其实一直是人们进行职业生涯决策的前提，也是容易被人们忽略的因素。健康对职业生涯决策的影响首先表现在职业对个体生理条件的要求方面，如舞蹈演员、专业运动员、飞行员等职业对个体的身体条件都有特殊的要求。健康对职业的限制还表现在职业发展进程中，如运动员的职业生涯一方面受生理年龄的制约，另一方面也会受伤病的限制。

就文化程度而言，它对个人获得就业机会、获得较大的职业发展空间等都有直接的影响。例如，在职场中，高学历和较多的受教育经历为个人获得较高职位创造了条件，并且具有较高文化程度的人也会获得更多的晋升机会。

（二）环境因素

环境因素通过影响决策者的心态而影响其职业选择。从个体接触范围由近及远、从小到大看，影响职业生涯决策的环境因素包括家庭因素、同龄人及其他相关群体因素、企业和行业环境因素、社会环境因素等。

就同龄人及其他相关群体而言，他们在个人择业中的作用不可小觑。同龄人及其他相关群体的价值观、思维方式等对个人择业的偏好会有影响。此外，大学生所处择业氛围也会对其产生影响。处在一个较好的择业氛围中，大学生择业的勇气、信心、积极性等都会增强，择业的成功率也会相应提高。

就社会环境而言，个人始终处于社会大环境之中，社会的政治、经济、文化环境与个人职业的选择息息相关。首先，社会环境决定了个人职业选择的可能性，很难想象一个处于战火纷飞年代的青年会以艺术作为支撑其生存的职业。其次，社会环境决定着人力资源需求的规模和规格，决定着职业需求的数量和质量，这是个人职业生涯决策的重要依据。例如，产业结构的调整使信息工程、生物工程、环保工程等领域都得到了快速发展，这些领域提供了大量的就业机会，这种情况对个人职业生涯决策起到了一定的导向作用。

（三）其他因素

职业生涯决策的过程就是一个信息加工处理的过程，所获信息的全面性、准确性在一定程度上决定了决策的科学性。信息的掌握程度对个人职业生涯决策的质量能起到非常重要的影响。在整个生涯决策过程中，信息代表着机会与可能性，是决策者做出决策的依据。

除了信息因素外，大学生在职业生涯决策过程中，也会受到一些其他即时性因素的影响，如机遇、情绪、具体的决策情境等。这些即时性因素具有不稳定性和不可预见性，对个体的职业生涯决策有时会产生巨大影响。譬如机遇，大学生若能及时抓住，就会取得意外的收获。

职业生涯决策过程是一个动态发展的过程，影响因素也很复杂，大学生应客观地认识自己，认清环境状况，培养科学的决策能力，从而努力克服不利影响，尽可能选择适合自己的职业。

拓展阅读

克朗伯兹社会学习理论中影响职业生涯决策的因素

社会学习理论由爱伯特·班都拉（Albert Bundura）于20世纪70年代提出，强调个人独特的学习经验对其人格与行为的影响。斯坦福大学教育和心理学教授约翰·克朗伯兹（John Krumboltz）将这一观念引用到职业生涯辅导上，强调人类行为同时受到个人和环境的控制。他提出，个人的社会成熟度在很大程度上依赖于对他人行为的学习和模仿，并由此决定他们的职业导向。他认为，影响职业生涯决策的因素包括以下几个方面：

（1）遗传因素与特殊能力。遗传因素包括种族、性别、外在的仪表和特征、身体健康程度等，个人的特殊能力包括音乐能力、美术能力、动作协调能力等。

（2）环境条件与特殊事件。克朗伯兹认为，在影响教育和职业的选择因素中，有许多来自外部环境，非个人所能控制。这些外部因素大多由人为所致（如社会、文化、政治或经济的活动等），也可能由自然力量引起（如自然资源的分布或天然灾害等）。

（3）学习经验。克朗伯兹认为，每个人都有独特的学习经验，这对于个人的生涯抉择具有重要影响。学习经验可分为工具式学习经验和联结式学习经验，前者是指个人为得到好的结果，在特定环境中采取一定的行为，其后果对个人会产生重要的影响；后者是指个人通过观察真实和虚构的模型，通过对人、事之间的比较来学习应对外部刺激的方法。

（4）工作取向技能。前面提到的三种因素会以一种交互影响的方式使个人形成特有的工作取向技能。这些工作取向技能包括解决问题的能力、工作习惯、对工作标准与价值的认知、情绪反应、知觉和认知的历程等。

克朗伯兹认为，在个人发展的历程中，上述四种因素相互作用，使个人形成了关于自我和世界的推论。个人兴趣、价值观等实际上都是学习的结果。个人学习经验的不足或不当，可能会使自己形成错误的推论、单一的比较标准、夸大式的灾难情绪等，从而有碍于职业生涯的正常发展。因此，克朗伯兹特别强调丰富而适当的学习经验的重要性。

想一想

回顾迄今为止你所做的五项重大决定，分析哪些因素对你的决策产生了影响？这些因素对你做职业生涯决策起到了促进作用还是阻碍作用？程度如何？

三、职业生涯决策的特点和原则

（一）职业生涯决策的特点

职业生涯决策具有目的性、选择性、满意性、过程性、动态性的特点。

1. 目的性

职业生涯决策是根据一定的目的做出的，此目的是个人在未来特定时期内预期达到的目标。没有目标，人们就难以制订未来的活动方案，评价和比较这些方案也就没有了标准，对未来活动效果的检验也就失去了依据。个人根据预先确定的目标来选择和调整未来特定时期内活动的方向、内容或方式，是一种理性的决策。

2. 选择性

职业生涯决策因选择而生，没有选择就没有决策。而做出选择的前提，一是要有可替代的多种方案，使选择成为可能；二是要有选择的依据，提供选择的标准和准则。

3. 满意性

职业生涯决策只是一种满意化决策，而非最优化决策。要想做出最优化决策，决策者必须了解与活动有关的全部信息，正确评估全部信息的有用性和可靠性，并据此制订出较为严密的行动方案，同时应准确预测出每一个方案的风险和执行结果。由此可见，最优化决策往往只是建立在理论上的幻想。事实证明，职业生涯决策只是一种相对的最优化决策。

4. 过程性

职业生涯决策是一系列决策的综合，包括前期的决策（即职业生涯规划）、中期的决策（即职业生涯规划的实践）和后期的决策（即现实的择业决策）。从决策目标确定，到决策方案的制订、评估和选择，再到决策方案执行结果的评价，诸多步骤和过程构成了一项完整的决策。

5. 动态性

职业生涯决策是一个不断循环的、动态的过程。决策的主要目的之一是使决策者的活动适应外部环境的变化。为了达到这一目的，实现自身与环境的动态平衡，决策者必须不断分析和研究外部环境的变化，从中找到可以利用的机会，并在必要时做出新的决策或者调整自己的活动。

故事与人生

布利丹的毛驴

哲学家布利丹养了一头毛驴，他每天都会向附近的农民买一堆草料来喂这头毛驴。

一天，送草料的农民出于对布利丹的景仰，额外送了一堆草料。毛驴站在两堆数量、质量和到它的距离完全相同的草料之间，十分为难。它虽然享有充分的选择权，却因无法区分两堆草料孰优孰劣而一直左看看，右瞅瞅，始终不知道选择哪一堆。

于是，这头可怜的毛驴就这样站在原地，一会儿考虑数量，一会儿考虑质量，一会儿分析颜色，一会儿分析新鲜度，犹犹豫豫，最终活活地饿死了。

资料来源：简书，http://jianshu.com/p/717a99c3a939

启示：

毛驴最终之所以饿死，原因就在于它对两堆草料都不想放弃，不懂得如何决策。人们把这种决策过程中犹豫不定、迟疑不决的现象称为“布利丹毛驴效应”。“布利丹毛驴效应”产生的根源之一是违背了目标定律，既想得到“鱼”，又想得到“熊掌”，其结果是“鱼”和“熊掌”皆失。这种思维与行为方式，表面上看是追求完美，实际上是贻误良机。

（二）职业生涯决策的原则

1. 社会需求原则

社会需求原则是职业生涯决策最基本的原则。每个人都生活在大的社会环境中，职业生涯决策必须与社会需求相结合，以社会需求为基本出发点的职业生涯决策才具备现实性和可行性。时代在快速发展，新的职业不断涌现，旧的职业不断消亡，这就要求大学生在职业生涯决策过程中，不忽视社会背景和社会需求，紧跟时代步伐。

2. 兴趣发展原则

职业生涯决策第二个重要的原则就是兴趣发展原则。研究表明，当人在做一件自己喜欢的事情时，即使很忙、很累，也不会感觉压力太大，反而觉得很充实。可见，兴趣对一个人来说有多么重要。如果你打算从事某职业，就应该在所学专业或该职业对人才的基本要求的基础上，努力发掘和培养自己的兴趣，逐渐找到学习和工作的乐趣。

3. 能力胜任原则

大学生在职业生涯决策过程中，不仅要找到自己感兴趣的职业，更重要的是要找到自己擅长的职业。

每个职业都需要相应的知识和技能，大学生在做职业生涯规划时，需要对自己的能力有所探索和了解，根据自己的能力来判断自己能否胜任这个职业。若发现自己的能力有欠缺，可以通过努力学习来提升。例如，发现自己的表达能力有所欠缺，那么在大学期间，可以通过参加学生会、演讲比赛等方式来锻炼和提升。

4. 利益整合原则

职业生涯决策不仅涉及个人的兴趣、特长和性格，还涉及职业的报酬、发展等。因此，大学生在进行职业生涯决策时，要考虑各方面（如个人的成就、职业发展的前景等）的利弊，然后对其进行整合，保证自己的利益最大化。

5. 动态目标原则

职业生涯决策是一个动态的过程。在做决策时，决策者会发现自己现在的目标可能和几年前的目标完全不一样，也就是说，各时期的目标是动态变化的。这种动态变化与社会的快速发展和决策者自身因素的变化有关，调整职业目标是为了更好地适应这些变化。但是，动态目标并不是随时都要变化，有的时候也需要坚持。

提 示

任何一个合理决策的做出，都要考虑和分析决策的目标、选择、结果和评价这四大要素。其中，目标是指要达到的目的，这是决策行为之所以存在的根本；选择是指在达到目标的过程中应采取哪一种途径；结果是指每一种选择所衍生出的附加物；评价是指对各个选择的结果进行合理的评估。

探索活动

帮小凡做决策

【活动案例】

小凡是一名才华出众的大学毕业生，他面临两个工作选择：工作 A，起薪很不错，有相当好的社会福利，还有友好、宽松的工作环境，但晋升机会一般；工作 B，起薪和社会福利都一般，但是工作环境舒适，有非常好的晋升机会。

正当小凡在工作 A 和工作 B 之间举棋不定时，工作 C 又向他投来了橄榄枝。工作 C 在一个魅力十足的城市，之前小凡从来没有考虑过工作地点的问题，但现在他觉得可以考虑一下。那么，工作 A 和工作 B 所在的城市与工作 C 所在的城市相比，哪个更吸引人呢？工作 C 在薪水、社会福利上能否和工作 A 相媲美呢？

随后，事情变得更复杂了。小凡又得到了一个工作 D，其工作地点离家和朋友们所在的城市很近。这一点小凡之前也没有考虑过。然而小凡的女朋友在工作 A 所在的城市找到了工作，此时他又该把女朋友放在第几位呢？

小凡在做决定前需要回答以下几道难题：

（1）愿不愿意放弃高薪而选择晋升机会？

（2）愿不愿意牺牲更好的工作去一个更有魅力的城市？

（3）愿不愿意用高薪和去魅力十足的城市工作的机会来换取全家团聚？

（4）愿不愿意不顾一切地和女友在一起？

【活动流程】

（1）将学生分组，每组 5～6 人。

（2）各组成员分别讨论如果你是小凡的职业咨询师，该如何为他提供帮助？或者如果你是小凡，你会如何选择？为什么？

（3）各组选出一名代表，在课堂上陈述本组所做出的决策及理由。老师听取各小组意见后给出点评。

模块二 职业生涯决策风格

案例导入

小华是小明的高中同学，现在在一所非常著名的师范大学学习地理。有一天，小明接到小华的视频邀请，原来小华想跟小明倾诉心事。在小华心中，小明对任何事情都能够自己做主，而这正是小华所做不到的。

在高中选择文理科时，小华就对理科情有独钟，但父母觉得理科生将来的工作太累，就让小华选择了文科。在考大学时，小华想学心理学，可父母说学心理学将来不好找工作，于是让小华填报了师范大学的地理专业，并告诉小华这个方向现在人才稀缺，将来毕业了可以做一名地理老师。

小华上了师范大学后，发现自己对地理一点儿都不感兴趣，反而对历史颇感兴趣，但父母坚决反对。小华特别羡慕小明可以为自己的未来做决定，而自己什么都得听父母的。小华自己也很矛盾，听吧，好多选择又不是自己想要的；不听吧，又怕自己的决定是错的，将来会后悔。

请思考：小华凡事听从父母这种行为属于哪种决策风格？在进行职业生涯决策时，哪种决策风格更有利？

知识链接

决策风格

决策风格是指个体在长期的决策过程中形成的比较稳定的决策倾向。不同决策风格的个体对决策的步骤有不同的偏好，对行动的迫切性有不同的反应，对待风险的态度与处理问题的方式也有明显的差异。

一、职业生涯决策风格的类型

（一）直觉型

直觉型决策风格是指个体基于一时的冲动或自己强烈的感受和情绪反应而做出决策。这种决策风格的个体做决策的速度通常很快，做决策时只考虑自己想要的，不考虑外在因素，几乎不会系统地搜集相关信息。因此，他们所做的决策发生错误的可能性较大，也容易造成决策的不确定性。

体现这种决策风格的语言有“先做了再说，以后再想结果”“感觉还不错，就这么决定了”等。

（二）依赖型

依赖型决策风格是指个体知道自己必须做出决策，但依赖他人为自己做出决策。这种决策风格的个体认为一切都是命运的安排，自己做不做决策都一样。他们对自己的决策能力缺乏信心，即使有时自主地做出了决策，在遇到反对意见时一般也不会坚持己见，最后还是顺从了他人。这种决策风格的个体需要适当减轻他人对自己的影响程度，认识到自己应该承担的责任。

体现这种决策风格的语言有“爸妈让我这样做”“他们认为我适合”“船到桥头自然直”“天塌下来会有大个子顶着”“反正一切都是命运”等。

（三）拖延型

拖延型决策风格是指个体知道自己必须做出决策，但经常处于拖延或迟疑状态，迟迟做不了决定，或者到最后一刻才做决策。这种决策风格的个体常常对做决策感到恐惧，不愿为自己的决策承担责任，因而用麻痹自己的方式来逃避做决策。他们通常很注重搜集信息，但往往因为选项太多或条件太复杂而无法做出取舍。这种决策风格的个体需要意识到决策的重要性及决策不当可能产生的危害，努力调整自己，增强职业生涯规划的意识和动机。

体现这种决策风格的语言有“急什么？明天再说吧”“我知道该怎么做，可是我办不到”“我决不能轻易决定，万一选错了，那就惨了”等。

（四）理性型

理性型决策风格是指个体做决策时会分析自身的情况，也会考虑外在环境的要求，广泛搜集信息，用系统分析的方法检验各种选项的利弊得失，从而做出适当且明智的选择。体现这种决策风格的语言有“一切操之在我”“我是命运的主宰，是自己的主人”等。

理性型决策风格是最为理想的决策风格。这种决策风格的个体既能充分地搜集相关信息，又不会被过多的信息所迷惑和困扰；既能果断地做出决策，又不会过于冲动和感情用事；既能广泛参考别人的意见，又不会因盲目从众而失去自我；既能坚定地为自己的选择负责，又不会不顾条件的变化而一意孤行。在面对职业选择时，大学生尤其需要这种决策风格来助自己一臂之力。

想一想

案例一：小丽毕业后准备从事保险业。在大学期间，她和保险从业人员有过很多次接触。为了提升自己在短时间内与陌生人建立良好关系的能力，她报名参加了人际关系训练课程，并对各保险公司进行了调研。经过充分的利弊分析与筹划，小丽觉得从事保险业是最适合她的选择。最后在家人的支持下，小丽于2020年5月正式入职。

案例二：高三时，为了圆自己和家人的“北大梦”，小平放弃保送中国人民大学的机会，辛苦复习，参加高考，最后如愿以偿考入北京大学学习经济学专业。在即将毕业时，她对法律产生了兴趣，想跨专业考本校法理学的研究生。考研失败后，酷爱旅行的她应聘到一家旅行社上班，并且利用工作之余的零碎时间埋头考导游证。

案例三：小王是个即将上大四的学生，现在所学的专业是父母为他选定的。通过三年时间的学习，他感觉自己并不喜欢这个专业。他想毕业后找一份令父母满意的工作，但学长告诉他，如果想找一份好工作，就得考研。但是小王不知道坚持读一个自己并不感兴趣的专业有什么意义，也疑惑读完研究生能否找到一份好工作。于是他终日在宿舍睡觉，无所事事。

案例四：小李本科读的是建筑学，侧重于建筑设计；研究生读的是规划学，侧重于规划设计。现在，他面临的问题是进入电业局还是进入设计院工作。前者有正式编制，福利不错，工作相对轻松，年薪最多十万元；后者的市场竞争激烈，做得不好收入也不高，但是接触的群体可能会更广泛一些。在电业局或许还有精力做些其他事情，而在设计院则没有。小李很困惑，始终拿不定主意。

上述案例中的主人公在进行职业生涯决策时所表现的决策风格分别属于哪种类型？你认为自己的决策风格属于哪种类型？

故事与人生

果断出手，选择最佳时机

古希腊哲学家苏格拉底的三个弟子曾求教于老师：怎样才能做出最好的选择。苏格拉底没有直接回答，而是带着他们走进一片苹果林，并告诉他们只许前进，且仅有一次机会选摘一个他们认为最大、最好的苹果。

第一个弟子没走几步，就看见一个又大又红的苹果，于是高兴地摘了下来。但是当他继续前进时，发现前面的许多苹果都比他摘的那个大，他只得遗憾地走完了全程。

第二个弟子吸取了教训。每当要摘苹果时，他总是提醒自己，后面还有更好的。当他快到终点时才发现，机会全错过了。他一个苹果也没摘到。

第三个弟子吸取了前两位的教训。当他走到苹果林的三分之一时，就分辨出了大、中、小三类苹果。再走完三分之一时，他验证了自己的分析。等到要走最后三分之一时，他在大类中选摘了一个又红又大且令自己满意的苹果。

资料来源：精英家教网，http://www.1010jiajiao.com/timu_id_3215781/

启示：

三个弟子中，第三个弟子能摘到最大、最好的苹果，主要有以下原因：一是他知道比较，因为有比较才有鉴别；二是他没有优柔寡断，该行动时就行动；三是他懂得筛选，并且运用了科学的方法进行筛选。大学生在做职业生涯决策的时候，不妨采取第三个弟子的做法，以使自己的决策更为合理。

二、自我决策风格的探索方法

（一）填表探索法

大学生可以参照表 5-1 探索自己决策风格的类型。具体的操作为：将同一类型的得分（符合的记 1 分）记入表 5-2 中，哪种类型的得分最高，测试者的决策风格就属于哪种类型。表 5-1 中的符号和决策风格类型的对应关系为：

（1）★——直觉型。

（2）●——依赖型。

（3）▲——拖延型。

（4）■——理性型。

表 5-1 决策风格探索题

序号	情景描述	类型
1	我常仓促地做决定	★
2	我做事情时不喜欢自己拿主意	●
3	遇到难题时，我就把它放到一边	▲
4	我会多方搜集做决定所必需的资料	■
5	我常凭一时冲动行事	★
6	我喜欢做事时有人在身旁，以便随时商量	●
7	一遇到需要自己做决定的情况，我就紧张不安	▲
8	我会将搜集的材料加以比较、分析，并列出选择方案	■
9	我经常改变我所做的决定	★
10	发现别人的看法与自己的不同时，我就不知该怎么办	●
11	我做事总是思来想去，下不了决心	▲
12	我会权衡各项方案的利弊得失，判断出此时此刻最好的选择	■
13	做决定之前，我从未做任何准备，也未分析可能的结果	★
14	我很容易受别人意见的影响	●
15	我觉得做决定是一件痛苦的事情	▲
16	我会参考其他人的意见，再结合自己的情况做出最适合自己的决定	■
17	我常不经慎重考虑就做出决定	★

（续表）

序号	情景描述	类型
18	在父母、师长或亲友催促我做决定之前，我并不打算做任何决定	●
19	为了避免做决定所带来的痛苦，我现在并不想做决定	▲
20	经过深思熟虑之后，我会果断地选择一个最佳方案	■
21	我喜欢凭直觉做事	★
22	我常让父母、师长或亲友为我做决定	●
23	我处理事情经常犹豫不决	▲
24	当确定了所选择的方案后，我会展开必要的准备行动并全力以赴地做好	■

表 5-2　决策风格类型测试结果

决策风格类型	直觉型	依赖型	拖延型	理性型
题号组	1、5、9、13、17、21	2、6、10、14、18、22	3、7、11、15、19、23	4、8、12、16、20、24
得分				

（二）回答问题探索法

若路边有一片桃园，每个人都可以进入桃园摘桃子，但只许前进不许后退，且只能摘一次，要摘一个最大的，你会怎么办？

通常，人们面对这种情景，会有以下四种做法：

（1）对视野范围内的桃子进行比较，形成一个大概的标准，再根据这个标准选择最大的桃子。

（2）“我感觉这个最大！”凭第一感觉摘一个，或稍微比较后，迅速摘一个。

（3）去问看守桃园的人，什么样的桃子最大，或者问有经验的人什么样的桃子最大。

（4）一直往前走，走到最后再摘。

如果你的做法是（1），说明你倾向于理智型决策风格；如果你的做法是（2），说明你倾向于直觉型决策风格；如果你的做法是（3），说明你倾向于依赖型决策风格；如果你的做法是（4），说明你倾向于拖延型决策风格。

三、如何选对决策风格

决策风格受人格特性的影响，但这种风格并非恒定不变。实际上，人们在做决定的时候，通常会根据实际情况采取不同的决策风格。

就做简单的决策而言，经过思考做出的决策通常比较合理。因此，通常情况下，大学生应采用理智型的决策风格。

在一些情况特别复杂、需要尽快做决定的情况下，或者在获得的信息很有限、很难进行理智分析的情况下，采用直觉型决策风格更为可取。例如，刚上大一，父母希望你将来毕业后回老家找工作。但这个时候你不确定毕业后是否会回老家，也不确定是否会考研，是否会在大城市找工作。此时，你可以跟着直觉走，自我探索到一定程度后再做决定。如果决定毕业之后回老家工作，就在大学期间多去拓展自己的视野；如果决定将来考研，就要更努力地学习；如果决定将来在大城市找工作，就要多积累一些社会实践的经验。

对于一些比较重大的决定，一旦决策失误很难独自承担责任时，则可以采用依赖型决策风格。例如，你有机会保送本校的研究生，但是你又非常渴望考另一所学校的研究生，如果放弃保研，外校研究生考不上就会得不偿失。这时候，你可以依赖周边的一些资源，多听听专业课老师、班主任、考去外校的师兄和师姐们的建议，然后再做决定。而对于一些坏处大于好处的决定，采取回避型决策风格可能是最有利的。

探索你的决策风格

【活动目的】

通过回顾自己人生中的五个重大决策，发现并反思自己的决策风格。

【活动流程】

（1）请回想一下到目前为止你所做的五个重大决策，将其填写在表 5-3 的“情境”一栏中，然后根据实际情况填写其他栏，并根据填写的内容反思自己的决策风格。

表 5-3　决策风格自测

名称	情境	有哪些选择	是如何做决策的
示例	高考选择的大学和专业	省内的二本院校有×××等，所选的专业有×××等	咨询班主任，咨询目标学校的招生办，自己上网查资料等
决策一			
决策二			
决策三			
决策四			
决策五			

（2）分析自己在上述五个重大决策中的决策风格，并分析如何调整能让决策更完美，然后将相应内容填入表 5-4 中。

表 5-4 决策风格回顾

名称	对效果的评价	决策风格	如何调整
决策一			
决策二			
决策三			
决策四			
决策五			

模块三 职业生涯决策的方法

案例导入

小赵是某校化学系一名大二学生，学习成绩一直名列前茅，很有考上本系硕士研究生的希望。可让她苦恼的是，她并不喜欢现在所学的专业。据了解，小赵想读的是财会专业，但由于高考志愿填报不慎，她最终没有被自己喜欢的专业录取。在父母的劝说下，小赵退而求其次，选择了化学专业。

在两年的大学学习中，小赵在专业基础课方面遇到了挑战。这些课程需要做大量的化学实验，实验结果又充满了变数。每次做实验，小赵都忧心忡忡。一想到攻读化学专业的研究生，将来还要继续做这些实验，小赵就很沮丧。小赵心里想：既然不喜欢化学，还要继续读下去吗？如果不读，做什么工作好呢？

大二暑假期间，小赵争取到了去会计师事务所实习的机会。在实习期间，她的经理多次告诉她学历的重要性：一是许多企业倾向于录用学历高的实习生，二是学历高有助于将来的职位晋升。经理的劝说让小赵放弃了本科毕业就工作的想法，下决心继续攻读硕士研究生。

大三上学期，小赵开始着手了解财会专业的考研情况。但她发现跨专业考研的难度很大，需要在空余时间自学完所有财会专业的课程。如今距离研究生考试只有不到两年的时间，她心里直打鼓，不知道自己能不能考上财会专业的研究生。有时她会想自己是否应该退而求其次，考化学专业的研究生。她也不知道研究生毕业后应该找什么样的工作。小赵很希望自己能理清思路，权衡利弊，做出正确的决策。

请思考：为了做出正确的职业生涯决策，小赵可采取的决策方法有哪些？小赵应如何应对决策的风险？

知识链接

职业生涯决策是一个高度复杂的过程，常常令人左右为难。人不可能一直都保持理性，但学会把一些理性的方法引入到职业生涯决策中，培养理性决策的能力，将会使人受益终身。

一、CASVE 循环法

（一）CIP 理论

基于认知信息加工理论的 CASVE 循环

目前，在职业生涯发展与规划实践中，应用最广的职业生涯决策理论是认知信息加工理论（cognitive information processing theory），简称 CIP 理论。该理论由盖瑞·彼得森等人于 1991 年提出，他们认为生涯发展过程的实质是一个人如何做出生涯决策，以及在生涯决策和解决生涯问题过程中如何使用信息的过程。CIP 理论按照信息加工的基本流程构建了一个信息加工金字塔，如图 5-1 所示。

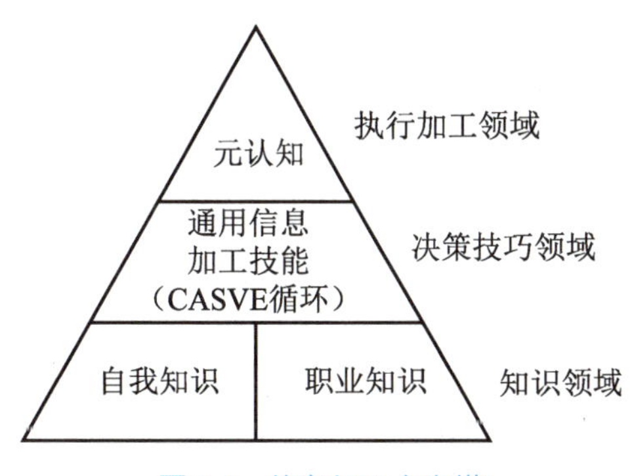

图 5-1 信息加工金字塔

信息加工金字塔的塔底是知识领域，包括自我知识和职业知识；塔顶是执行加工领域，该领域中的元认知可通过自我对话、自我察觉、控制与监督来实现；中间是决策技巧领域，该领域是整个认知信息加工理论的核心部分。

提 示

> 元认知是主体对其认知活动的自我意识、自我监督和自我调节，即对认知的元认知。元认知强调主体的认知活动需要其元认知知识、元认知体验和元认知监控的相互作用。例如，学生在学习中，一方面进行着各种认知活动（如感知、记忆、思维等），另一方面又对自己的各种认知活动进行积极的监控和调节，这种对自己的感知、记忆、思维等认知活动本身的再感知、再记忆、再思维就称为元认知。

（二）CASVE 决策模型

具体到决策技巧领域，CIP 理论提出了 CASVE 循环。该循环可用 CASVE 决策模型（见图 5-2）来表示。该模型认为一个良好的决策需要经历五个阶段：沟通（communication）—分析（analysis）—综合（synthesis）—评估（value）—执行（execution）。只有完整经历这五个阶段，并按照每个阶段的要求认真采取行动之后做出的决策，才是科学、合理的决策。

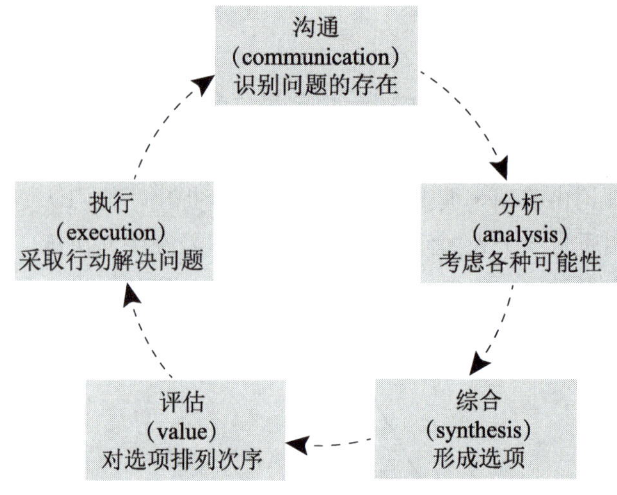

图 5-2 CASVE 决策模型

1．沟通

沟通是决策的开始阶段。在此阶段，大学生应能够意识到决策存在的问题，发现理想与现状的差距，了解内部和外部的信息。其中，内部信息是指自己的身心状态，外部信息是指外部一些对自己产生影响的信息。了解内部信息和外部信息后，大学生会意识到自己需要解决哪些问题。在沟通阶段，大学生需要回答的最基本的问题是：此刻我正在思考并感觉到的职业问题是什么？

2．分析

分析是指通过思考、观察和研究，获得关于自我、职业、决策及元认知的知识，了解自己和自己的各种选择，了解自己平时做出重要决策的方式，并且更加具体地提出问题。

在此阶段，大学生可以到就业指导服务中心、心理咨询中心测评自己的职业价值观、兴趣、性格和能力，以确保充分认识自我，确保对各种选择的信息不存在偏见。若条件允许，大学生可以按照心理分析报告的要求，写一篇自我成长报告，描述自己的成长历程、生活中重大事件对自己的影响，找出各种选择的直接信息和非直接信息之间的差异，寻找能把自我个性与各种可能的选择联系起来的主题。

提 示

分析是决策过程中最容易出现问题的阶段。许多人倾向于用简单化的方式得出结论后，直接跳到执行阶段。这样做不仅不能收集到充足的信息，也不能真正弄清问题的关键。

3. 综合

综合阶段是一个“扩大并缩减清单”的过程，即根据分析阶段所得出的信息，先扩展选择范围，然后再逐步缩小，最终确定3～5个最可能的选项。

为实现上述目的，大学生在此阶段可采用“头脑风暴法”“全面撒网法”，搜索尽可能多的解决问题的方法。然后把问题综合化和具体化，把最可能选择的职业限定到3～5个，且每个选择都要有助于问题的解决。

4. 评估

评估是指对综合阶段得出的3～5个职业进行具体的评价，评估获得该职业的可能性，研究选择这个职业对自身及他人的影响，然后选择可能性最大的职业。

5. 执行

执行是整个决策的最后一个阶段。前面的步骤只是确定了最适合的职业，若想取得职业选择的成功，需要在执行阶段将所有想法付诸实践。在执行阶段，大学生需要制订计划，并按照计划进行实践。最后，大学生还要进行CASVE循环检验，即检验问题是否消失，问题解决过程是否成功，是否需要启动新的CASVE循环等。

提 示

大学生在职业生涯决策时可以根据自身情况，决定CASVE循环的次数和频率，直至决策成功。

课堂活动

使用CASVE循环法分析你在模块二探索活动中所写的五个重大决策及你现阶段面临的职业生涯决策问题。在分析过程中，应思考以下问题：

（1）你是怎样意识到自己的需求的？

（2）你是如何分析问题、收集相关信息的？

（3）你是如何形成解决方案的？你现在能否看到自己当时所没有看到的其他可能性？

（4）你是如何在不同的解决方案之间做选择的？你的选择标准是什么？

（5）你是如何落实行动的？过程是否如你所预期的那样？

（6）你怎样评价自己当时的决策过程？你对自己的决策满意吗？如果不满意，是哪个步骤出了问题？

二、决策平衡单法

决策平衡单法是一种卓有成效的职业生涯决策方法。运用该方法有两个前提条件：一是决策者要具备事业成熟的相关条件，二是决策者已经有了可供选择的多个职业发展方案。

（一）决策平衡单法的基本思想

决策平衡单法将不同的选择方案集中在四个主题上进行评估：自我物质方面的得失、他人物质方面的得失、自我精神方面的得失（自我赞许与否）和他人精神方面的得失（社会赞许与否）。决策平衡单法兼顾了内部需求和外部环境因素，可以帮助决策者具体地分析每一个可能的选择，考虑各种方案实施后的利弊得失，最后排出优先顺序，确定最终方案。

（二）决策平衡单法的操作步骤

（1）明确希望从事的职业。

（2）细化四个主题的具体考虑因素。

（3）按照自己的情况，给每个考虑因素设置权重（1～5）。

（4）填写每个考虑因素的具体分数。每个所选职业的得分或失分，可以根据该职业对自己而言的优势（得分）、劣势（失分）来确定。根据自己对考虑因素的擅长程度，填写对应的分数，计分范围为-10～10 分。每一因素的得（失）分乘以权重即为该因素的分数。

（5）算出每个职业的得失差数。将每个所选职业的得分和失分求和，算出客观的得失差数。

（6）比较职业的得失差数，数值最大者为用决策平衡单法所做出的综合效用最大化的决策。

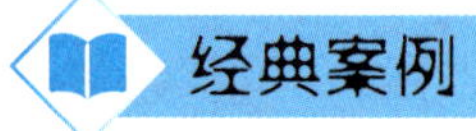

经典案例

陈林的职业生涯决策

1．基本情况

陈林是某大学教育技术学专业三年级学生，他性格外向，开朗活泼，喜欢与人交往，口头表达能力和组织能力较强，是学院学生会干部。还有一年就要毕业了，关于今后的职业选择，他考虑以下三个发展方向：中学信息技术教师、市场销售总监、考取计算机专业硕士研究生。以下是他的具体想法：

（1）陈林认为中学信息技术教师这个职业是他的本专业，对他来说具有专业优势，工作也比较稳定，但目前社会需求量并不大。

（2）陈林希望用 10 年的时间实现市场销售总监这个目标。他认为自己的性格适合这个职业，他也有利用暑假和业余时间兼职做销售的经历。此外，他认为自己的专业可以帮助自己更好地开展销售工作。

（3）陈林的父母都是高校教师，他们希望陈林能够继续深造，考取计算机专业硕士研究生，以后到大学任计算机专业的教师。但陈林认为考研有一定的困难，且他不喜欢计算机专业的教学工作。

2. 陈林的决策平衡单

陈林利用决策平衡单法帮助自己做出职业生涯决策，具体如表 5-5 所示。

表 5-5 陈林的决策平衡单

主题	考虑因素	权重	中学信息技术教师		市场销售总监		考研	
			得（+）	失（-）	得（+）	失（-）	得（+）	失（-）
自我物质	符合自己理想的生活方式	5		3（-15）	9（+45）			5（-25）
	适合自己的处境	4	8（+32）		9（+36）		7（+28）	
	有较高的社会地位	3	5（+15）			3（-9）	9（+27）	
	工作比较稳定	5	9（+45）			9（-45）	9（+45）	
他人物质	优厚的经济报酬	4	5（+20）		8（+32）		9（+36）	
	足够的社会资源	5	8（+40）		7（+35）		9（+45）	
自我精神	符合自己的能力	4	8（+32）		9（+36）		7（+28）	
	符合自己的兴趣	5	5（+25）		9（+45）			8（-40）
	符合自己的价值观	5	6（+30）		8（+40）		5（+25）	
	符合自己的个性	4	7（+28）		9（+36）		6（+24）	
	未来发展空间	5		3（-15）	8（+40）		9（+45）	
	就业机会	4	3（+12）		8（+32）		9（+36）	
他人精神	符合家人的期望	2	6（+12）		5（+10）		9（+18）	
	与家人相处的时间	3	7（+21）		4（+12）		9（+27）	
总分			312	-30	399	-54	384	-65
得失差数			282		345		319	

3. 职业生涯决策分析

通过对决策平衡单进行分析，陈林的各项选择的得分情况为：市场销售总监>考取计算机专业硕士研究生>中学信息技术教师。综合平衡之后，陈林认为市场销售总监这个职业较符合自己的职业生涯目标。

课堂活动

画一个圆，将其八等分，然后将生活中你最重视的八个方面：健康、家庭、事业、爱情、朋友、财富、个人成长和休闲填入等分的圆中。思考以下问题：

（1）它们的优先顺序是怎样的？

（2）哪一方面对你来说是最重要的？

（3）如果 10 分是满分，你给每一方面打几分？在图中用阴影表示各方面的分数。

（4）你对目前的状况满意吗？如果选一个你最想改变的地方，它是什么？

（5）如果让你对自己不满意的状况进行打分，满分为 10 分，你会打几分？

（6）假如不满意的状况能得到改善，你希望提升几分？那时，你的生活会有什么不同？你会选择哪些方法去改善？请尽可能多地列出来。

（7）所列方法中，哪一个是你可以马上付诸行动的？当你做到了，谁会为你的改变而高兴？那时的你会对自己说些什么？

十分钟后，老师随机挑两名同学回答上述问题。

三、SWOT 决策分析法

SWOT 决策分析法是职业生涯决策过程中一个非常有用的方法。如果大学生对自己进行细致的 SWOT 分析，就能很明确地知道自己的优势和劣势在哪里，并且能分析出自己感兴趣的职业的机会和威胁。进行 SWOT 决策分析时，不要过分夸大自己的优势，也不要过于自卑或者把自己看得一无是处，而应客观、全面地分析，同时要注意区分现状与前景。

一般来说，大学生在进行 SWOT 决策分析时，应遵循以下三个步骤。

（一）调查分析内外部环境

内部环境因素包括优势因素和劣势因素，它们是个人在发展过程中自身存在的积极和消极因素，属于主观因素。外部环境因素包括机会因素和威胁因素，它们是外部环境对个人发展有直接影响的有利和不利因素，属于客观因素。在调查分析外部环境因素时，不仅要考虑历史与现状，更要考虑未来发展的问题。

SWOT 分析法

1. 分析优势和劣势

每个人都有自己独特的技能、天赋和能力。评估自己的优势和劣势，有利于大学生在职业生涯中扬长避短，以及有针对性地完善自己。

个人的优势主要有：① 个人的兴趣、爱好和特长；② 在某方面的专业知识和工作技能、经验；③ 自己强烈的进取心，独立的思想和长远的眼光；④ 某一科研领域的著述或研究成果；⑤ 获得的技能证书，如某种职业资格证书；⑥ 具备相关的实习或见习经验，在实习或见习中对某方面的工作或业务有较深入的了解；⑦ 家庭的经济支持；⑧ 自己或父母亲友的社会关系等。

个人的劣势主要有：① 缺乏某方面的专业知识和工作技能、经验；② 不自信或太自负，心态未摆正；③ 与人交谈时沟通不顺畅，表达不清楚，解释问题时抓不住重点，声音太小等。

2．分析机会和威胁

不同的行业（包括同一行业中不同的公司）面临不同的外部机会和威胁。分析职业机会和威胁，有利于我们做出正确的职业生涯决策。

外部环境的机会主要有：① 自己所学专业的社会发展前景；② 学校或老师提供了课题研究项目；③ 社会对本专业人才的需求量大等。

外部环境的威胁主要有：① 职业目标岗位缺乏，行业发展不景气；② 自己所学专业的发展前景不明朗或此行业竞争激烈；③ 自己就读的学校不是国内知名大学，科研水平不高、条件不好；④ 国家近期或未来的政策导向不利于自己的职业发展；⑤ 学校提供的发展机会不多，同学间竞争激烈等。

（二）对上述因素进行排序

根据轻重缓急或影响程度，将上述内外部环境因素排列于 SWOT 矩阵中。在此过程中，要把那些对自己的发展有直接、重要、久远影响的因素优先排列出来，把那些间接、次要、短暂影响的因素排在后面或省略不写。

（三）确定对策，制订计划

SWOT 内外部环境因素有四种不同的组合，对应着不同的策略，具体包括 SO（优势+机会）策略、ST（优势+威胁）策略、WO（劣势+机会）策略、WT（劣势+威胁）策略，如图 5-3 所示。大学生应该发挥优势，克服劣势，抓住机会，化解威胁，立足当前，放眼未来。

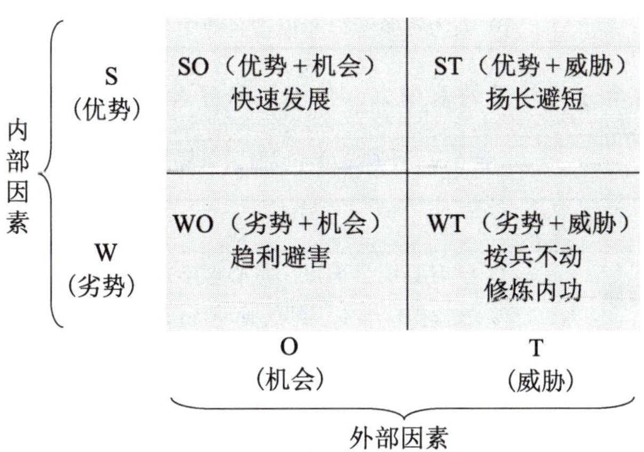

图 5-3　SWOT 分析图

张帆的职业选择

1．基本情况

张帆是一名毕业于某师范大学心理学专业的研究生，在校期间曾多次获得奖学金，且一直担任学生干部。但他性格急躁，容易冲动，唯一的工作经历是大学二年级时在一家大型电子公司的人力资源部门实习了半年。现在他想谋取一份人力资源管理的工作。

2．张帆的 SWOT 决策分析

根据 SWOT 决策分析法，张帆首先分析了自身的优势和劣势，以及周围职业环境的机会和威胁，分析结果如表 5-6 所示。

表 5-6 小张的 SWOT 分析情况

项目		内容
内部环境	优势（S）	① 硕士学历，成绩优秀 ② 学生干部管理经历 ③ 在大型公司实习半年 ④ 具有心理学知识背景
	劣势（W）	① 师范大学毕业 ② 没有丰富的工作经历 ③ 专业不对口 ④ 性格急躁，容易冲动
外部环境	机会（O）	① 人力资源管理部门逐渐受到企业的重视 ② 外资企业数量增多导致人力资源管理人才需求量增大 ③ 心理学在人力资源管理中的重要性逐渐凸显出来
	威胁（T）	① 人力资源管理方向的其他毕业生 ② MBA 的盛行 ③ 人力资源管理在很多企业中处于起步阶段，其运作很不规范

张帆在表 5-6 所示分析结果的基础上，依次制订了各种相关策略，如表 5-7 所示。

表 5-7 小张的 SWOT 决策结果

项目	决策
SO（优势+机会）策略	① 学习心理学知识，将心理学知识运用到人力资源管理中 ② 发挥担任学生干部的管理特长
ST（优势+威胁）策略	① 强调自身心理学背景优势 ② 强调大型公司半年的实习经验 ③ 强调较强的学习能力和适应能力
WO（劣势+机会）策略	① 利用较强的学习能力自学人力资源管理课程，加强英语学习 ② 继续加强自己的口语交流、文字书写等优势

（续表）

项目	决策
WT（劣势+威胁）策略	① 克制自己的冲动 ② 结合两个不同的专业开阔自己的眼界，培养自己的创新能力 ③ 积极寻找重视员工潜能的企业

3. 结论

通过SWOT决策分析，张帆将自己的职业发展方向定位在大中型外资企业人力资源管理部门。

四、决策的风险及其应对

（一）决策的风险

日常生活中，我们无时无刻不在做决策，这些决策大致可分为三种类型：确定无疑的决策、有一定风险的决策和不确定的决策。其中，确定无疑的决策是指决策者对所有的选择及其结果都非常清楚。有一定风险的决策是指决策者对每种决策的结果并不完全确定，但在一定程度上知道可能会有什么样的结果。不确定的决策是指决策者对于有哪些选择、各种选择会产生什么结果等，几乎完全不清楚。

生活中的大多数决策都属于第二种，因为个人在做决定时，通常很难掌握全部的信息，大多数决定都有预测的成分，都具有不确定性和风险性。

（二）决策风险的应对

一个人对一件事情做决定，就意味着要为该决定的结果承担责任。可是，没有人能确保决策的结果总是有利的，这种犯错误的可能性必然会使人在一定程度上感到焦虑和不安。决策的风险性容易使人采取听天由命、随波逐流或让他人做主的方式来逃避决策，进而逃避对决策结果所要承担的责任。

为了应对决策的风险，大学生需要掌握以下方法。

1. 增强决策动机

面对决策，积极、主动的态度是非常重要的，不能一味地等待，或总是依靠他人做决策。如果缺乏决策动机，可以多和已经做出决策的人交流，从他们身上感受及时做出决策的重要性；也可以与那些入职不久的人交流，理解他们做决策后的感受，进而增强自己做决策的动机。

2. 强化信息搜集

部分大学生不了解社会和工作环境，也不清楚如何获取这些信息，从而造成决策困难。在做决策的过程中，大学生应强化信息的搜集与利用，因为只有掌握足够多的信息，才能有效地做出决策。具体而言，大学生可以通过职业测评、他人评价、社会实践、生涯人物访谈等方式来了解自己的特质和职场需求。

3. 寻求专业支持

大学生可以通过学习各种职业生涯课程、“工作坊”课程等来提升自己的决策技能。如果存在内部冲突或外部冲突，不知道如何做决策，则可以向职业咨询人员寻求帮助。

4. 突破行动障碍

一个人若总是犹豫不决、畏缩不前，可能会错过好的机遇。因此，大学生应增强职业生涯行动意识，提高行动能力，以此来发现新的兴趣和潜能，或者发现新的就业机会。

5. 构建积极的自我对话

自我对话是自己在内心与自己交流的过程。自我对话有时是积极的，有时是消极的。大学生应有意识地构建积极的自我对话。具体而言，可以从以下三个方面着手。

1）培养积极思考的习惯

大学生要想有效地解决职业生涯问题，首先应认为自己能胜任某个领域的工作，即对自己做出积极的评价。如果对自己做出消极的评价，就会产生“做什么都没有用”“即使投入的精力再大，也得不到回报”之类的结论。这些结论会干扰信息加工的有效性，让自己的职业生涯决策受阻。因此，大学生必须摆脱消极思维，培养积极思考的习惯。

2）锻炼自我觉察能力

自我觉察能力是指个体知道自己正在做什么和为什么这样做。在决策过程中，对自我身心状态进行觉察非常重要，这有利于发现阻碍自己做出决策的因素，从而有针对性地解决问题。优秀的职业生涯决策者在做决策的过程中，能够意识到自己的感受、他人的需要，能够平衡自身利益和他人利益，从而做出于己、于他人、于社会都有利的选择。

为了提升整个决策过程的自我觉察能力，大学生可以经常问自己一些问题，如“这个决定对我有哪些影响”“做出这个决定，我的心里有什么感受”“这个决定对其他人有何影响”等，同时给出这些问题的答案。

3）增强自我监控能力

自我监控是指个体对自己所做事情的进展状况进行思考和调控。通过自我监控，个体能够监督自己完成决策的过程，进而及时调整自己的决策方式和行动策略。

提　示

遇到职业生涯决策问题时，大学生可以采用合适的情绪管理方法，来提高理性决策的能力。例如，当父母质问为什么不选择某专业时，你可以从情感的角度出发，耐心地向他们解释，以避免争执的发生；在参加招聘面试之前，可以通过深呼吸来放松身心；因职业选择的不确定性而使自己的情绪起伏时，可以在头脑中描绘出有利于情绪安定的景象；等等。

职业生涯决策方法的运用

【活动内容】

运用本模块所学的职业生涯决策方法进行职业生涯决策，如毕业出路决策、就业地域决策、职业生涯决策等。

【活动流程】

（1）毕业出路决策。运用 CASVE 循环法对你大学毕业后的出路（如就业、延迟就业或创业等）进行分析。

（2）毕业就业地域决策。运用决策平衡单法分析你的大学所在城市及意向中的就业城市。

（3）职业生涯决策。运用 SWOT 决策分析法分析内部环境的优势和劣势，以及外部环境的机会和威胁，找出适合自己的职业。

（4）各位同学将上述决策方案形成书面报告后提交给任课老师，老师对各位学生的报告进行点评。

榜样力量

博爱“妈妈”的久久亲情——记呼和浩特市儿童福利院院长武文俊

从一名特教老师到儿童福利院院长，武文俊的职业生涯从来没有离开过孩子。1984 年，武文俊成为呼和浩特市特殊教育学校的一名教师，教失明、失聪孩子学习英语。武文俊说：“第一次面对这些孩子，我就下定了决心，要把我所有的爱和智慧都奉献给这些孩子。”

她是这么想的，也是这么做的。学习上，她结合残疾孩子的身体状况和教学需求，制定了一整套盲文英语和聋生英语教学方法，有效提高了孩子们学习英语的效果。生活上，她给孩子们组建丰富多彩的第二课堂活动，绘画、书法、手工制作、舞蹈队、篮球队、足球队，让大家在兴趣小组中展示自我，体验丰富多彩的校园生活。图 5-4 为 2016 年 1 月“感恩之旅”活动中，孩子们在天安门城楼上的合影。

图 5-4 孩子们在天安门城楼上的合影

2006 年，武文俊被组织任命为呼和浩特市儿童福利院副院长。“儿童福利院与特教学校不同，在儿童福利院里的是一个个嗷嗷待哺的弃婴，一个个需要精心抚育的孤儿，保障他们的基本权益，为他们融入社会创造条件，就必须付出比常人更多的爱心、耐心、信心和责任心。”因此，武文俊在孩子们身上花的心思更多了。

伟平，因患有先心病、唇腭裂、斜视、足内翻等四种病症，刚一出生就被送到儿童福利院。“治疗先心病需要体重达到 20 斤，血色素达到 10 以上，手术治疗足内翻则要在骨骼没有长成时做。一次次地联系医院、一次次地申请‘明天计划’资助，为了给他治病，儿童福利院投入了大量的人力物力。四年后，伟平顺利被家庭收养，我们心里那个高兴啊。”说到这里，武文俊的脸上露出由衷的欣慰。

做一个博爱的妈妈，是武文俊在一次偶然的机会中总结的经验。那是一个名叫宁宁的小男孩，长得白白净净，笑起来眼眉弯弯的，特别讨喜。也正因如此，武文俊不由自主地对他的关注多了些，逢年过节也常带他回家。久而久之，其他孩子不乐意了。有些孩子说，宁宁就是一张脸讨人喜欢。这时，武文俊突然意识到，孩子们是敏感的，她不能让他们感觉到自己有所偏爱。从此，“博爱”这个词深深埋在了武文俊的心里。

对武文俊来说，博爱不仅仅体现在对院里孩子的关心与关爱，成年离院孩子们的事也让她牵肠挂肚。在她的帮助下，儿童福利院的多名孩子有了很好的归宿。“有视力障碍的阿铁如今开了自己的按摩院，第二个孩子都快出生了；孤儿小勇被国家棒球队选中，现在已经成为职业棒球选手；诚诚通过努力学习，已经成为一家医院的中医师；等等”。武文俊谈起走出去的孩子们，眼中充满了自豪和欣慰。

每年的母亲节是武文俊最欣慰的日子，分散在城市各个角落的孩子们都回来了，谈谈自己的现状、亲亲院里的弟弟妹妹、与“武妈妈”撒撒娇，大家就像一家人一样。

是的，整个福利院就是一家人，家人心里都会想着彼此，把心底最深处的柔软送给对方。正如武文俊自己的工作信条一样：“作为一个民政人和一个母亲，我愿把更多的爱献给孤弃儿童，用母亲博大的胸怀为他们的健康成长撑起一片蔚蓝的天空。”

资料来源：中国社会报，http://epaper.shehuiwang.cn/epaper/zgshb/2019/12/17/A03/story/395267.shtml

生涯加油站

《决策的艺术》（见图 5-5）

作者：（美国）约翰 S. 哈蒙德、拉尔夫 L. 基尼、霍华德·雷法

译者：王正林

出版社：机械工业出版社

出版时间：2016 年

推荐理由：不同的决策会带来不同的职业发展。做出明智的选择，是一项与每个人都息息相关的基本技能。《决策的艺术》汇集了约翰 S. 哈蒙德、拉尔夫 L. 基尼、霍华德·雷法三位管理学专家的智慧和力量，融入了他们近 40 年的研究和实践经验，是决策和思维方法领域的一本重要著作。《决策的艺术》为读者提供了一套非常直接、易行的步骤和程序，能够帮助读者迅速改进自己做决策的方法。

图 5-5 《决策的艺术》

学习情境六

职业生涯规划的实施

大学生做出职业生涯决策后，下一步是根据决策制订配套的实施方案，并依据实施方案来行动。职业生涯规划是一个动态的变化过程，其实施方案在具体实施过程中易受诸多不确定因素的影响。因此大学生必须重视实施过程中的行动反馈和结果反馈，对出现的偏差进行分析后，重新调整自己的目标或者修正自己的实施方案。

知识目标

◇ 了解大学期间职业生涯规划实施方案的制订方法。

◇ 了解职业生涯规划实施方案评估的内容、方法和原则。

◇ 了解职业生涯规划实施方案修正的内容和策略。

◇ 了解职业生涯规划书的类型和撰写职业生涯规划书的基本要求。

素质目标

◇ 明白实践是检验真理的唯一标准，也是一个人成长进步的重要途径，通过实践不断修正、完善职业生涯规划实施方案。

◇ 以职业生涯规划为指引，朝着既定的目标奋勇前进，在奋斗中收获更多自信和勇气。

名人名言

言前定，则不跲；事前定，则不困；行前定，则不疚；道前定，则不穷。

——《礼记·中庸》

纸上得来终觉浅，绝知此事要躬行。

——陆游

行动是治愈恐惧的良药，而犹豫、拖延将不断滋生恐惧。

——佚名

模块一 大学期间职业生涯规划实施方案

案例导入

中国青少年研究中心对“在校大学生就业倾向调查报告”的数据分析显示，虽然多数大学生具有积极的就业观念与就业意识，并且在就业能力提升和职业生涯规划方面做了很多努力，但是在职业生涯规划方面仍存在一些问题。

例如，近九成大学生认为职业生涯规划很重要，但仅一成左右的大学生有清晰的职业规划，一些大学生存在“升学无意识、就业无意识、发展无意识、生涯无规划、学习无动力”等现象。缺乏规划的大学生活对大学生本人未来的就业与发展都有很不利的影响。

相关数据显示，认为职业生涯规划非常重要的大学生比例为 42.8%，比较重要的比例为 46.9%，二者合计 89.7%。超七成大学生对于自身今后职业发展有大致规划，其中有规划但没有详细步骤的超过四成（44.9%），有规划方向但没有深入考虑过的占三成（34.2%），有清晰规划的仅占一成（13.7%）。另外，有职业规划的高年级大学生人数比有职业规划的低年级大学生人数高出约 6%。

职业生涯规划能够使大学生树立明确的职业发展目标与职业理想，找到发挥自我潜能的路径，提高自身的创业创新能力。职业生涯规划要及早开始，这样，大学生才能充分利用在校的几年时间更好地按步骤、有节奏地实施规划，而不至于临时抱佛脚，也不至于让规划成了束之高阁的“课堂作业”。

资料来源：光明网，https://news.gmw.cn/2020-12/15/content_34463073.htm

请思考：大学期间，大学生应如何制订职业生涯规划实施方案？

知识链接

“千里之行，始于足下。”职业生涯规划制订得再好，如果不落实到行动上，就不可能实现既定目标。职业生涯规划的实施是大学生依次实现各个阶段性目标并逐步向最终目标推进的过程。

一、职业生涯规划的实施策略

一般来说，大学四年可以分为探索期、定向期、成长期和冲刺期四个阶段，大学生可以分阶段实施职业生涯的行动方案。

扫一扫

大学生在大学期间如何规划未来

（一）大学一年级——探索期

在这一时期，大学生应迅速实现角色转换，确定自己的学习目标，调整自己的学习方式，尽快适应大学生活，同时树立职业生涯规划意识。具体实施策略如下。

1. 了解本专业人才培养规格

专业人才培养规格是学校按照国家政策和人才市场导向制订的符合专业教育培养目标的综合素质要求，是对各专业人才培养的方向和所要达到的目标的概括性描述。一般来讲，各个学校都会根据自身的学术水平、社会影响等确定专业人才培养规格。大学生通过了解本专业的人才培养规格，能够明确所学专业在所有学科中的地位、专业的发展现状及未来的发展空间。

2. 培养自己的学习兴趣

大学第一年，大学生必须完成由被动学习向主动学习的转变。只有完成这种转变，大学生才能主动地读书和掌握新的知识，从而开阔自己的视野，建立自己的知识体系。兴趣是一个人最好的老师，兴趣会帮助大学生打开通往理想的大门，并成为其主动学习的动力。现代化的教学手段及网络的广泛应用为大学生学习兴趣的培养创造了良好的外部环境。

3. 探索适合自己的学习方式

大学时期的学习带有很强的专业定向性，这就要求大学生必须在某个专业领域内进行有针对性的学习。并且，大学生的学习方式多种多样，包括听报告、参加讨论、发表演讲、参与社会实践等。相对中学教育而言，大学的上课时间较少，自学时间较多，老师在上课的时候一般只讲重点、难点，而且讲课进度比较快，许多内容都需要大学生在课后自行消化。大学生应该综合分析自己的实际情况和专业情况，主动探索合适的学习方式。

4. 树立职业生涯规划意识

大学生应在大学一年级就开始对自我和职业进行探索，树立职业生涯规划意识。可以通过测评工具全面、客观地探索自我和职业，思考有哪些职业与自己的性格、兴趣及所读的课程、专业相吻合。然后通过网络、报纸杂志和访谈等渠道进一步了解这些职业。

（二）大学二年级——定向期

在这一时期，大学生应培养相应的专业技能，并提高综合素质。具体实施策略如下。

1. 主动学习专业知识

大学生应掌握扎实的专业基础知识，提高英语应用能力和计算机操作能力，掌握现代职业人所应具备的最基本技能。同时，应根据自己的职业发展意愿选定专业或主攻方向，有选择地辅修其他相关课程。必要时，可为获得双学位、落实留学计划等做好资料搜集准备与知识准备，为将来顺利就业打下良好的基础。

2. 积极参加社会实践

大学生不仅应熟练掌握本专业的理论知识，还应在实践中熟练运用这些知识。换言之，大学生应实现理论与实践的完美结合，以便更好地适应社会。因此，大学生应积极参加社会实践活动，尝试兼职、实习等活动，且最好能长期坚持从事与自己未来职业或本专业有关的工作，积累一定的职业经验，锻炼自己的实践操作技能，培养自己的组织协调能力和团队合作精神，增强自己的责任感和抗挫折能力，从而提高自己的综合素质。

（三）大学三年级——成长期

在这一时期，大学生应进一步提升专业技能，积累职业经验。具体实施策略如下。

1. 全面打牢专业基础

大学生应明确自己所学专业的知识体系，完善自己的知识结构，注重专业能力的培养。在加强专业知识学习的同时，报考与职业目标相关的职业资格考试并获取相关证书。在大三后期，应查漏补缺，检查自己对专业知识与技能的掌握情况，明确当前状况与毕业目标之间的差距，并及时采取弥补措施，为大四期间职业目标的顺利实现打下坚实的基础。

提 示

> 大三学生如果决定考研，则应做好复习准备；如果准备出国，则应注意留学资讯，并准备 TOEFL（Test of English as a Foreign Language，即托福考试）、GRE（Graduate Record Examination，即美国研究生入学考试）等。

2. 锻炼独立思考能力

独立思考是指个体自主思考，是一种不仰仗他人意志，不受他人干扰，对某个问题所进行的较为深刻而周密的思维活动。大学生锻炼独立思考能力，有助于改变盲从的学习态度和方式，也有助于培养健全的人格。

独立思考能力的培养强调知识的广泛积累，此处的知识包括专业知识和广泛的课外知识，这些知识是进行独立思考的基础。大学生应有意识地通过系统学习、广泛阅读、多角度思考、提出疑问、参与讨论、归纳总结、撰写论文等方式锻炼自己的独立思考能力，进而提高独立解决问题的能力。

3．主动学习社会技能

大学生应有意识地扩大自己的交际圈，加强与职场人士的交往，学会与不同类型的人沟通、交流，培养独立处理人际关系的能力；学会尊重自己、尊重他人，培养自己的抗挫折能力；学会制订计划（包括生活计划、学习计划和日常活动计划），培养自己独立生活的能力。

（四）大学四年级——冲刺期

在这一时期，大学生应确定就业意向并做好充分的求职准备。具体实施策略如下。

1．科学地确定就业意向

大学生应科学地确定自己的就业意向。例如，根据自己的学历和所学专业考虑就业的领域、行业、职业和职位；结合自身的性格、气质类型、兴趣特长及其他客观条件，考虑就业的地域、单位的性质等。

2．做好充分的求职准备

大学生应留意学校就业指导中心信息栏和其他重要的招聘渠道，不要遗漏关键的招聘信息。通过登录招聘单位网站、咨询、访谈等方式，了解招聘单位的相关信息，为面试做好准备。同时，还应准备好求职材料，如求职信、简历、相关证书、成绩单和推荐信等。

扫一扫

应届生的面试技巧

3．掌握求职面试技巧

大学生应积极参加招聘活动，在实践中检验自己的综合能力。在参加招聘活动之前，应从就业指导中心了解招聘单位的相关信息，强化求职面试技巧，了解职场礼仪并进行面试模拟训练。应尽可能在做好充分准备的情况下进行求职演练，以保证求职面试的真实性，进而提高应聘成功的概率。此外，大学生还应主动了解劳动政策和法规，学会维护自己的劳动权益；学会调适就业心理，始终保持平和、积极的心态。

经典案例

某高校英语专业某学生的职业生涯规划实施策略

1．大学一年级

（1）初步了解与专业有关的职业，可与学长、学姐交流，向他们询问并了解自己未来想从事职业的情况。

（2）多参加学校的社团活动，在社团活动中提高交流技巧和加强人际关系，同时锻炼、检验自己的各种能力。

（3）努力学习计算机和网络知识，有效利用计算机和网络来辅助自己学习。

（4）在努力学好专业知识的同时，多补充课外知识，充实自我。

2．大学二年级

（1）可尝试兼职和参加社会实践活动，并持之以恒，最好能在课余时间从事与自己未来职业或英语专业有关的工作。

（2）增强英语口语能力和计算机应用能力，通过英语四级考试和拿到计算机二级证书。

（3）选修其他专业以充实自己。

3．大学三年级

（1）锻炼自己独立解决问题的能力，如在写学期论文、课程论文等文章时，大胆地提出自己的见解，锻炼自己独立思考的能力。

（2）培养就业能力，即参加与本专业有关的实践活动，与同学交流求职心得，学习写简历、求职信等，了解搜集工作信息的渠道并积极探索。

（3）努力学习专业知识，为通过英语八级考试做准备。

（4）加入校友网，向已毕业的学长了解往年的求职情况。

4．大学四年级

（1）对前三年的准备进行总结，检验自己已确立的职业目标是否明确，准备是否充分。

（2）利用学校提供的条件了解用人单位的信息，进行面试模拟训练和实战演练。

（3）复习专业知识，通过英语八级考试。

（4）积极参加学校组织的校园招聘会。必要时，自己通过上网主动与用人单位联系，争取成功就业。

资料来源：李金亮，杨芳，周欣．大学生职业生涯规划［M］．长沙：湖南教育出版社，2019.

想一想

你大学四年的职业生涯规划实施策略是什么？

二、职业生涯规划实施方案的制订

职业生涯规划
行动方案的制订

在现实生活中，经常有人做事半途而废。究其原因，很多是因为目标过大、过高，在实施过程中没有对目标进行阶段性的分解并制订科学、可行的实施方案，最终导致自己离目标越来越远。因此，大学生在制订职业生涯规划实施方案时，应该把大学四年的总体目标分解成一个个具体的阶段性目标，制订出一个个相应的阶段性实施方案，然后坚持实施这些阶段性方案，完成这些阶段性目标。这样，大学四年的职业生涯目标就一定能实现。

大学生制订的职业生涯规划实施方案应与职业生涯规划的目标一致。例如，职业生涯规划中有大学四年的发展目标，有在发展目标下制订的学业目标、生活成长目标和社会实践目标等内容，也有以年度、学期、月、周、日为单位的阶段性目标。根据这些目标，大学生应分别制订出大一至大四每个年度和各学期的实施方案，然后将每个年度、学期的实施方案分解到每月、每周、每日中。计划制订完成后，再将每日、每周、每月的计划实行下去，直至实现自己的一年、两年、三年和四年目标，让自己的大学生活始终处于“有目标、有方案、可测、可调”的状态。

（一）总行动计划

大学期间的总行动计划是大学生根据自己的职业发展目标制订的行动方案。例如，职业发展目标是大学毕业后考研，那么在学业上就要高质量地完成本专业要求的理论和实践课程，加强外语能力，并提升政治理论水平。大学生可依据表 6-1 来制订自己大学期间的总行动计划。

表 6-1 总行动计划表

实施时间		学业方面		成长方面		实践方面	
		目标	方案	目标	方案	目标	方案
第一学年	上学期						
	下学期						
第二学年	上学期						
	下学期						
第三学年	上学期						
	下学期						
第四学年	上学期						
	下学期						

（二）年度行动计划

年度行动计划是大学生为了完成年度任务而制订的配套实施方案。例如，要在大二通过英语四级考试，就要完成单词量的积累。在考前 3 个月内规划学习进度，分配时间完成单词准备、语法提升及阅读和翻译能力的提高，考前 1 个月进行模拟考试练习和考试技巧培训等。大学生可依据表 6-2 来制订大学期间的年度行动计划。

表 6-2 年度行动计划表

实施时间	学业方面		成长方面		实践方面	
	目标	方案	目标	方案	目标	方案
1 月						
2 月						
3 月						
4 月						
5 月						
6 月						
7 月						
8 月						
9 月						
10 月						
11 月						
12 月						

（三）月度行动计划

月度行动计划围绕月度目标来制订，应以“周”为单位来制订行动方案。例如，计划本月完成 3 000 个单词的学习，则可安排前两周每周学习 1 000 个单词，后两周每周学习 500 个单词等。月度行动计划应包括要做的工作、应完成的任务，以及对数量和质量的要求等。大学生可依据表 6-3 来制订大学期间的月度行动计划。

表 6-3 月度行动计划表

实施时间	学业方面		成长方面		实践方面	
	目标	方案	目标	方案	目标	方案
第 1 周						
第 2 周						
第 3 周						
第 4 周						

（四）周行动计划

周行动计划围绕周目标来制订，应以“天”为单位来制订行动方案。还是以英语学习为例，如果一周要完成 1 000 个单词的学习，那么每天至少要完成 150～200 个单词的积累。大学生可依据表 6-4 来制订大学期间的周行动计划。

表 6-4 周行动计划表

实施时间	学业方面		成长方面		实践方面	
	目标	方案	目标	方案	目标	方案
周一						
周二						
周三						
周四						
周五						
周六						
周日						

（五）日行动计划

日行动计划围绕每天的目标来制订，一般应具体到每个小时的任务安排。例如，给每天早上和晚上各安排一个小时的英语学习，每天晚上进行当日总结和浏览第二天的计划。需要注意的是，大学生在制订计划的同时，应给自己留出足够的休息和休闲时间。大学生可依据表 6-5 来制订大学期间的日行动计划。

表 6-5 日行动计划表

实施时间	学业方面		成长方面		实践方面	
	目标	方案	目标	方案	目标	方案
6:00～7:30						
7:30～12:00						
12:00～14:00						
14:00～17:30						
17:30～18:30						
18:30～21:00						
21:00～22:00						
22:00～6:00						

总之，有了科学、合理的大学职业生涯规划和与之配套的实施方案，就必须严格执行该方案，这样才能使自己向着既定的目标迈进。表 6-6 为某大一学生为自己制订的职业规划实施方案。

表 6-6 职业生涯规划实施方案

时间	目标	实施方案
2020 年 9 月—2021 年 8 月	① 参加一个社团，一年内争取担任社团委员以上职务 ② 大学语文、高等数学、英语、计算机基础、职业生涯规划五门公共课成绩优秀，担任其中一门课的课代表 ③ 熟悉校园环境 ④ 保持身体健康 ⑤ 建立人际关系	① 2020 年 9 月—10 月，了解学校的社团组织，参加 3 次以上会议，然后确定一个社团并加入。2020 年 11 月—2021 年 5 月，参加社团活动 20 次，自己策划和主持活动 1 次。2021 年 5 月—8 月，担任社团委员 ② 在学习上，无特殊情况坚持不迟到、不早退，认真听课、做笔记，上课时踊跃发言。除正常上课之外，每天晚上 7:00—9:00 坚持复习功课、写学习日记。2020 年 12 月月底之前，试做一份大学期间学习生涯规划，请老师指导 ③ 每天早上 6 点起床，锻炼身体 30 分钟，6:30—7:30 背诵英语单词。晚上 9:00—9:30 学习英语，9:30—10:00 锻炼身体，10:30 准时休息。周日为休息时间 ④ 2021 年 9 月—10 月，熟悉城市环境，到旅游风景区参观 ⑤ 在班上与 5 个以上同学建立较好的友谊，在学校结识 3 个同乡或者校友，与 6 个以上中学好友保持联系
2021 年 9 月—2022 年 8 月	① 通过英语四级考试 ② 通过计算机二级考试并获得证书 ③ 担任社团副主席或学院学生会部长级别以上职务 ④ 成为预备党员 ⑤ 获得二等以上奖学金 ⑥ 向正规刊物投稿并发表一篇以上作品	① 2021 年 9 月—12 月，利用业余时间重点复习英语，参加英语四级考试 ② 2022 年 1 月—5 月，重点复习计算机，参加计算机等级考试 ③ 参加社团及学校活动 20 次以上，竞选社团副主席或学院学生会部长 ④ 2022 年 1 月—6 月，学习党课并递交入党申请书 ⑤ 2022 年 5 月—6 月，结合专业搜集相关资料，写综述性论文一篇并争取发表
2022 年 9 月—2023 年 8 月	略	略
2023 年 9 月—2024 年 6 月	略	略

提 示

在许多情况下，每个大学生都有可能出现因意外或紧急事件而干扰原计划或打乱原安排的情况。因此，在制订具体方案时，要留有一定的机动时间处理这些突发事件。对于耽误的任务，应尽快完成。此外，为了保证自己的行动与预期的目标一致，还需要最大限度地根据所确定的职业生涯规划实施方案来约束自己的行为。

课堂活动

3～5 人一组，各小组从本模块的“总行动计划表”“年度行动计划表”“月度行动计划表”“周行动计划表”“日行动计划表”中选择一个表格，并将表格中涉及的内容补充完整。5 分钟后，组内成员在一起讨论彼此所填内容，并依据他人提出的意见完善自己的表格。

拓展阅读

如何更好地执行职业生涯规划实施方案

以下几项措施能够帮助大学生更好地执行自己的职业生涯规划实施方案：

第一，经常回顾规划和行动方案，以积极的心态朝目标努力。有些学生虽然制订了计划，但缺乏时间观念，总是不将计划放在心上，只要有事做，就忘记了自己努力的方向，从而贻误了职业生涯发展的好时机。

第二，如果自己的理想发生了变化，也要对职业生涯规划和行动方案做出相应的变动。计划需要和现实目标结合起来实施动态管理，否则就会因缺乏灵活性而使计划执行过于僵硬，最终使所要达成的目标落空。

第三，把实施方案放在经常能看到的地方，如贴在床头、写在日历上，时刻提醒自己。

第四，需要做一个对学习和生活极其重要的决定时，先考虑职业生涯规划和行动方案，确保当前的决策与自己的职业生涯目标相匹配。有些决策虽然能获得短期收益，但从长远考虑却是有损失的。例如，很多大学生在考研、考公务员还是就业的问题上犹豫不决。其实在处理这个问题前，大学生应该明确自己的目标和规划。只有目标明确，才能避免出现“随大流”的盲目行为。

第五，与亲朋好友讨论自己的职业生涯规划和行动方案，并询问实现职业目标的途径。大学生在执行实施方案的过程中，若没有他人的监督，遇到困难时就容易退却。如果事先将自己的规划告诉家人和朋友，征求他们的意见和建议，再采取行动，既可以集大家的智慧帮自己设计出最优的方案，也可对自己起到约束作用。

第六，保证至少每 3 个月检查一次自己的学习进度。通过检查监督，可以发现职业生涯规划中存在的问题，从而有针对性地提出解决方案。如果感到生活过于忙乱，那就意味着目标不合理，需要调整。适时、适当地降低目标，可以使自己制订的目标更合理，获得成就感的可能性就越大。如果感到自己的生活节奏很慢，效率很低，无法实现原有的职业生涯规划目标，则要分析自己动力不足的原因并进行有效的改进。

资料来源：道客巴巴，http://www.doc88.com/p-7304952882942.html

探索活动

制订自己的职业生涯规划实施方案

【活动目的】

明确为实现职业生涯规划目标而在大学期间应采取的行动。

【活动流程】

（1）设立自己的人生目标（分成短期——大学四年目标、中期——毕业后三到五年目标、长期——毕业后五年以上目标），并制订行动计划。

（2）写出落实计划的具体措施，包括每日、每月、每年的具体行动步骤。

模块二 职业生涯规划实施方案的评估和修正

案例导入

小孙是物流管理专业的应届毕业生，学习成绩优异，专业技能过硬，获得过四川省物流综合技能大赛二等奖。他性格开朗，有较强的沟通能力，有一定的创新意识。大一上完职业生涯规划课后，他就对自己做了全面的分析，树立了自主创业的目标，并在大二时将此目标付诸实践，成立了自己的校园物流公司（主要客源是在校学生）。公司在他的打理下，生意很红火，成为校园众多物流公司中的一枝独秀。

临近毕业，一家大型跨国物流公司看重小孙的经验和能力，破格录用他为学校所在城市的营销负责人，待遇很好，还有出国培训的机会。一边是自己亲手创建的物流公司，虽然不大，但发展势头不错；一边是实力雄厚的跨国物流公司的管理人员，有较好的发展平台和完善的升迁制度，虽然是给别人打工，但前途一片光明。对此，小孙左右为难。

请思考：小孙该如何选择？职业生涯规划实施方案是否一成不变？

知识链接

在实施过程中，由于各种确定及不确定因素的存在，职业生涯规划的实际目标与规划目标之间存在落差在所难免。为了最大限度地发现和减小落差，对职业生涯规划的实施情况进行评估是实施过程中必不可少的阶段。职业生涯规划实施方案的修正则是在评估的基础上，依据实际情况对职业生涯规划的实施过程所进行的调整和完善，它是确保规划能成功推进的一种重要方式。

一、职业生涯规划实施方案的评估

俗话说，“计划赶不上变化”。影响职业生涯规划的因素很多，有的变化因素是可以预测的，而有的变化因素难以预测。在此状况下，要使职业生涯规划行之有效，就必须不断地对职业生涯规划实施方案进行评估，根据变化分析自己的现状并找出落差所在。

对职业生涯规划进行评估和调整

（一）评估的内容

实施方案评估的内容主要包括以下三个方面：

（1）职业生涯机会的重新评估。随着时间的推移，每个人周围的环境都会发生改变，这会给个人的职业生涯发展带来新的可能性，使得当初设定的职业生涯规划目标和实施策略变得不适合。这时，就需要结合目前的社会、经济、行业、职业、企业环境及个人成长环境，重新分析自己所选择的职业在未来的发展空间。

（2）自我条件的重新评估。即在实践的基础上，重新认识和分析自我，找到自己的不足和优势，进一步对物质自我、精神自我、社会自我进行比较和分析。

提 示

物质自我即个体对自己的生理特质（如体重、身高、容貌等）的认知和评价；精神自我即个体对自己的意识状态、心理倾向、能力等的认知和评价；社会自我即个体对自己在社会生活中所担任的各种社会角色的知觉，包括对各种角色关系、角色地位、角色技能和角色体验的认知和评价。

（3）职业生涯目标的重新评估。任何一个行动计划在实施之后都可能出现以下几种情况：目标基本完成、目标轻松完成、目标没有完成。目标基本完成，说明目标设定合理，行动得当，实施方案合适；目标轻松完成，说明目标设定得过低；目标不能完成，则可能是目标设定得过高、目标设定合理但行动方案不合适，或目标和行动方案都配套但行动力不足等原因造成的。

（二）评估的方法

1. 反思法

准备一个记录本，记录一段时间内自己学习、思考的心得体会，以及参加的各项活动及由此产生的感想。然后检查并修正自己的职业生涯规划实施方案，看看哪些事情没做好，哪些学习和工作方法需要改进，哪些能力急需提升等。

2. 对比法

对比法是指将自己的职业生涯规划实施方案及其执行情况与他人的进行对比，找出自己与他人之间的差距，然后据此改进。

3. 交流法

交流法是指经常就自己的职业生涯规划实施方案及其执行情况与同学、老师、朋友进行交流，听取他们的建议和忠告，然后据此改进。

4. 调查法

在职业生涯规划实施过程中，每当实现一个短期目标，就应对下一步的主（客）观环境和条件重新进行调查、分析。如果环境、条件有所变化，则应根据实际情况对下一步实施方案进行修改。

提 示

对职业生涯规划实施方案进行评估的过程中，如果不确定某个计划是否合理，可用表 6-7 所提供的方法做出评估。

表 6-7 判断某个计划是否合理的方法

问题	分值				
	5	4	3	2	1
你最亲近的人支持你的程度如何	非常支持	支持	一般	反对	坚决反对
这个计划有多少来自你的内心	100%	80%	60%	40%	20%
这个计划对你的影响程度有多大	100%	80%	60%	40%	20%
这个计划与你的其他重要计划的冲突有多大	没有	一点	有些	很大	极大
如果遇到重大困难，你会放弃吗	一定不会	不会	不好说	可能会	一定会
你愿意为这个计划做出必要的牺牲吗	当然	尽量做	不好说	一般不会	不会
这个计划符合你的价值观吗	非常符合	符合	不矛盾	有冲突	很大冲突

依据表 6-7 计算出这个计划的总分。如果总分小于 21 分，建议你最好放弃这个计划，因为你对这个计划的承诺不足以支撑你完成它；如果总分小于 28 分，建议你认真想一想再行动；如果总分超过 30 分，那么你可以直接行动了。

（三）评估的原则

1. 全面性

实施方案的评估应当全面。既要看到自己的优点和特长，也要看到自己的缺点和不足；既要对自身某一方面的素质进行具体评价，也要对整体素质进行综合评价；既要考虑到整体因素，也要考虑到其中占主导地位的重要因素。任何一种片面的、孤立的、不分主次的评价，都不可能全面而准确地反映自己素质的整体状况。

2. 适度性

实施方案的评估应该适度。既不要过高地评价自己已取得的成绩，也不能因为某些挫折而过分悲观。过高的评价往往容易使自己脱离现实，甚至自傲狂妄，意识不到自己的不足，由自信走向自负；过低的评价往往会使自己忽视自身的长处，缺乏自信，过于自卑。过高或过低的评价对自己重新选择职业都将产生极为不利的影响。

3. 发展性

进行实施方案的评估时，应以发展的眼光看待原先制订的各项计划。世间万物都不可能是静止不变的，自我条件、职业生涯目标、职业生涯实施策略和职业生涯机会也不例外。大学生不但应当根据当前的形势对自我条件、职业生涯目标、职业生涯实施策略和职业生涯机会等做出适当、全面、客观的评价，而且应当着眼于未来，有预见性地进行实施方案的评估。

4. 客观性

实施方案的评估还应当遵循客观性原则。大学生需要以客观事实为基础和依据进行实施方案的分析和评价，努力克服和排除各种因素的限制及干扰，这样才有可能使评估趋于客观和真实。

（四）评估的注意事项

为保证职业生涯目标的实现，在进行职业生涯规划实施方案的评估时，要具有目标意识、问题意识和求新意识，这也是评判该实施方案是否有效的重要标准。

1. 目标意识

在评估过程中不必面面俱到，而应抓住关键目标和最主要的实施方案进行追踪。在职业生涯的每一阶段都有一个核心目标，其他目标都指向这个目标。可以通过排序，重点评估那些可能达到这个核心目标的主要方案的执行效果。

职场竞争就像下棋，有时候在某一点取得突破性的进展会使整个局面发生意想不到的改变。想一想先前规划的实施方案中，哪一条对于目标的达成有突破性的影响，如何寻求新的突破。这样的分析和总结对于找到未来发展的突破口十分有利，可以帮助大学生少走弯路，进而取得事半功倍的效果。

2. 问题意识

管理学中有个著名的理论——木桶理论：一只沿口不齐的木桶，其容量大小取决于最短的那块木板。在评估过程中，大学生要肯定自己的长处与取得的成绩，但更重要的是要结合变化的环境，发现自己的素质与策略的“短板”，也就是发现阻碍自己发展的劣势，然后想办法改善。或者把这块“短板”换掉，或者使其增长。唯有如此，职业生涯这只桶才能有更大的容量。

一般而言，职业生涯的“短板”可能表现为以下四个方面的差距：

（1）观念差距。观念陈旧往往会造成策略失误，导致行动失败。大学生要不断提高自己的思想水平，更新自己的观念。

（2）知识差距。积累的知识不够或学错了方向，都可能产生知识差距。要取得职业的成功，需要多学知识，重建合理、科学的知识结构。

（3）能力差距。环境在变化，职业对人的能力的要求也在不断地变化。彼时你通过种种努力提高了某些能力，但此时可能又会出现新的差距。另外，前一阶段是否坚持按计划措施来提高能力，提高了多少，遇到了什么困难，这些对你以后能力的提高都有一定的影响。

（4）心理素质差距。很多时候，人们没有取得预期的进步，并不是规划得不够好，或者措施不够得当，而是心理素质不够好。一个人职业生涯的发展过程，首先是心理素质的成长过程。要不断加强心理素质锻炼，提高心理的适应能力和承受能力，树立良好的职业心态。

3. 求新意识

漫长的职业生涯中会出现很多变化，针对变化了的内外环境，大学生要与时俱进，善于发现新的变化、挖掘新的需求。同时，针对新的变化和需求，要全面思考怎样的实施方案才是最有效、最有新意的。

你认为在评估职业生涯规划实施方案时，还需要注意哪些事项？

二、职业生涯规划实施方案的修正

在职业生涯规划实施方案的执行过程中，无论是社会环境、组织环境还是实施方案策划者本人，都会发生这样或那样的变化，并且很多变化都是事先难以预测的。这些不确定因素的存在，可能会使实施方案的执行结果偏离原来的规划目标。这就要求大学生应时时注意内外环境的变化，不断地审视自我、调整自我、修正目标和策略，这个过程就是职业生涯规划实施方案的修正过程。

（一）修正的内容

要使职业生涯规划实施方案行之有效，就需要对其进行修正。修正的内容如下：

（1）职业方向的调整。职业方向正确是职业生涯成功的关键，大学生对评估结果进行详细分析，若发现自己的职业生涯实施方案执行不畅，则可能是职业方向错误。造成这种现象的原因，可能是对内外环境缺乏客观的分析，或是对工作缺乏真实的体验。这就要求大学生必须重新进行自我认识和评价，重新评估外在环境，从而重新确定职业方向。

（2）计划和措施的调整。及时调整自己的计划和措施是实现目标的前提。在分析自身实际与目标之间的差距后，大学生需要制订一些具体的措施，如参加专业技能培训、进行进修、参加实践锻炼等。这些措施可以具体到参加何种技能培训班，选择哪个老师、哪本教材进行学习，去哪家单位的哪个岗位实习锻炼等。

（3）心理和行为的调整。大学生在执行职业生涯规划实施方案的过程中，要善于调节自己的心理，使自己保持自信、乐观的状态。同时，应对自己的发展机会有一个清楚的了解，找出方案中有待改进的关键环节，并制订详细的改进计划，以确保方案能够促进自己抓住机会。

提 示

大学生可通过回答以下问题，对职业生涯规划实施方案做出修正：

（1）值得我这么做吗？我有机会展示自己的长处吗？我能做出一定的贡献吗？我的才能能得到充分的发挥吗？

（2）这项工作能使我得到锻炼吗？我有能力做好这项工作吗？我喜欢这项工作吗？我将如何应对这项工作给自己带来的焦虑和紧张？

（3）我在组织中的地位是否符合自己的理想？我会为自己与组织融为一体而感到骄傲吗？

（4）我会取得工作与生活的平衡吗？我有陪伴家人和发展自己业余爱好的时间吗？我会对工作感到力不从心吗？

（二）修正的策略

1. 做好成长规划并积极参加训练

大学生在大学阶段的顺利成长是顺利就业、成功创业的基础，合理地规划自己的大学生活，制订切实可行的大学期间的成长计划，对每一位大学生而言都非常有必要。有计划的成长会加快大学生的成长，有利于大学生职业竞争力的快速提升。大学生要尽可能多地参加各种层次的成才、成长培训和训练，不断提高自己多方面的能力。

2. 树立成功意识

在职业生涯规划的实施中，大学生对成功的渴望程度是非常重要的。只有愿意成长、希望成才、渴望成功的人，才有可能自觉地规划自己的人生。

3. 积极参加探索活动和实践活动

自我探索、自我规划、自我成长和自我完善的理念至关重要。在这种理念的指引下，大学生才能够积极、主动地投入到各种成长活动中。

社会实践和顶岗实习是大学生了解社会的有效途径。通过社会实践，大学生能够对社会的政治、经济发展趋势有更全面的了解，对社会、对人才的素质要求有更加直接的认识，以便根据社会需要有计划地塑造自己，避免盲目学习。通过顶岗实习，大学生能够更加清楚社会职业分类及职位变化，清楚不同职位对自己的意义，以便正确定位、成功就业和创业。

4. 寻求有效的支持和帮助

必要时，大学生可寻求有效的支持和帮助。这些支持和帮助可以来自亲朋好友，也可以来自老师、学校，还可以来自一些专业机构的专业人员。

> 职业生涯规划实施方案的评估与修正是一个循环反复的过程，通常要经过施行、评估、修正、再施行、再评估、再修正等程序，直至达到最理想的状态。

三、职业生涯规划实施方案评估和修正的意义

职业生涯规划实施方案评估和修正是实现职业生涯规划目标的重要保证，是确保职业生涯规划、职业生涯管理有效性的重要手段。

（一）实现职业生涯规划目标的重要保证

在职业生涯规划实施过程中，各个阶段的实施结果能否与规划目标相符或相近，是评价实施过程是否成功的关键，而评估与修正则是促使实施过程成功的重要手段。一方面，评估与修正为具体的实施过程提供了方向与路线；另一方面，评估与修正也为实施的效果提供了评价标准。

通过职业生涯规划实施方案的评估与修正，大学生可以发现前一阶段实施方案履行及目标完成过程中的问题，并及时做出修正直到满足规划的相关要求。同时，还可以决定下一阶段目标的实施方案，进而向着最终目标推进。

（二）确保职业生涯规划有效性的重要手段

大学生职业生涯规划实施方案是否有效，主要看其是否切合实际、能否顺利施行并最终实现人生规划目标。在职业生涯规划实施方案推进的过程中，评估与修正是保证实施方

案正确履行及达到理想效果的重要手段。评估与修正可以确保各个阶段目标的顺利实现及实施进程的顺利推进，进而保证职业生涯规划的阶段目标与总体目标的有效性。

（三）确保职业生涯管理有效性的重要手段

大学生在制订职业生涯规划时，会在客观分析自我的基础上为自己定下目标，并根据目标制订相应的措施，包括详尽的学习计划、培训计划、工作计划等。但是，这些措施的制订是建立在主观分析和经验的基础上的，实际效果如何，不得而知。这就要求大学生在制订措施后，对职业生涯进行有效管理。而有效管理的方法之一，就是要定期对职业生涯规划实施方案进行校验、评估与修正。

关于成功的万能公式

某位成功学大师曾经提出过一个关于成功的万能公式：成功=明确目标+详细计划+马上行动+检查修正+坚持到底。

其中，明确目标和详细计划都属于事前准备工作。唯有明确了目标，才会有前进的方向。万事有计划，目标才不会落空。无论是制订哪方面的计划，都要从个人的实际情况出发，从现实环境入手，切忌空、大、假，否则计划就不具备可行性。

懒惰是失败者的代名词，行动是成功者的座右铭。无论你的想法如何奇妙，计划如何完备，如果缺乏实践，那都是一纸空谈。现实是此岸，理想是彼岸，中间夹着湍急的河流，而行动就是架在河流上的桥梁。因此，马上行动是成功的关键条件。

自我检查、自我反思是不断进步的基石。人无完人，你为完成目标而制订的每一个措施不可能永远是正确无误的，只有通过不断地检查和修正，才能最终走向成功的殿堂。

坚持是你想要成就一件事情的基础，唯有坚持才能到达成功的彼岸。正如康德所言："既然我已经踏上这条道路，那么，任何东西都不应该妨碍我沿着这条道路走下去。"

资料来源：个人图书馆，http://360doc.com/content/19/0722/00/18334519_850232592.shtml

课堂活动

写下对你所处环境产生重大影响的三件事及这些事对自己的具体影响，然后分析自己该如何调整。

探索活动

帮小陈调整他的职业生涯规划

【活动目的】

能够根据实际情况评估和修正职业生涯规划实施方案。

【活动流程】

（1）阅读以下测试材料。

小陈是一家电气设备公司的人力资源部主管，据说他是“半路出家”。他虽然对公司内部各个岗位的职责了如指掌，但在管理、沟通上总感觉力不从心。经理似乎把他这个人力资源部主管当成了摆设，同事们也认为每件事情都有对口的负责人处理，根本不听他的。小陈很困惑，不知道该怎么办，对自己未来的职业生涯也比较迷茫。

（2）活动任务。每个学生依据小陈所处的境地，帮他制订一份详细的职业生涯规划调整方案，并写出调整的依据和可能产生的结果。将上述内容形成报告后交给老师，老师对其点评并打分。

模块三　撰写职业生涯规划书

案例导入

孙芳是一名大一学生，以下是她为自己制订的一份职业生涯规划书。

一、自我分析

1. 出生背景

我出生在中国东南沿海的一个小县城，家里的条件在当地来说还算不错，所以我在成长过程中并没有吃过多少苦。

2. 性格与能力

我的性格不是外向型的，我不太喜欢和别人交流，也很难接受别人的意见。但我喜欢帮助周围的人，而且不会计较得失，目光比较长远。我还有一种不服输的精神，喜欢超越周围的人。虽然我平时做事丢三落四，但在关键时刻绝不会掉链子。

二、就业方向与就业前景分析

我学的是财务管理专业。通俗地说，财务管理就是管理会计和出纳。当然，随着时代的发展，财务管理已不再局限于简单的财务收支和统计了。如今，财务管理已成为企业管理的一个重要组成部分，主要管理企业资金的筹集、控制和投放。

1．就业方向分析

根据资料显示，我校财务管理专业的毕业生，一部分在大中型企业、商业银行、保险公司、各类投资基金和金融机构、政府部门等做财务分析和管理工作，一部分在大专院校、科研单位从事财务管理方面的教学和研究工作，也有相当数量的毕业生选择在本校或国内外其他著名大学继续深造。

2．就业前景分析

当前，我国很多企业都在尝试建立现代企业管理制度，很多相关制度都亟待完善，其中包括财务管理制度。很多企业要求所招人才不仅能够进行企业内部财务管理，而且能够帮助企业做战略决策，如帮助企业进行投资、融资分析或规避汇率风险等。

企业对财务人才的需求使得市场上此类人才十分走俏。当然，这里所说的走俏主要是指名牌大学和重点大学的毕业生，因为这些毕业生通常具有更高的素质和更扎实的基本功。相对他们而言，一般学校的毕业生就显得供大于求了。

三、职位分析

很多企业对财务管理人员提出了如下要求：

（1）掌握管理学、经济学，以及财务与金融方面的基本知识。

（2）熟悉市场经济运作原理，熟悉企业实际财务工作的运作流程，熟悉企业实际财务资金的流转。

（3）掌握财务、金融管理的定性和定量分析方法。当企业进行投资和筹资时，能够进行相关的财务分析，能够从专业的角度给管理者提出合理的建议。

（4）熟悉我国有关财务、金融管理的方针、政策和法规，以及国外有关财务、金融管理的法规。

（5）具有较强的语言与文字表达能力、人际沟通能力、信息获取能力，以及分析和解决财务、金融管理实际问题的能力。

四、未来三年的计划

根据自己的性格特点和企业对财务管理人员的要求，对于未来三年，我给自己制订了如下计划。

1．锻炼语言表达和沟通能力

在学好专业知识的基础上，选修诸如沟通技巧、演讲与口才之类的课程，适当参加一些社团活动，以提升自己的语言表达能力和沟通能力。

2．考取一些必要的证书

（1）通过大学英语四、六级考试和计算机二级考试并获取相应的证书。这些证书是未来求职必备的“硬件”。

（2）通过全国会计专业技术初级资格考试并获得相应的职称。通过这个考试对于我们专业的毕业生来说很重要。

（3）考取 CPA（注册会计师）证和 ACCA（国际注册会计师）证。ACCA 证是进入大型企业的“敲门砖”，通过这一考试的人可以在世界各地担任财务经理、财务总监、总经理等职位。

（4）如果有条件，则通过 CIA（国际注册内部审计师）考试并获取相应证书。

3．到企业实习

到企业实习能学到在学校和课本里学不到的知识，也有利于自己在毕业后快速适应社会。

4．考研

如果有条件的话，我还会去考研。原因如下：

（1）研究生的眼界更开阔，心态更成熟，求职目标更明确。当然，相对于本科生来说，研究生获得理想职位和晋升机会也更容易一些。

（2）研究生可以更深入地学习一些知识，还有机会跟导师一起做课题，从而获得参与实际项目的经验。这些经验是弥足珍贵的，有利于自己未来的职业发展。

资料来源：爱扬教育网，https://www.aiyangedu.com/ZhiYeSYGH/128918.html

请思考：孙芳制订的职业生涯规划书是否合理、全面？你会如何撰写自己的职业生涯规划书？

知识链接

撰写职业生涯规划书的过程就是个人通过对自身特质和客观环境进行综合分析，确定自己的职业发展目标及策略，并按照一定的时间安排制订相应的工作、培训、教育等行动计划的过程。职业生涯规划书是个人职业生涯成功的战略指南，对实现个人的职业理想有着非常重要的意义。

一、职业生涯规划书的主要内容

职业生涯规划书是职业生涯规划的书面呈现，包括个人简介、自我评估、环境分析、职业选择、生涯策略和评估反馈等基本内容。

大学生职业生涯规划书怎么写

（1）个人简介。个人简介包括姓名、基本情况介绍（如专业、年级等）、规划年限、起止时间等内容。其中，规划年限视个人具体情况而定，短则半年，长则 5～10 年，一般以 3～5 年为宜。

（2）自我评估。这部分可包括个人经历回放、个人性格评估、个人能力判断、个人职业倾向分析、个人职业价值观判断和自我评估总结等内容。

（3）环境分析。这部分可包括社会环境分析、学校环境分析、家庭环境分析、组织环境分析、职业分析、岗位分析等内容。

（4）职业选择。这部分可包括职业方向选择、职业价值判断和职业发展潜力分析等内容。大学生的职业选择应实现素质潜能与职业目标的最佳结合。

（5）生涯策略。这部分可包括长期、中期、短期的职业生涯计划，各阶段计划的分目标，计划内容（如专业学习、职业技能及职业素养培养等），计划实施策略等内容。

（6）评估反馈。这部分可包括评估的事项、可能存在的风险和风险应对方案等内容。

大学生可依据自身情况，自由安排职业生涯规划书中各部分的内容及其详略。

二、职业生涯规划书的类型

职业生涯规划书在写作上没有统一的格式，只要能反映职业生涯规划的内容，并使规划的内容符合自身要求就可以了。职业生涯规划书的类型主要有表格式、条目式和论述式三种。

（一）表格式

表格式职业生涯规划书一般仅包括个人的基本情况、职业目标、发展策略和各阶段的规划任务等内容。表格式职业生涯规划书是一种简约、直观的职业生涯规划文件，有的只相当于一份完整的职业生涯规划书的计划实施方案表。

表格式职业生涯规划书

某大学三年级艺术设计专业某学生设计的表格式职业生涯规划书如表 6-8 所示。

表 6-8　表格式职业生涯规划书

基本情况	姓名：××× 性别：女 专业：艺术设计 年级：本科三年级 专业基础扎实，略通经贸知识，已通过英语四级考试；热情乐观，极具亲和力，具有较强的人际沟通能力；思维敏捷，表达能力较强；在大学期间长期担任学生干部，有较强的组织协调能力；创新意识较强，有很强的学习能力
职业目标	艺术设计方向的知名设计师或高级工程师

（续表）

发展策略	设计员—独立设计师—设计经理（设计总监）—知名设计师（高级工程师或企业高级管理人员）
短期规划	通过实习，深入了解国际企业的管理理论和设计理念，积累一定的实践经验；通过初级国际商业美术设计师（ICAD）职业资格认证，以优异的成绩完成本科学业并找到一份艺术设计方向的工作；踏实、努力地工作，积累工作经验，提高就业能力，早日成为具备独立设计能力的设计师
中期规划	熟练处理本职工作，工作业绩在同级同事中较突出；熟悉企业运作机制及企业文化，能与企业管理者进行无障碍沟通；通过中级国际商业美术设计师（ICAD）职业资格认证；成为设计经理或设计总监
长期规划	拥有广泛的人脉，能在国内外专业刊物上发表自己的作品；完成工商管理硕士（MBA）的深造学习，取得硕士学位；成为知名设计师或高级工程师

（二）条目式

条目式职业生涯规划书以条目形式一一列出职业生涯规划书的主要内容，但语言简练，缺乏详细的分析和评估，并且规划过程的逻辑性不强。

经典案例

条目式职业生涯规划书

一、大学毕业后的十年总体规划

时间：2021—2031 年。

美好愿望：事业略有小成。

职业方向：外贸金融类职业。

总体目标：完成本科及研究生学习，进入大型外贸公司。

二、环境分析

（1）社会环境分析：中国政治稳定，经济发展迅速，大批外国企业进入中国市场。

（2）职业环境分析：以贸易全球化为重要内容的经济全球化对我国经济和商务发展产生了深刻影响。国际贸易专业近几年的就业率都在 87%以上，属于就业率较高的专业。国际贸易专业毕业生的从业单位涉及外贸企业、外资企业、跨国公司、拥有外贸经营权的企业等。主要就业方向包括：在国内外银行与非银行金融机构从事经营管理工作，在工商企业从事国际贸易、金融投资、市场营销、电子商务、国际物流等工作。

（3）行业环境分析。当前国际贸易的发展呈现出四大趋势：

① 国际贸易交易市场呈现垄断化，跨国公司的垄断地位日益突出。

② 发展中国家在国际贸易中的地位明显上升。

③ 以 WTO 为核心的多边体系面临新的挑战。

④ 国际贸易的动因发生转移，知识优势、知识总量、人才素质和科技实力等将成为

决定国际分工及国际贸易主体强弱的重要影响因素。

三、个人分析与角色建议

1. 个人分析

（1）自身现状：有较强的人际沟通能力和组织协调能力，思维敏捷，但英语水平有待提高，经贸知识需要强化。

（2）性格：性格外向，乐观豁达。

（3）爱好：打篮球、桌球，看电影等。

2. 角色建议

父母：要不断学习，努力工作，并且工作地点要在大城市，方便我们退休后搬来一起居住。

老师：要勤奋、有上进心，要灵活、有纪律。

同学：要有较强的工作能力、较强的责任感……

四、目标分解

职业目标：分阶段阐述（略）。

成果目标：通过实践学习，获得外贸金融类职业所需的知识和经验。

学历目标：完成本科学业，适时考取研究生；尽量考一些相关的资格证书。

能力目标：学习成绩、工作业绩在集体中居于突出地位；熟悉外资企业的运作机制及企业文化，能与企业管理者进行无阻碍沟通。

经济目标：年薪达到20万以上。

五、职业生涯规划实施过程中存在的障碍和解决方法

1. 存在的障碍

（1）快速适应能力欠缺。

（2）身体适应能力较差。

（3）社交圈太小。

（4）英语水平有待提高。

（5）外贸知识不是很完备。

2. 解决方法

（1）充分利用本科毕业前在校学习的时间学习所需的知识和技能。例如，积极参与社团活动，广泛阅读相关书籍，选修、旁听相关课程，报考技能资格证书等。

（2）养成良好的锻炼、饮食、生活习惯。每天保证睡眠6～8小时，每周锻炼三次以上。

（3）充分利用自身的条件扩大社交圈，重视和每个人的交往。

（三）论述式

论述式职业生涯规划书通常格式规范、内容深刻，能充分反映规划者的内心思考过程。在此种类型的职业生涯规划书中，规划者需要通过对自身条件、职业人士及职业目标的定位分析来说明职业生涯规划的依据，并对职业生涯的选择规划进行全面而详尽的分析和阐述。

经典案例

论述式职业生涯规划书

姓　　名：风华。

规划期限：4 年。

起止时间：2021 年 9 月至 2025 年 9 月。

年龄跨度：18～22 岁。

阶段目标：顺利毕业，成为一个有一定经验的市场营销人员。

总体目标：成为一家大型公司的业务主管。

个人分析：性格外向，思维敏捷，有较强的人际沟通能力和组织协调能力，有兼职推销员的经历并取得了相当不错的业绩。所学专业是自己非常喜欢的经济学专业。

一、目标分解与组合

1．目标分解

我有两个大的目标：一是顺利毕业，二是成为一个有一定经验的市场营销人员。对于第一个目标，可将其分解为把专业课学好和把选修课学好两个目标，修完足够的学分，顺利毕业。接下来还可以细分，如怎样学好每一门专业课、需要选择哪些选修课、如何取得相关资格证书等。

对于第二个目标，可将其分解为接触市场、了解市场和熟悉市场三个阶段目标。接下来还可以细分，如在接触市场阶段要采用什么方法、和哪些公司保持联系等。

2．目标组合

顺利毕业的前提是学好专业课程，而专业课程的学习对职业目标（成为一个有一定经验的市场营销人员）也有促进作用。

二、具体实施方案

要成为一个有一定经验的市场营销人员，我需要缩小自己与他们之间的差距。这些差距包括以下几项。

1．思想观念上的差距

刚从事销售的人一般会认为销售只是卖出商品，但有一定经验的人则会认为销售是“卖出自己”——客户只有相信销售者，才会购买销售者销售的商品。为了缩小这种思想观念上的差距，我需要向有经验的人员请教，并在实践中去体会这一点。

2．知识方面的差距

书本知识的欠缺只是一个方面，更重要的应当是实践方面的差距。为了缩小这种差距，需要在学习书本知识的同时，多参与真正的市场销售活动，在实践中体会书本知识。

3．心理素质方面的差距

市场销售需要市场营销人员具有百折不挠的精神，而作为一个初出茅庐的大学生，我缺少的可能恰恰是这一点。这种差距，需要在实践中逐步消除。

4. 能力方面的差距

这一点可能是最重要的。为了缩小这种差距，除了在实践中不断学习外，还要和销售高手保持密切的联系，以便随时请教和学习。

三、检查和反馈

在向销售高手请教的过程中，我发现自己需要学习的知识还有很多，特别是外语方面的能力需要提高，否则将无法适应现在的销售要求。为了加强英语学习，我准备报一个英语口语班，每周上一次课。同时，我准备参加学校里的英语角活动，切实提高英语水平。

三、撰写职业生涯规划书的基本要求

（一）完整性

完整性要求职业生涯规划书的步骤完整、内容齐全，涉及的资料应翔实。收集资料有多种途径，如访谈、从报刊或图书中摘抄、上网下载等。职业生涯规划书中要尽可能注明资料的出处，多运用图表和数据来说明问题，以提高该规划书的可信度和说服力。

（二）全面性

全面性要求职业生涯规划书中的内容应论证有据、分析到位。为实现这一要求，大学生应做到以下两点：

（1）了解有关的测评理论及知识，认真审视并思考自己的测评报告，并对照自我认识与测评结果的异同，分析产生异同的原因，从而确定自我评估结果。

（2）要明确自己最大的兴趣是什么、最喜欢与哪种类型的人共事、最重视的价值与目标是什么、最喜欢的工作环境是什么。再通过环境分析，结合技术的发展、经济的兴衰、政策法规的影响等来确定自己的职业方向，做到有理有据，层层深入。

（三）逻辑性

逻辑性要求职业生涯规划书应用词精练、准确，行文流畅，条理清楚，同时还应注意整篇文章的结构和重心。

职业生涯规划书一般包含对职业生涯规划的认识、对自我的剖析、对所学专业的认识、对职业方向的探索，以及确定目标并制订计划这五个方面的内容。对这些内容进行阐述时，必须紧紧围绕职业目标这条主线来展开，从而体现文章论述的逻辑性和连贯性。另外，要将重点放在自我评估、环境评估、目标实施上。职业生涯规划是对自己将来的规划，这个规划只有建立在对自我和对职业充分认识的基础上，才能体现出它的科学性和可行性。

（四）可操作性

可操作性要求职业生涯规划书中的目标应明确、合理、适中。职业生涯规划书撰写得是否成功，在很大程度上取决于有无切实可行的目标。职业生涯目标不能过于理想化，应择己所爱、择己所长、择世所需、择己所利。

（五）创新性

职业生涯规划因人而异，具有明显的个人特性。但它的撰写又有一定的格式。所以在写作时，要求每一个人应该根据实际情况规划自己的内容，要有所创新。

课堂活动

请阅读本书附录中的两篇职业生涯规划书，并对其进行点评。

探索活动

撰写个人职业生涯规划书

【活动目的】

结合自身的实际情况，撰写一份职业生涯规划书，为踏入竞争激烈的社会做好准备。

【活动流程】

（1）自我分析。依据个人测评结果及他人对自己的评价，分析自己的职业性格、职业能力、职业兴趣和职业价值观。

（2）职业认知。分析当下的社会就业环境，自己的家庭背景、生长环境和所学专业毕业生的就业情况。

（3）确定职业目标。在自我分析和职业认知的基础上确定自己的职业目标。

（4）制订计划。计划内容应包含短期目标（2 年以内）、中期目标（3～5 年）和长期目标（6～10 年）。

① 短期目标。制订大学期间的行动目标，包括专业课程的学习、沟通技巧的提高、各类职业资格考试、校园社团活动和社会实践活动的参与等方面的目标。

② 中期目标。制订大学毕业后 5 年内的目标，包括薪资待遇的涨幅、职业技能的提高、人际关系的处理等方面的目标。

③ 长期目标。制订毕业后 5～10 年的目标，包括职位晋升、人脉拓展、职业资格考试等方面的目标。

榜样力量

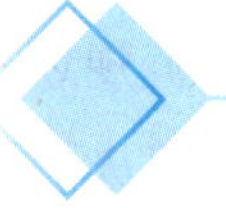

“西秦农人”张宗勤：服务果农，让葡萄有小时候的味道

在陕西省西北农林科技大学合阳葡萄试验站里，张宗勤安排好给葡萄藤埋土防寒的工作后，便开始伏案准备几日后葡萄健康栽培培训的课件。

一年两三百天待在葡萄试验站的张宗勤笑称自己为“西秦农人”，他皮肤黝黑，手上长着厚厚的茧子，有时候还会看到磨出的水泡。当他忙碌在田间地头时，人们也许很难将他与博士、大学教授这样的身份联系到一起。

果农的贴心人

1985 年从西北农学院毕业后，张宗勤留在位于“农科圣地”——杨凌的西北植物研究所工作（西北植物研究所于 1999 年合并到西北农林科技大学），从 2002 年开始专注于研究与推广葡萄种植技术。

张宗勤目前驻站工作的葡萄试验站位于合阳县。“虽然是从去年（2018 年）才到合阳县驻站，但我从 2002 年开始指导葡萄种植，针对合阳县的指导就有七八年了，以前每年去两三次。”张宗勤说。他常年在陕西各地甚至是全国各地指导葡萄种植，因而更加理解果农们的担心与焦虑。

“花期不要打药施肥，不建议环割环剥。不管开几朵花，一个枝上只留一串果，只留一串果！”在一次户外授课中，为了让农户听得更明白，张宗勤教授专门采用陕北方言教学，反复强调着重点。像这样的现场教学培训课，张宗勤 2018 年在合阳县上了 70 多次，他还给了果农们自己的微信号，方便他们咨询葡萄种植上遇到的问题。

合阳县从事葡萄种植二十多年的冯贵生说：“我和张宗勤老师认识已经六七年了，他多次来我们村，培训会上讲课、田间地头指导，还给我们留下电话号码。生产上我们有问题就给他打电话，无论早晚，他都耐心讲解，是我们果农的贴心人。”

园区的“及时雨”

农作物的生长受自然环境影响很大，农民很多时候都是“看天吃饭”。张宗勤的一个主要任务，便是帮助农民从“看天吃饭”转向“知天而作”。

冬季的冻害，春季的干旱、倒春寒，不仅会影响葡萄生长，还会引发蚜虫等病虫害问题。因此，张宗勤每天都会记录天气情况，以便及时给果农提供预警服务，减轻乃至避免果农遭受经济损失。他在自己的微信公众号里，每年得发一百多条推送，或提醒果农预防事项，或适时介绍下一步的技术措施。

2018 年 4 月，渭北地区发生“五十年一遇”的倒春寒，张宗勤来到现场调研后，针对问题“对症下药”，探索、整理出“一等二保三舍四管”的八字应对法。这种办法好记又管用，深受农民朋友和园区技术员的欢迎。

2018 年 5 月，得知一园区部分葡萄叶片出现干枯病状，张宗勤赶往现场查看情况，并及时与学校植保专家时春喜教授等技术人员会诊，很快找到病因并提出八条有效应对措施，为园区解了燃眉之急。这些“妙招”，被果农比作“及时雨”。

种植葡萄的“手中宝”

为避免果农在种植过程中因管理技术不当而造成经济损失，张宗勤根据自己多年的研究经验写了三本书。为了让果农看得懂、学得会应用技术，张宗勤还编印了图片多、文字少的《冷棚红地球葡萄栽培技术画册》，既方便又简单、易懂，成了果农种植葡萄的“手中宝”。

合阳县本为葡萄适生区，在张宗勤和其他专家的建议和指导下，通过搭建冷棚、增施与合理使用有机肥、科学修剪等措施，使葡萄质量全面提升、种植面积扩大，一亩地能增收五千到一万元，带动了上千户贫困户增收。合阳县贫困发生率由 2017 年的 13.2%下降至 2018 年的 1.41%，2019 年 5 月，合阳县顺利实现脱贫摘帽。

当问及扶贫感悟时，张宗勤说：“扶贫与技术推广工作要开拓思路、敢想真做，一定把实事做实。”

脚踏实地的“葡萄人”

在扶贫工作中，张宗勤并没忘记自己是一名科研工作者。除了完成课堂教学任务，他还以大地为实验室，以试验站为办公室，在生产运用中开展科学研究。

他成功试酿“阳光玫瑰”和“户太八号”葡萄酒，引进栽培“阳光玫瑰”和“甜蜜蓝宝石”等葡萄新品种，提出并推广“3 品 4 化 7 转变”的 24 字抓手的种植思路，推广“精简化”种植技术，引领葡萄产业转型升级、提质增效；还制定技术标准，与帮扶单位合作发表论文。此外，张宗勤还受邀在第五届葡萄健康栽培会议上分享葡萄健康栽培理念与技术，这场会议因他的分享而被与会者誉为“葡萄人”的心灵“旅行”。

张宗勤说自己就是搞农业的：“有人说我们就是‘高级’农民，所谓‘高级’只不过就是有知识、有文化”。在他看来，农业是需要在正确理论指导之下，既能生产出优质的产品，又能使农业劳动不再那么辛苦，让农业变成一种幸福的产业。

在采访中，张宗勤说得最多的一句话便是“当地群众需要”。对果农来说，种好葡萄，才能过上好日子。对张宗勤来说，他想做到的，不仅仅是“用知识帮助农民致富”，还要让农民种出健康、优质的葡萄，“让葡萄有葡萄的味道，让葡萄有小时候的味道”。

资料来源：中国青年网，http://qclz.youth.cn/znl/201911/t20191102_12109486.htm

生涯加油站

《拆掉思维里的墙》（见图 6-1）

作者：古典

出版社：北京联合出版公司

出版时间：2010 年

推荐理由：职业发展中，有的人工作很好，成为优秀的领导者；有的人工作很差，原地踏步或失去了工作。是什么因素造成了这种不同？是机遇还是辛勤付出？都不是，是隐藏在我们思维里的墙。《拆掉思维里的墙》这本书可以帮助大家识别并拆掉隐藏在我们思维里的墙，成就更好的自己。这本书的作者是古典，他是美国生涯教练国际认证 CBCC 中国首席导师，全球职业规划师、培训师，曾任新东方英语培训首席讲师、新精英生涯咨询公司创始人。

图 6-1 《拆掉思维里的墙》

学习情境七

职业生涯管理

在掌握专业知识和技能的基础上，大学生除了需要对自己的性格、爱好、能力、职业偏好等有清晰的认识外，还应积极、主动地做好目标管理、时间管理、压力管理、情绪管理及人际关系管理。借助职业生涯管理，大学生可以明确自己在大学阶段的努力方向，做好自己的职业生涯规划，为开拓出丰富、精彩的人生打好基础。

知识目标

- 了解职业生涯管理的内涵和意义。
- 了解职业生涯管理中的常见问题。
- 了解职业生涯管理的原则。
- 了解职业生涯管理的内容和模式。

素质目标

- 时间就是生命，时间就是速度，时间就是力量。牢固树立时间意识，管理好自己的时间。
- 端正对事物的看法，提高个人的综合素养，使自己拥有积极、乐观的心态。

名人名言

在职业发展的道路上，重要的不是你现在所处的位置，而是迈出下一步的方向。

——佚名

人生的价值，即以其人对于当代所做的工作为尺度。

——徐玮

人活着要有生活的目标，一辈子的目标，一段时期的目标，一个阶段的目标，一年的目标，一个星期的目标，一天的目标，一个小时的目标，一分钟的目标。

——列夫·托尔斯泰

模块一 职业生涯管理概述

案例导入

一个美国小伙子立志做一名优秀的商人。中学毕业考入麻省理工学院后，他没有去读贸易专业，而是选择了工科中最普通、最基础的专业——机械制造。大学毕业后，这个小伙子没有马上投身商海，而是考入芝加哥大学，攻读为期三年的经济学硕士。出人意料的是，获得硕士学位后，他还是没有从事商业活动，而是考了公务员。在政府部门工作了五年后，他进入知名企业工作。又过了两年，他辞职开办了自己的商贸公司。20 年后，他公司的资产从最初的 25 万美元发展到 200 亿美元。这个小伙子就是美国知名企业家比尔·拉福。

请思考： 比尔·拉福为开办公司做了哪些准备？他的职业生涯给你带来了哪些启示？

知识链接

社会发展与科技进步对个人职业素质提出了更高的要求，大学生需要充分认识职业生涯管理的意义，了解职业生涯管理的常见问题，并在一定的原则指导下开展职业生涯管理，从而为未来就业做好准备。

一、职业生涯管理的内涵和意义

（一）职业生涯管理的内涵

职业生涯管理是现代人力资源管理的重要内容之一。近十几年来，随着员工离职率的不断提高，职业生涯管理已成为企业增强员工的归属感及企业向心力的良方。目前，国内外学者对职业生涯管理的定义尚未达成统一认识。

有的学者认为，职业生涯管理是整合性的人力资源活动，也就是以人力资源管理措施来配合个人的职业生涯发展；有的学者认为，职业生涯管理是企业帮助员工制订职业生涯规划和帮助其实现职业生涯发展的一系列活动；有的学者认为，职业生涯管理是个人和组织对职业历程的规划、职业发展的促进等一系列活动的总和，包含职业生涯决策、设计、发展和开发等内容；有的学者认为，职业生涯管理是个人对职业生涯目标与战略的开发、实施及监督的过程。

结合上文有关职业生涯管理的定义，本书将职业生涯管理定义为：在认识自我和了解社会的基础上，确立职业生涯发展目标和人生发展方向，制订职业发展的总体目标与阶段人生目标，并执行、评估、反馈和调整这些目标的过程。

拓展阅读

人生目标小调查

某校对 1970 届毕业生进行了一次关于人生目标的调查。调查结果显示：3%的学生有清晰、长远的目标，10%的学生有清晰的短期目标，60%的学生目标模糊，27%的学生没有目标。

25 年后，该校再次对 1970 届毕业生进行了调查，得到的结果是：那部分有清晰、长远目标的学生，在 25 年间朝着一个既定的方向不懈努力，大多数都已成为社会各界的成功人士；那部分有清晰的短期目标的学生基本上都实现了自己的短期目标，在各行业、各领域有不错的业绩；那部分人生目标模糊的学生过着安稳的生活，没有什么特别突出的成绩；而那部分没有目标的学生整天在抱怨，抱怨社会、抱怨他人、抱怨这个没有给他们机会的世界，过得很不如意。

（二）职业生涯管理的意义

在大学生的职业发展过程中，大学阶段是个非同寻常的时期，它是个体对整个职业生涯的探索阶段。在这一阶段，大学生为未来的职业生涯做好一定的知识、能力、心理等方面的准备，做好职业生涯管理，对其以后的职业发展具有重要的现实意义。

1. 有利于明确大学阶段的努力方向

高等教育和初等及中等教育的目的不同，前者是为了实现就业，或为更高层次的教育做准备，而后两者通过高考为前者输送高质量的人才。通常情况下，就业的压力没有高考那么大，因此很多大学生在不同程度上都会产生懈怠心理，没有明确毕业后的发展方向和目标。职业生涯管理能使大学生明白为实现职业生涯的发展如何规划、管理自己的大学生涯，明确大学阶段的努力方向，在每个阶段、每个年级应该做些什么。

2. 有利于明确职业生涯发展目标

哈佛大学的跟踪实验表明，有清晰、长远目标的学生在未来更容易取得成功，原因在于他们为自己的人生设定了目标，并始终坚持。职业生涯管理能使大学生确立职业生涯发展目标，明确进入社会的切入点，这对大学生以后的职业发展有很大的帮助。

3. 有利于开拓有意义的人生

现在大学生所面临的社会环境、就业条件等逐渐改善，这为个体自由选择职业及未来的人生发展方向提供了更大的空间和机会。大学生通过职业生涯管理，在“衡外情，量己力”的情况下，确定合理的职业生涯发展方向，并制订相应的计划和行动，可以在追求目标的过程中实现职业的成功，开拓有意义的人生。

你的大学生活和高中生活相比，有哪些不同之处？你为自己的大学生活做了哪些规划？

二、职业生涯管理的常见问题及对策

目前，我国大学生职业生涯管理越来越被重视，很多高校开设了相关的职业生涯指导课程，帮助大学生进行职业生涯规划与管理，这对于提高大学生的就业竞争力、促进大学生顺利就业等起着很大作用。但是大学生在职业生涯管理方面，依然存在着很多问题。

（一）职业生涯管理意识不强

职业生涯管理意识不强体现在两个方面：一方面，高校对大学生职业生涯管理的辅导尚停留在就业指导层面，全面系统的职业生涯辅导体制尚未真正建立；另一方面，大学生缺乏主动意识，不主动探索自己的职业目标，不主动规划自己的职业生涯发展路线，不主动评估、反馈和调整自己的职业生涯发展策略等。

为保证职业生涯管理的顺利实现，高校可发挥其重要的引导和帮助作用，开展大学生职业生涯辅导和教育活动、建立学生自主选课制度、建立健全大学生职业生涯管理的全程指导体系等。除此之外，大学生也应强化自己的职业生涯管理意识，主动规划自己的职业生涯发展路线。

（二）职业生涯目标不明确

一些大学生虽然具有职业生涯管理意识，但不能客观地评价自己的能力，不能确定切实可行的职业发展目标，也不能根据职业选择制订相应的职业发展计划，最终无法顺利完成自己的初次就业，进一步影响整个职业生涯。据调查，一半以上的大学生没有对自己想要进入的行业提前进行充分的了解，只对自己将要从事的职业有模糊的概念，有的甚至根本没有概念。

针对职业生涯目标不明确的问题，大学生可通过分析自己的兴趣爱好、自身优势、自身劣势、社会发展状况等方法来明确自己的职业生涯目标。

（三）专业与职业之间的关系认知模糊

一些大学生对专业与职业的关系认知模糊，认为学了什么专业就必须做什么领域的工作，这会导致其职业生涯管理出现偏差。例如，当所从事的职业与自己的专业不一致时，他们就倾向于改变职业发展路线；当自己的专业能力与所从事职业的任职要求不完全相符时，他们就容易怀疑自己，甚至否定自己。

若所学专业与自己的职业兴趣不一致，在校期间可以申请转专业，或毕业后放弃自己所学专业，重新寻找和自己职业兴趣相符合的职业。除计算机、设计类等专业性较强的专业外，其他专业知识在本质和理论上都是相通的。

三、职业生涯管理的原则

（一）符合社会需要的原则

大学生在进行职业生涯管理时，要把社会需要作为出发点和归宿，以社会对自己的要求为准绳去观察、认识问题，进而规划、管理自己未来的职业生涯。虽然大学生现在可以自主择业，但自主择业是相对的、有条件的，并非可以不顾社会需要，一味追求自我。

从另一个角度看，社会是由人构成的，社会需要本质上就是人的需要，而个人需要总是受现实社会要求的制约。人们正是通过不同的职业活动，在满足社会需要的同时满足自身的需要。社会的每一次发展，都是职业活动共同作用的结果。

（二）发挥个人素质优势的原则

大学生在进行职业生涯管理时，要发挥自身优势，如发挥专业所长、能力所长，以便在未来的职业岗位上顺利、出色地完成本职工作。

1. 发挥专业所长

经过大学阶段的学习，大学生能够获得较多的专业知识和技能。因此在职业生涯管理进程中，要从所学专业出发，做到以专业为主线或以专业为依托，拓宽专业路径，在未来的岗位上发挥专业所长。

2. 发挥能力所长

即便是同一专业的大学生，能力也会存在差异。为了充分发挥个人素质优势，大学生应根据自己的能力选择职业岗位。

例如，有的人语言表达能力较强，适合教学、宣传工作；有的人性格沉稳，喜欢钻研，适合科研工作；有的人文字表达能力较强，适合编辑工作；有的人组织能力强，适合管理和策划方面的工作；有的人思想活跃，创造力强，适合开发和设计类工作。

提 示

大学生在进行职业生涯管理时，根据自己的能力所长选择职业岗位，既是胜任工作的需要，也是发挥个人潜力、进行创造性劳动的需要。

（三）积极主动的原则

大学生应该用积极主动的态度对待职业生涯管理，做到以下几点：

（1）主动了解人才供求信息和任职要求。社会对大学生的要求在不断发生变化，因此大学生要主动了解市场上的人才供求信息及任职要求。

（2）主动提升自身素质。大学生应根据社会需要加强学习，主动提高和完善自己，以更好地适应未来的工作岗位。

（3）主动参与职业岗位竞争。职场竞争是十分残酷的，它是各行各业得以维持活力的重要力量。职业岗位竞争能够使大学生产生紧迫感和危机感，从而不断完善自我，提高工作能力。

（四）分清主次的原则

大学生在职业生涯中会面临各种选择，如单位性质、工作地点、工作条件、生活待遇、发展方向等的选择，如果一味求全、急功近利、好高骛远，则有可能得不偿失。因此，大学生在职业生涯管理过程中应权衡利弊、分清主次。

（五）着眼未来的原则

大学生在管理自己的职业生涯时，不能只看眼前的利益，而要将目光放得长远一些。有些工作短时间可以获得丰厚的收益，但不利于以后职业生涯的发展；有的工作短时间无法获得丰厚的回报，但能让人成长；有些工作可能面临巨大的压力，但拥有光明的前景。大学生只有对行业及岗位的发展前景有清晰的认识，找到自己的位置，才能在职场上把握主动权。

探索活动

划分你的人生阶段

【活动目的】

通过划分人生阶段，培养大学生的职业生涯管理意识。

【活动流程】

（1）准备一张长 20 cm、宽 3 cm 左右的纸条。

（2）假设你可以活到 100 岁，在纸条上划出 0～100 的刻度，每个刻度代表一岁。

（3）找到你现在的年龄刻度，把纸条上此刻度前的一段撕掉。

（4）设定自己的退休年龄，找到那个年龄刻度，把纸条上此刻度后的一段撕掉。

（5）你希望自己什么时候事业有成，找到那个年龄刻度，把纸条上此刻度后的一段撕掉。

（6）与周围的同学比较纸条的长度，并在一起讨论各自的做法和依据，思考应如何管理自己的职业生涯。

（7）以此活动为背景，写一篇关于自我职业生涯管理的感想。

模块二　职业生涯管理的内容和模式

案例导入

案例一：

大学一毕业，成浩就开始从事企业管理方面的工作。经历了五年时间，成浩从名不见经传的小职员成长为部门的工作能手。虽然在工作上游刃有余，但成浩始终得不到晋升，这使他产生了强烈的职业危机感。如何才能得到职位上的提升，接下来的发展方向究竟在哪里……成浩对自己下一个阶段的发展感到迷茫和力不从心。

案例二：

阿力大学毕业后，只身来到北京，在一家民营通信公司做研发工作。工作了大半年后，他却失去了当初的豪情壮志。

阿力原本以为研发工作挑战性强、难度大，可以使自己的能力得到很好的发挥。谁知自己的工作内容单一、难度也不大。除此之外，公司也没有任何培训活动，阿力只能通过传统的师徒面授方式学习技能。然而他的性格与师傅的性格不合，每当与师傅产生意见分歧时，他就想着辞职，但他又怕因一时冲动将来会后悔。是继续做这份工作，还是辞职转型做别的工作，阿力一直犹豫不决。

请思考：成浩和阿力应如何管理自己的职业生涯？大学生又将如何管理自己的职业生涯？

知识链接

在当今充满竞争的环境下，职业生涯管理的重要性逐渐凸显。为做好职业生涯管理，大学生应了解职业生涯管理的内容和模式，明确大学阶段职业生涯发展的任务和重点并为之积极努力奋斗。只有这样，才能积累职业生涯管理经验，为自己今后的职业发展做好铺垫。

一、职业生涯管理的内容

职业生涯的关键期是 18～24 岁，一个人的大学阶段正处在这个时期。根据舒伯的生涯发展理论的阶段划分，大学阶段处于职业探索阶段。在这个阶段，大学生有很多东西需要学习，其中应学习的职业生涯管理的内容包括目标管理、时间管理、压力管理、情绪管理和人际关系管理。

（一）目标管理

一个人没有目标，就没有前进的方向和动力；而有了目标却不进行科学管理，就等于没有目标。大学生不仅要树立远大的理想，确定一个有机的系统目标，而且要对目标进行科学管理，分阶段、分层次组织实施，只有这样才能使人生理想变为现实。

1. 目标定位和分类

目标定位即大学生根据社会期望和自身发展需要，确立奋斗目标和发展方向，它是大学生成长的出发点和归宿。从横向层面来看，奋斗目标包括大学生的知识、能力、素质等方面的发展目标；从纵向层面来看，奋斗目标包括大学生在各个年级、各个时期的近期和远期目标。

大学生在确立奋斗目标时，应充分考虑社会对能力和素质的普遍要求，同时也要考虑专业发展方面的要求，在培养自己沟通和表达能力、管理和协调能力、知识的运用和动手能力、预测和决策能力、创新和创业能力等基本能力的基础上，以专业为突破口，学好专业基础知识，在实践中验证所学知识，在应用中加深对专业知识的理解和把握。

根据不同分类标准，目标可分为不同种类：

（1）按时间长短不同，可分为短期目标、中期目标、远期目标等。

（2）按内容不同，可分为理论学习目标、实践训练目标、活动参与目标等。

（3）按性质不同，可分为专业学习目标、职业目标、人生目标。

保险销售员的故事

在一节职业生涯规划课上，小明问老师：“老师，我的目标是在一年内赚 100 万元。请问我应该如何实现这个目标呢？”

老师便问他：“你相信你能实现自己的目标吗？”小明说：“我相信！”老师又问：“那你知道要通过哪个行业来实现吗？”小明说：“我现在从事保险行业。”老师接着又问他：“你认为保险行业能不能帮你实现你的目标？”小明说：“只要我努力，就一定能实现。”

老师拿起粉笔，在黑板上写了起来，并说道：“我们来看看，你要为自己的目标做出多大的努力。根据提成比例，100 万元的工资大概要达到 300 万元的业绩。一年 300 万元，一个月就是 25 万元，每天就是 8 300 多元。你知道达到 8 300 多元的业绩需要拜访多少个客户吗？大概要 50 个客户。一天 50 个客户，一个月就是 1 500 个客户，一年就需要拜访 18 000 个客户。”

老师接着问小明：“请问你现在有没有 18 000 个客户？”小明回答没有。老师说：“如果没有的话，就要向陌生人推销。你向陌生人推销时，平均一个人要花多长时间？”小明说：“至少 20 分钟。”

老师说：“每个人要花 20 分钟，一天 50 个客户，也就是说你每天要花将近 17 个小时与客户交谈，这还不包括赶路花费的时间。请问你能不能做到？”小明说：“不能。老师，我懂了，目标不是凭空想象，是根据能实现的计划来制订的。”

启示：

目标不是孤立存在的，而是与计划相辅相成的。目标指导计划，计划的有效性影响着目标的实现。所以在达成目标的过程中，要考虑清楚自己的行动计划，知道怎么做才能更有效地实现目标。否则目标定得越高，完成的效果反而越差。

2. 目标应具备的特征

1）完整

人生是一个连续发展的过程，也是一个由个体和环境交互作用而产生生理、心理变化的过程。人生发展大致包括五个方面：认知发展、生理及身体发展、社会发展、情绪发展和人格发展。

其中，认知发展偏重于思考、知觉、记忆、注意力、语言等心智活动；生理及身体发展偏重于个人生理结构与机能及其本能的改变；社会发展偏重于个人与他人、环境的互动；情绪发展偏重于个人的情感表达；人格发展则偏重于个人的特质变化。

以上五个方面相互影响、相互作用。只有在这五个方面均衡发展的人，才是健全的人。大学生在管理职业生涯的过程中，应充分考虑人生发展的五个方面，以保证目标的完整性。某大学生依据人生发展的五个方面制订的目标如表 7-1 所示。

表 7-1　某大学生依据人生发展的五个方面制订的目标

类别	目标
认知	提高写作水平，学好英语，……
生理及身体	每周踢一场足球赛，每月约同学登山一次，……
社会	参与三项有益的社会活动，竞聘班干部、学生会干部，……
情绪	建立一个健康的恋爱关系，交三个知心朋友，……
人格	愿意探索新事物，有同情心，……

2）清楚

目标应当尽量清楚、具体化，不能太笼统。例如，一个身体素质不太好的大学生想要提高运动能力，他为自己设立的目标是“具备优秀的身体素质”。这样的目标就是含糊不清的，它没有具体的检验标准，目标设立者也很难判断自己是否实现了目标。

若这个大学生将自己的目标定为：“每天做一百个仰卧起坐，一百个俯卧撑，每周参加一次五千米长跑，坚持一年”，他的目标就十分具体了，不论是实施还是评估都更加容易。

3）合理

目标必须合理，难度太大或不切实际的目标轻则会给自己带来不必要的压力，重则严重挫伤自己的积极性，甚至会让人一蹶不振。

目标并非确定后就不更改，随着计划的实施和对自身能力的了解，大学生可以对目标进行适当调整。例如，原本计划每个月看完一本书，但是由于部分书籍难度太大，可以适当延长阅读时间。

3. 目标的管理

确定目标之后，大学生需要对目标进行管理，即对确立的目标进行分解和评估，分出主次和先后顺序，以便逐步实施。同时，要适时对完成效果进行监控，并根据情况调整下一步的实施方案。

目标管理的实施

1）划分目标

一个目标如果设置得很庞大，往往容易让人不知道从何处入手，或者让人在追求目标的过程中丧失信心，此时可以将目标进行划分。具体方法是：第一步，在纸上列出达到目标所应具备的能力、技术或条件等；第二步，规划获得这些能力、技术或条件所需的时间；第三步，将前两步的结果安排在长期、中期、短期及每日的计划中。这样，只要完成每日的工作，最终的目标就可达成。

短时间内需要完成的目标也可采用上述方法来划分。例如，期末复习中，大学生可以把所有课程的复习分为明确课程的重点和难点、掌握重点、突破难点三个阶段，然后计划好完成每一阶段的时间和步骤。将目标分为若干阶段，既可以理清思路，掌握实现目标的节奏，减轻行动压力，也有利于高效、高质量地实现目标。

2）评估目标

目标太多会分散人的时间和精力，因此大学生可以采用 ABC 分类法对目标进行评估。评估的步骤如下：首先在纸上列出所有的目标，然后逐一评估各项目标，在重要的目标前标上 A，次重要的目标前标上 B，最不重要的目标前标上 C。完成分类后，将 A 类中的目标依照其重要程度进行排序，B 类和 C 类目标可暂时搁置。

3）跟踪目标实施过程和效果

大学生可能因为处理日常琐碎事务而偏离主要目标，也可能受环境影响产生消极情绪而放弃主要目标。因此，评估出主要目标后，大学生还应适时对重点目标的实施进程进行跟踪，当偏离主要目标时要及时调整，当遇到日常琐碎事务时要及时、快速处理，当情绪受到影响时要尽快调整，及时回归到主要目标上。

跟踪目标时，最好做记录，如完成了多少，实现了目标的百分之几等。此外，还需要设定好时限，定期对目标的实施效果进行总结和反思，以便更好地完成下一阶段的目标。

（二）时间管理

1. 时间管理的内涵

时间管理是指通过事先规划，运用一定的技巧、方法和工具实现对时间的灵活及有效运用，从而实现个人或组织既定目标的过程。从某种意义上说，时间管理就是对个体资源和自我行为的管理。

2. 时间管理的要点

1）设立明确的目标

时间管理的目的是在有限的时间内实现更多期望的目标，这就要求目标必须足够明确。大学生可以先把当年要实现的 4～10 个目标列出来，按照它们的重要性依次排序，然后根据目标的重要程度分配时间。

2）学会列清单

大学生可以把自己所要做的每一件事都写下来，列一张总清单，以保证自己随时有事可做。方法如下：

（1）将学年目标分解成学期目标，列出每学期要做的事情。

（2）将学期目标分解成月目标，列出每月要做的事情，在每月月初将月计划梳理一遍，遇到不可控因素可对计划进行调整。

（3）在每个星期天把下周要完成的任务列出来。

（4）在每天晚上把第二天要做的事情列出来。

3）做好时间日志

做好时间日志，就是把每天做的事情及对应花费的时间一一记录下来，分析哪些事情占据了自己大部分的时间，这些事情是必要的还是非必要的。对于那些非必要的事情，考虑能否减少所花费的时间。时间日志能够帮助大学生从根源上找到浪费时间的事情，使自己更好地利用时间。

4）制订有效的计划

许多难题都是由未经认真思考的行动引起的。有关研究表明，每花费 1 小时制订有效的计划，在实施计划时就可以节省 3～4 小时，并会得到更好的实施效果。

5）安排“不被干扰”时间

假如一个人每天能有一个小时完全不受任何人干扰地思考一些事情，或是做一些最重要的事情，他这一个小时的工作效率可能超过一天的工作效率。对于大学生而言，安排“不被干扰”时间最合适的场所是图书馆。

6）确立个人的价值观

假如大学生的价值观不明确，就很难知道什么是最重要的，也就无法做到合理地分配时间。时间管理的重点不在于管理时间，而在于分配时间。一个人永远没有做完所有事情的时间，但永远有时间做对自己来说最重要的事情。

7）严格规定完成期限

《巴金森法则》中有这样一段话：“你有多少时间完成工作，工作就会自动需要那么多时间。”就某项工作而言，若你有一天的时间，你可能会用一天的时间慢慢完成它；若你只有一个小时的时间，你可能会在一个小时内迅速、高效地完成它。由此可见，效率建立在对时间的规划上。大学生要学会设定一件事的完成期限，不断提高自己的学习效率。

8）同类事情一次做完

人在专注于一件事情时，效率通常比较高，大学生可以将某一时期的同类事情归类起来一起做，以节省时间，提高效率。

提 示

多数情况下，时间的浪费源于工作缺乏计划。具体表现在：没有考虑工作的可并行性，结果使并行的工作以串行的形式进行；没有考虑工作的后续性，结果工作做了一半后才发现有外部因素限制，只能搁置；没有选对工作方法，长期用低效率、高耗时的方法工作。

3. 时间管理工具

1）二八法则

1897 年，经济学者帕累托在对 19 世纪英国人的财富和收益模式进行调研时，发现 20%

的人掌握了80%的财富，于是他提出了一个“二八法则”，即80/20法则。在时间管理方面，也存在二八法则，主要体现在：① 花费 80%的时间做最重要的事，20%的时间做次要的事情；② 先做20%的重要工作，然后做80%其他的工作。

在时间管理中运用二八法则可以帮助大学生将需要完成的所有工作列出优先次序，把最应优先完成的工作作为重中之重，各花一段时间，集中精力将其完成。

生活中肯定会有一些突发事件和迫切需要解决的问题，如果一遇到这样的事件你就花费大量时间去处理，则表明你的时间管理并不理想。成功者往往花费最多的时间在最重要但不是最紧急的事情上，而一般人往往将紧急但不重要的事情放在第一位。

2）时间管理坐标

著名管理学家史蒂芬•柯维把工作按照重要和紧急两个不同程度进行了划分，分为四个象限：重要且紧急的事务、重要不紧急的事务、紧急不重要的事务、不重要不紧急的事务，如图7-1所示。

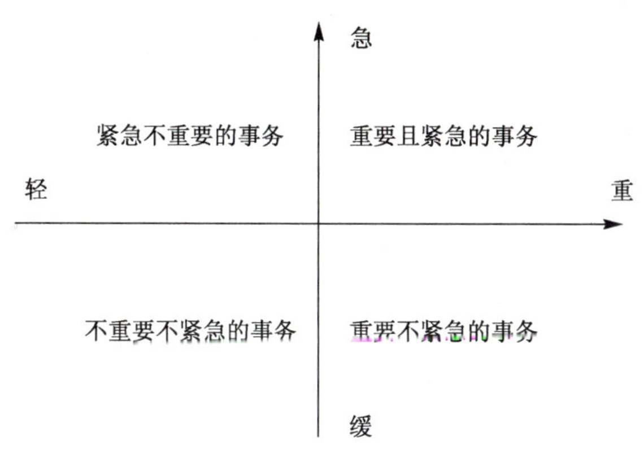

图7-1 时间管理坐标

大学生应合理划分计划内事务的所属象限，并采取相应行动：重要且紧急的事务——立即去做，重要不紧急的事务——定出时间做，紧急不重要的事务——授意别人去做，不重要不紧急的事务——打发时间去做。

提 示

通常，人们会将紧急的事情放在第一位，这其实是一个误区。一个人真正要花费大量时间做的是重要且紧急的事务，而且要让自己避免习惯于“紧急”状态，否则会不由自主地关注紧急的事情，花费大量时间去做“紧急不重要的事务”。

（三）压力管理

1. 压力的定义和特点

从心理学角度解读，压力是心理压力源和心理压力反应共同构成的一种认知和行为体验过程。通俗地讲，压力就是一个人觉得自己无法应对环境要求时产生的负面感受和消极信念。从哲学角度解读，压力是当你必须做一些以前未曾达到、未曾做过的事情时，感觉到的紧张和克服这种紧张的力量。

压力具有两面性。很多人不喜欢压力，但实际上压力并不完全是消极的，它有积极的作用，能够提示着我们人生的意义就是不断地挑战自己、超越自己。

适当的压力有利于一个人成长，而过大的压力可能会对其身心造成巨大的伤害。所以大学生应该正确地看待压力，既要适当承受压力，让压力成为自己成长的助推器，也要学会调整心态，掌握缓解压力的方法。

2. 大学生面对的压力

大学生是特殊的一类群体，既承载着全家人的期望，又肩负着建设祖国和社会的使命。近年来，国内大学校园出现了一些虽不普遍却也并不罕见的、令人担忧的负面现象：大学生群体苦闷、彷徨、焦虑、偏执等心理问题有严重化的倾向，休学、退学甚至是自杀现象不断出现。

从心理学角度而言，当代大学生主要面临四个方面的压力。

1）学习压力

大学生从中学升入大学，学习环境、学习内容、学习方法等发生了很大变化。大学课程多、难度大、要求高，使得一些大学生产生了适应性不良的反应。另外，对所学专业不感兴趣、考试失败、毕业设计难以完成、学生社团工作繁杂、同学间的频繁交往与学习时间的冲突等，也给部分大学生带来了学习压力。

2）生活压力

生活压力包括两个方面：

（1）经济压力。据统计，经济困难的大学生约占大学生总数的 20%，他们面临着学费和生活费方面的压力。不仅如此，来自经济不发达地区或者贫困家庭的学生，与来自经济发达地区或者富裕家庭的学生在消费方式、消费观念上有较大差异。在日常生活中，上述这些使得家庭困难的学生易产生较大的心理压力。

（2）自理压力。进入大学校园前，高中生基本都是将学习作为最重要的事，许多家长长期忽视对孩子基本生活技能的培养，以至于许多大学生缺乏自理能力，进入大学后不会或不善于独立生活和为人处世。

3）就业压力

“双向选择、自主择业”就业机制的实施，一方面给大学生提供了更多参与社会竞争的机会，另一方面也给他们带来了极大的就业压力。随着高等教育毕业人数的急剧增长，就业市场的竞争越来越激烈，企业对当前大学生的综合素质要求更高了。竞争择业、竞争上岗、适者生存，整个社会处于激烈的竞争之中。因此，不少大学生心里都会有一定程度的恐慌。除此之外，所学专业与就业市场的冲突、就业选择与父母意见的冲突等，也给大学生带来了一定的就业压力。

目前，就业问题已经成为大学生普遍关注的问题，就业压力也成为大学生心理压力最主要的来源之一。

4）人际关系压力

大学生在校期间要处理与室友、同学、同乡之间的人际关系，及男女朋友生之间的关系。若人际关系不畅、公共关系状态不良，则会产生人际关系压力。这些人际关系压力往往由人际关系意识淡薄、人际关系处理能力低下及个性中存在影响人际关系的消极因素等原因造成。

3．大学生如何进行压力管理

压力管理可从两方面着手：一是处理造成压力的根源，即压力源处理；二是处理压力引起的反应，如情绪、生理及行为等方面的反应。

1）压力源处理

一些大学生在面对自己无法顺利处理的问题时，常采取逆来顺受、搁置不理、敷衍了事等处理方式。这样的处理方式往往不仅无法有效解决问题，有时甚至还会使问题更加严重。由于问题处理过程关系到压力的调节，一旦处理过程出了问题，压力可能会增加或者持续更长时间，从而导致严重的情绪、生理及行为伤害。

大学生压力管理与挫折应对

理想的压力源处理技巧是冷静面对并解决它。大学生可依据下列步骤来处理自己的压力源：

（1）认清压力事件的性质。

（2）理性思考并分析问题事件的来龙去脉。

（3）确认个人对问题的处理能力。

（4）寻求能帮助自己解决问题的途径，包括如何动用家庭及社会资源等。

（5）运用问题解决技巧，拟订解决计划。

（6）积极处理问题。

（7）若尽全力后，问题仍无法在短时间内解决，则表示问题处理难度大，有可能需要长期奋战。此时，大学生除了需要培养坚忍不拔的斗志，可能还需要其他的精神支持。

2）对压力引起的反应进行处理

几乎所有的压力，都会使人产生一定的反应。如何适当处理这些反应，是压力管理中相当重要的一环。

大学生可采用以下方法来进行压力反应处理：

（1）情绪纾解。一方面，接受情绪的发生。大学生觉察自己的情绪并接受自己的情绪，有利于自己正确看待情绪本身，从而采取较为适当的行动。另一方面，可以适当宣泄情绪。寻找可靠的朋友诉苦或者在不干扰他人的前提下痛哭一场等，都可以让情绪得到释放。

（2）生理反应调和。当一个人在沉思冥想或做一些缓慢的松弛活动（如肌肉松弛训练、练瑜伽、打坐等）时，体内会产生一种宁静气息，心跳、血压及肺部氧气的消耗降低，从而使体内器官得到休息。另外，处于压力状态时，运动是使生理反应平静下来的相当有效的方式。压力会促使肾上腺素分泌及流动加快，运动则对其有一定的减轻作用。

（3）行为上的调适。大学生可以参加一些正当的休闲娱乐活动来宣泄自己的压力，如聚会、登山、技艺学习及参加公益活动等。

同龄人成重要情绪出口

相关调查显示，66.46%的受访大学生通过倾诉向他人寻求安慰和帮助，以此来排解负面情绪。在倾诉对象上，朋友、同学等同龄人是61.33%的受访大学生的选择，同龄人俨然成为大学生重要的情绪出口。

相比于找家长和老师倾诉，和同龄人沟通的对话成本更小，和家长沟通多次的事情，和同龄人可能几句话就能表达清楚。和同龄人沟通时，双方的权利关系相对平等，不必担心“我吃过的盐比你吃过的饭都多”的“长辈正义”。不仅如此，同龄人的困惑所经历的事情在某种程度上具有相似性，更容易感同身受。

为了更好地发挥同龄人的积极作用，不少高校成立了朋辈心理健康社团。不同于和同龄人一般的倾诉交流，同辈心理辅导员需要具备专门的知识训练才能胜任，专业性更强，并且给出的建议更加客观。同辈心理辅导员兼具准专业视角和独特的亲和力，可以对一些负面情绪甚至心理问题的疏导产生一定的助益。

诚然，朋辈引导不是唯一的情绪出口。大学生在遇到情绪或心理问题时，可以倾诉对象也远不止于此，家庭、学校、专业机构及组织，都可以成为其排解负面情绪的倾诉对象。

（四）情绪管理

情绪是人类复杂的心理现象之一，常常令人捉摸不透。大学生正处在心理成长的重要时期，情绪特征更具特色，面临的问题也更加多样化。

1. 大学生的情绪特点

1）波动大

大学生的情绪通常有较大的波动。主要表现在两个方面：一是大学生的情绪在两级间变化频繁，人际关系的变化、学习成绩的好坏等都可能引起他们情绪的剧烈变化；二是大学生常常表现出莫名其妙的情绪波动，这种波动主要是由大学生的社会活动范围不断扩大，影响情绪的各种因素（如人际关系等）随之大量出现造成的。

2）易冲动

大学生的情绪具有强烈性、爆发性和易激动性，具体表现为易冲动。同样的刺激对一般的成年人可能不会造成影响，却能引起大学生强烈的情绪体验，因为大学生对各种事物比较敏感，遇事容易冲动。

3）表现形式丰富

从自我意识的发展来看，大学生有较多的自我体验、自我尊重的需要，易产生自卑、自负等情绪。

从社交方面看，大学生的社交更细腻、更复杂，对友谊和爱情有了更深层次的理解，尤其在恋爱活动中，往往有深刻的情感体验。

从社会实践活动来看，大学生通过各种活动了解社会，学习社会的道德规范，对自己的身份、角色、志向、价值等问题有了更深入的思考，部分确立了道德感、正义感，同时美感、集体荣誉感等高级情感也有所发展。

4）易被周围情景所感染

大学生易受气氛的感染，在特定的环境下会产生强烈的情绪反应。一旦出现满足自己需要的刺激，就显得十分高兴，反之就显得十分沮丧甚至愤怒。

2. 大学生常见的情绪困扰

1）自卑

自卑是自我情绪体验的一种形式，是个体由于某种生理或心理上的缺陷或其他原因所产生的对自我的认识和态度体验，表现为对自己的能力或品质评价过低，轻视自己或看不起自己，担心失去他人的尊重等。

如何克服自卑心理

产生自卑的原因是多方面的，一般可分为主观原因和客观原因。主观原因有不能正确地面对现实、缺乏某些个人专长、失恋或单相思、现实中的自我评价达不到理想的标准等，客观原因有学校或专业不如意、个人先天条件不足、学习环境变化、家庭变故等。

大学生要克服自卑，首先要具有正确对待自卑的态度，然后分析产生自卑的原因和自己的心理过程，继而建立合理、积极的自我评价。

2）焦虑

焦虑是一种伴随着某种不祥预感而产生的令人不愉快的情绪，是一种复杂的情绪状态。它包含紧张、不安、烦躁等情绪体验。

焦虑可分为三类：一类是神经性焦虑，即大学生意识到内心的欲望与冲突却无法控制时所产生的恐惧感。有时是无名的恐惧，有时是强烈的非理性恐惧。一类是现实性焦虑，这种焦虑是由现实环境的压力与困难（如无力参与竞争、期望过高、要求过严、社会文化差异悬殊等）引起的，大学生自己无力应付。第三类是道德性焦虑，它是由社会生活准则引起的，如大学生因唯恐犯错误而时常自责、受到罪恶感的威胁等。

大学生产生的焦虑可能是上述焦虑中的一种，也可能是几种焦虑的混合。要克服焦虑，就需要对引起焦虑的事情有科学、合理的认知，也可以借助深度呼吸法、静坐冥想法、自我暗示法和意向训练法等方法使自己保持平和的身心状态。

3）抑郁

抑郁是大学生常见的情绪困扰，是一种感到无力应付外界压力而产生的消极情绪，常常伴有厌恶、羞愧、自卑等心理。对大多数大学生来说，抑郁只是偶尔出现，但也有少数大学生长期处于抑郁状态，甚至患上抑郁症。一般而言，性格内向、多疑，不爱交际，生活中遭遇意外挫折的大学生更容易陷入抑郁状态。

情绪抑郁的大学生的主要表现有思维迟缓、闷闷不乐、缺乏活力，干什么都打不起精神，不愿参加社交，故意回避熟人，对生活缺乏信心，体验不到生活的快乐，常会产生食欲减退、失眠等症状。长期的抑郁会使人的身心受到严重伤害，使人无法正常学习和生活。

大学生要克服抑郁，首先应培养乐观的人生态度，学会用全面的、辩证的眼光看待问题，一时的成功或失败不足以决定整个人生。其次要锻炼自己的意志，平时可以多参加集体劳动，多做点家务，同时树立必胜的信念。此外，大学生还应学会合理表达自己的感情。喜怒哀乐是人之常情，每个人都有表达自己情感的权利和必要，只要表达得恰到好处，就会增进身心健康。

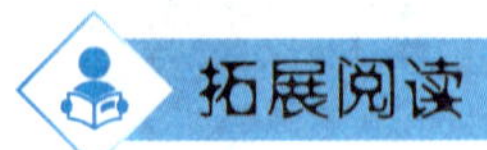

世界精神卫生日

每年的10月10日是世界精神卫生日，它由世界精神病学协会（World Psychiatric Association，简称WPA）于1992年发起设立。随后的数十年，许多国家参与进来，致力于提高公众对精神发育障碍疾病的认识，分享科学、有效的疾病知识，消除公众对精神类疾病的偏见。

每年的世界精神卫生日都有一个特定的主题。2020年世界精神卫生日的主题是：弘扬抗疫精神，护佑心理健康。

3．大学生应如何调节情绪

1）培养情绪智力

情绪智力包括很多方面，如一个人把握与控制自己情绪的能力，了解、疏导与驾驭别人情绪的能力，乐观看待人生、自我激励与自我管理的能力，面对逆境与挫折的承受能力，人际关系的处理能力及通过情绪的自我调节不断提高生存质量的能力。

现代心理学的研究成果表明，在决定一个人成功的要素中，智力起大约20%的作用，而情绪智力起大约80%的作用。由此可见，情绪智力是一个人成败的决定性条件。情绪智力教育是人生修养的重要内容，能使人们在工作、学习中乐观开朗、精神清爽，在人际交往中更具魅力、广结人缘，更能使人们产生自我激励，把许多“不可能”变成现实。

大学生可从以下几个方面入手培养自己的情绪智力：

（1）提高修养水平。胸怀宽广、度量宏大的人，能把注意力集中在对人生更有意义的事情上，能从全局和长远的角度看待问题，不会因眼前琐事或蝇头小利而斤斤计较，不会为一时、一事的得失成败或起伏变幻而冲动失据。

（2）培养容人之心。俗话说，“水至清则无鱼，人至察则无徒”。生活中令人烦心的琐事是很多的，如果在待人接物中没有一点容人的气度，处处苛责他人，只会把自己孤立起来，很难做成大事。

（3）增强适应能力。生活中有各种酸甜苦辣、喜怒哀乐之事，如果不能适应生活的变化、动荡，情绪必然会消极、低沉。大学生只有具备了较强的适应能力，才能坦然处之、理智对待，始终保持积极、乐观的精神状态。

（4）加强自我激励。首先，大学生要有适当的目标，在实现目标的过程中，必须坚持向既定目标迈进，不因挫折半途而废。其次要有自信心，相信自己的能力，把“我能行”的信念深深地植入心中。

2）做自己情绪的主宰

情绪是思想的产物，一个人可以通过调节自己的思想来调节自己的情绪。心理学家研发了许多行之有效的情绪调节方法，大学生可根据自己的情况有选择地加以应用，从而主宰自己的情绪。

（1）理性情绪法。理性情绪法认为人有理性和非理性两种信念，它们会左右人的情绪。消极情绪来自人的非理性信念，要想消除消极情绪，需要将非理性信念转化为理性信念。运用理性情绪法时，大学生首先应知道自己有哪些消极情绪，从中分析、综合、抽象、概括出相应的非理性信念，对比两种信念状态下个人的内心感受，鼓励自己向理性信念转化，从而排除不良情绪。

（2）延缓反应法。这是一种通过有意识地延缓自己的行为反应来增强自控能力的方法。一个人在即将做出冲动反应时，如果能延缓自己的情绪反应，就能赢得思考的时间。哪怕只是很短时间的思考，也能很有效地避免让自己犯错。

（3）自我适度宣泄法。消除不良情绪最简单的方法莫过于“宣泄”，如找人倾诉、放声大哭、运动等。宣泄需要注意场合，不能进行“破坏性”发泄。

（4）矛盾取向法。矛盾取向法是在进入或摆脱某种情绪状态的强烈愿望无法实现时，故意反其道而行之的方法。例如，当你越想平静却越平静不下来时，尝试听快节奏的歌说不定会有意想不到的效果。

（5）放松训练法。这是一种通过练习来放松身心的方法，如静坐、冥想等。

调整呼吸的方法

1. 数息法

数息法是静坐时把呼吸与意念结合起来进行调整的一种方法。一呼一吸为"一息"，数息法即数次呼吸的方法。具体做法为：坐正后，调整身体姿势，保持身心平静。调息时，先由鼻孔吸气至丹田，再从口中将腹部浊气徐徐吐出，反复三次直至气息调匀，然后进行数息。数时或数出息，或数入息，从第一息数至第十息后，再从第一息数起。若因心想他事未能连续数数，则再从第一息数起。如此循环，时间一长，自然能令呼吸通顺、均匀。

2. 随息法

随息法也是调整呼吸的一种方法。当做数息法数到几千次或无力再数下去时，可采用随息法。不过与数息法相比，随息法显得更自然些。应用随息法息出时，心随它同出；息入时，心也随它同入。

3. 听息法

所谓"听息"，就是听自己的呼吸之气。开始时，只要自己能觉察到一呼一吸的下落，至于呼吸的快慢、粗细、深浅，皆任其自然变化，不用刻意去支配它。慢慢地，自己会进入神气合一，杂念全无，连呼吸也忘记的状态。

4. 观息法

所谓"观息法"，就是通过观察呼吸的方式来平衡内心情绪的方法。观息法有助于情绪管理能力的提升。

3）建立积极的自我意象

自我意象就是关于"我是什么样的人"的自我想象，是人们给自己画的一幅心理肖像。尽管这幅肖像在大多数人的意识中是模糊的，但它对人们心理活动的调控作用却很明显。

你把自己看成什么样的人，你就会按这种人的行事方式去行事；你对自己有什么评价，你就会不断地去寻找各种事实来证实这种评价。大学生要想调节自己的情绪，使自己成为有修养的人，就必须建立积极的自我意象。具体可以从以下两方面做起：

一方面，可以想象或装扮成其他人。如果你和别人沟通时缺乏自信，可以尝试将自己想象成一个成功人士，去模仿成功人士说话的语气和方式。刚开始肯定很困难，但只要坚持下去，就会逐渐习惯。

另一方面，可以把注意力集中于成功的经历。也就是说，大学生可以通过记取并强化那些成功的、积极的情绪体验，把自己的情绪活动逐渐调整到良性循环的轨道上。例如，练习投篮时，始终把注意力集中于投篮成功上，记住并强化投篮成功的经验，经过一段时间的练习，投篮成功的次数会越来越多。

你目前存在哪些情绪困扰？这些情绪产生的原因是什么？你可以采用哪些方法调节自己的情绪？

（五）人际关系管理

人际关系指人与人之间通过交往与相互作用而形成的直接的心理关系，主要表现为人们心理上的距离远近、个人对他人的心理倾向及相应行为等。大学生正处在即将迎接社会挑战的重要成长时期，增进身心健康、培养和谐的人际关系，是步入社会的需要，更是职业发展的深层次需求。

1. 大学生的人际关系

大学生需要处理的人际关系主要有师生关系、同学关系和家庭关系三种。

1）师生关系

在校园中，师生关系是一种普遍的、重要的人际关系。教师是向大学生传授知识、技能，帮助其提高素质、不断成长的重要人物。

大学校园中的师生关系有别于中小学。中小学的师生关系相对简单，是以教师为主导，学生多数以服从为主。而步入大学后，随着大学生自主意识的完善、独立意识的增强，他们可能会与教师在学术观点、思想观念等方面产生分歧甚至矛盾。

大学生在与教师沟通的过程中，既要大胆、主动，不失自己独立的个性，又要礼貌、谦逊，显示出自己谦虚的品质。这样，不仅可以创造和谐的师生关系，还可为步入职场、走进社会积累与领导及长辈交往的经验。

2）同学关系

同学关系是大学生面临的最广泛的人际关系。同学关系包括班级同学的人际关系、宿舍室友的人际关系，以及不同系别、不同年级同学的人际关系。

班级是大学生生活的大家庭，这个集体中的每个成员都有着不同的性格、脾气和爱好。大学生若能够与班级同学相处融洽，营造团结友爱、互助上进的良好人际环境，这将对其身心健康及成长有利，能激发其学习热情，使其综合素质和道德品质得到提高，同时也可为其步入职场后与同事相处打下良好的基础。

宿舍是大学生参与人际交往最频繁的场所，因此如何处理与室友的人际关系是大学生人际关系中最重要的一课。大学期间，寝室成员朝夕相处，为营造出轻松、友爱的宿舍氛围，大学生需要以真诚、宽容、平等、互助的态度与室友交往，适度改变自己，多体谅他人。

大学生在与不同系别、不同年级的同学相处中，只要遵循人际交往的原则、掌握人际交往的技巧，就可以使自己成为一个“受欢迎的人”，而且也能扩大交友空间，为将来职场打拼储备丰富的人际资源。

人际交往的原则和技巧

人际交往的原则：

（1）平等原则。人际交往首先要坚持平等原则，切忌因外貌或经济条件而自卑，也不要因为自己年轻貌美、学历高、经济条件好而趾高气扬。

（2）相容原则。不但要结交与自己性格相似的人，还要结交与自己性格相反的人，做到求同存异。

（3）互利原则。人际交往是一种双向行为，故有“来而不往非礼也”之说。只有单方获得好处的人际交往是不能长久的，交往双方都要付出和奉献。

（4）信用原则。交往离不开信用，朋友之间要做到言必信，行必果。

（5）宽容原则。不斤斤计较，能够以德报怨，宽容大度。宽容克制并不是软弱和怯懦的表现，相反，它是有度量的表现，是建立良好人际关系的润滑剂。

人际交往的技巧：

（1）适当赞美。很多人都喜欢听赞美的语言，但要注意不要过于浮夸，适当赞美他的小优点或者小细节。

（2）充分认识自己。在与他人打交道之前，要充分认识自己的优缺点，这样才能够更好地展示自己。

（3）乐于助人。在他人遇到困难的时候伸出援手，很容易给人留下好印象。一个乐于助人的人，往往也是人际关系较好的人。

（4）建立个人形象。在日常生活中，要建立个人形象、塑造个人标签。

（5）学会倾听。人际关系好的人往往并不是有多会说话，而是懂得倾听他人的想法。

3）家庭关系

家庭关系是最基础的人际关系。家庭中，父母是大学生最应尊重和感谢的人，他们在大学生的成长过程中，给予了无私的爱与培养。然而，随着年龄的增长，大学生开始变得成熟与独立，对父母的依赖减弱了；又因为求学与忙碌，与父母的沟通减少了。个别大学生和父母关系冷漠，只有在需要父母出资、出力的时候，才与他们进行“感情的交流”。实际上，大学生如果能很好地处理家庭关系，对今后的成长、发展都是很有裨益的。

2. 大学期间人际关系管理的建议

1）以责人之心责己，以恕己之心恕人

与人交往时，你怎样对待别人，别人也会怎样对待你。因此，当你想修正别人时，你应该先修正自己；你想别人理解你，你就要首先理解别人。大学生在处理人际关系时，对别人要有诚挚、宽容之心，对自己要抱着自我批评、有过必改的态度。

2）培养真正的友情

大学生如果能做到第一点，很多大学时的朋友将会成为你一辈子的知己。在一起求学和寻求自身发展的道路上，这样的友谊弥足珍贵。大学生不要只和与你性情相近或只会附和你的人做朋友，也要结交一些激励你上进、帮你提升能力、帮你了解自己、对你说实话的朋友，并且和朋友坦诚相待，这样才能培养真正的友情。

3）培养团队精神和沟通能力

社团是微观的社会，参加社团是步入社会前最好的磨炼。在社团中，大学生可以通过参加和主动组织各种活动来培养自己的团队合作能力和领导能力。也可以主动承担一些学生工作，在同学和老师之间扮演“沟通桥梁”的角色，以此锻炼自己的沟通能力。

4）学习周围的人

在学校里，每一个人都有可能成为你的良师，他们的幽默、机智、博学、正直、礼貌等都可以成为你学习的内容。多观察周围那些你觉得交往能力和沟通能力特别强的同学，看他们如何处理人际交往中的冲突、如何说服和影响他人、如何发挥自己的合作和协调能力、如何表达对别人的尊重和真诚、如何表示赞许或反对、如何在不冒犯他人的情况下充分展示个性等。通过不断地观察和模仿，你的人际交往能力会有意想不到的提升。

5）提高自身修养和人格魅力

如果你觉得没有特长和爱好是自己提高人际交往能力的阻碍，那么，你可以有意识地去培养一些兴趣爱好。共同的兴趣和爱好是大学生与朋友建立深厚感情的途径之一。很多在事业上有所建树的大学生，大多都有自己的兴趣和爱好。

二、职业生涯管理的模式

职业生涯管理是有规律可循的，大学生在职业生涯管理过程中，可以借鉴一些有效的模式来提高职业生涯管理的效率。

（一）任务管理模式

大学生在职业生涯管理过程中，一定要明确职业生涯各个阶段的发展任务，唯有如此，才能实现自己的目标。任务管理模式既可以作为大学生职业生涯规划的参考，也可以作为大学生职业发展各阶段实施状况的衡量标准。

在任务管理模式中，个体的职业生涯被分为五个阶段：成长阶段、进入工作领域阶段、早期职业确立阶段、职业生涯中期阶段和职业生涯后期阶段。各阶段的具体任务会因个体身份和其所从事的职业不同而不同。

1. 成长阶段——职业准备期（多为 24 岁之前）

个体在此阶段的身份为学生或求职者，主要任务是接受适当的教育或培训，以储备知识和技能。具体应做到以下几点：

（1）在学习知识、培养业余爱好等活动中，洞察自己的需要，发现自身的特长、爱好和能力。

（2）在人际交往中锻炼领悟能力，对自身状况做出判断，初步选择职业方向。

（3）了解相关职业信息，做出有倾向性的学习计划。

（4）尝试兼职或顶岗实习，探索适合自己的职业方向。

2. 进入工作领域阶段——职业选择期（多为 24～27 岁）

个体在此阶段的身份为组织新成员。该阶段是职业生涯经验积累和沉淀的阶段，主要任务是发现自身职业特质和职业兴趣与具体职位的匹配度，锻炼心理素质，继续进行知识储备。具体应做到以下几点：

（1）衡量组织提供的岗位条件（如工作环境、职业种类、待遇等）是否与自己的需要相匹配。

（2）学会处理理想与现实不吻合所带来的问题。

（3）学会与领导和同事友好相处的方法，建立初步人际关系网。

（4）尽快熟悉组织文化，学会使用“圈子”内独特的语言和行为模式与他人沟通。

3. 早期职业确立阶段——职业适应期（多为 27～32 岁）

个体在此阶段的身份为组织中的正式成员。该阶段的任务是承担起某一项工作的责任，发挥自己的能力，为进入其他职业领域做准备。具体应做到以下几点：

（1）学会应对工作带来的成就感和挫折感。

（2）根据领导与同事对自己工作的反映，评估自己的工作能力；根据组织提供的职业道路与发展机会，评估自己所选择的职业是否正确。

（3）学会应付各种复杂的人际关系。

（4）调整态度与价值观，努力使之与组织、工作相适应，并进一步判断自己在组织中的去留。

4. 职业生涯中期阶段——职业稳定期（多为 32～45 岁）

个体在此阶段的身份为管理者或咨询顾问。在这一阶段，有的人可能仍然坚持在原来的岗位上，有的人可能被组织调到另一横向职业领域，有的人可能离开了原来的组织。个体在此阶段的任务一般有：

（1）处理自我发展、家庭发展带来的压力，并使之与工作相协调。

（2）继续学习，提升自己的职位。

（3）提高自己的职业绩效标准，形成自己对本职业的独立见解。

（4）重新评估自己与组织的关系，选择是否进入新的职业领域。

5. 职业生涯后期阶段——职业衰退期（多为 45 岁以后）

个体在此阶段的身份为领导者或非领导者。若为领导者，该阶段的主要任务有：

（1）学会整合一切可以利用的资源，扩大自己的影响并树立权威。

（2）学会行使权力。

（3）学会处理组织内部或组织与环境之间的矛盾与冲突。

（4）考虑组织的长远利益并为获得该利益而努力。

（5）学会担任领导者的角色，挑选与发展接班人。

（6）正确处理好与家庭的关系，能很好地应付各种家庭变故。

（7）树立良好的公众形象。

若为非领导者，该阶段的主要任务有：

（1）提升技术上的竞争力，以巩固自己的技术权威地位。

（2）学会成为一名良师，能够带好新员工。

（3）发展所需要的人际和群体技能。

（4）扩大和加深兴趣并拓展技术的广度和深度。

（5）妥善处理有能力的年轻员工对自己带来的职业威胁。

（6）提高应付家庭中出现的各种变化的能力。

（二）标杆管理模式

标杆管理是现代企业的一种新型经营管理模式，即企业不断寻找和研究同行一流企业的最佳实践，并以此为基准改进自己的经营实践。在职业生涯管理领域，标杆理论可被解读为：每个人都必须随时准备与同行进行比较，向优秀者学习，以不断完善自我。

标杆管理可以按下列步骤开展：

（1）确定标杆。标杆即大学生职业生涯需要学习的对象。标杆可以是自己的专业领域或兴趣领域的典范，也可以是父母、老师、朋友和同学等。标杆要具体，且有参照意义。

（2）通过自我分析，对照标杆找出自身职业生涯发展的问题所在，然后确定学习目标。学习目标一定要具体，它可以是你的标杆的某一项突出的职业技能，也可以是某一种重要的职业素养。学习目标确定后，与标杆进行交流，收集与分析数据，确定衡量你学习成果的指标。

（3）瞄准标杆管理的目标，制订可行的学习目标，将学习任务细化、量化。这个步骤是职业生涯标杆管理最关键的部分。具体做法为，首先结合衡量学习成果的各项指标，找到可操作性强的能缩小差距的有效途径，然后在此基础上进行系统学习与改进。这一步骤的开展要结合实际，创造适合自己的职业生涯管理方式，要注意超越自我，克服惰性。

（三）视窗管理模式

大学生可利用视窗管理模式来进行职业生涯管理，具体操作步骤如下：

（1）准备一张纸，在纸上画一条线代表你的一生，在这条线的某处画一个“×”，代表现在你所处的人生阶段。

（2）在“×”下面列出可以说明你是谁的事情、现象、状况或心态等，如你的目标、目前的角色、价值观、责任、特质、需求和期望等。可以把这些项目写在一张纸上，也可以分别写在不同的小卡片上。

（3）根据上述项目回答下列问题：

① 哪些是暂时的、易逝的？哪些是永远的、可以延续的？

② 你希望将哪些项目作为未来规划的一部分？你希望摒弃掉哪些项目？

③ 是否还有你想添加或修改的项目？

（4）回答下列问题，并将问题及相应的答案记录在一张纸上：

① 过去曾有哪些事情让你兴奋，希望再有机会尝试？

② 在工作或学习上，自己在哪方面最得心应手？例如哪些技术最强、哪些人际关系处理得最好等。

③ 你对工作的期望是什么？你觉得你需要什么？哪些东西需要去学习？

④ 你心中最想做什么事情？你心中理想的工作、人际关系是什么样的？

⑤ 你现在必须停止哪些工作或学习？你现在应该开始着手准备哪些工作或学习？

⑥ 哪些资源你尚未充分利用？哪些资源你根本不需要用？

⑦ 在你的计划中，可以有哪些弹性调整？当你的理想行不通时，你的次要选择是什么？

将以上所有问题整理并记录在一张纸上。

（5）从现在起，每天写日记，自我反省，从文字中了解自己的感受及价值观。

（6）描述理想工作需要的资源，思考哪些资源是你可以掌握的，哪些资源的获得需要他人的协助。将思考的结果整理出来并记录在纸上。

（7）将上述步骤所涉及的内容，按计划实施的先后顺序标注在你的职业生涯发展视窗里。

课堂活动

制作自己的职业生涯发展视窗，然后与周围的同学分享并交流自己的真实感受。

探索活动

发现职业生涯管理中的问题

【活动目的】

判断自己在目标管理、时间管理、压力管理、情绪管理及人际关系管理方面是否存在问题，培养职业生涯管理意识。

【活动流程】

思考下列问题，符合则在括号内打“√”，不符合则打“×”。

1. 目标管理

① 我曾经完成过我设立的目标。（ ）

② 我在认知、生理及身体、社会、情绪、人格五个方面都设有目标。（ ）
③ 我对未来一年的目标很清楚。（ ）
④ 我对毕业后的职业目标很清楚。（ ）
⑤ 我会将自己的目标划分成小目标。（ ）

2. 时间管理

① 我有列任务清单的习惯。（ ）
② 我清楚自己每天将时间花费在哪些方面。（ ）
③ 我会提前安排好周末要做的事。（ ）
④ 我每天都会给自己安排至少一个小时不被干扰的时间。（ ）
⑤ 我使用时间管理软件或者时间管理工具来管理自己的时间。（ ）

3. 压力管理

① 我会因为学习成绩不理想而失眠。（ ）
② 我会因为担心未来找不到好工作而失眠。（ ）
③ 我会因为处理不好人际关系而失眠。（ ）
④ 目前的压力对我的学习和生活没有太大影响。（ ）
⑤ 我有适合自己的缓解压力的方法。（ ）

4. 情绪管理

① 我经常容易冲动。（ ）
② 现阶段我感到自卑。（ ）
③ 现阶段我感到焦虑。（ ）
④ 现阶段我感到抑郁。（ ）
⑤ 我能很好地控制自己的情绪。（ ）

5. 人际关系管理

① 目前我和老师保持融洽的师生关系。（ ）
② 目前我和室友及其他同学关系融洽。（ ）
③ 我和亲人定期联系并且关系融洽。（ ）
④ 我真诚地对待身边的人。（ ）
⑤ 我一直努力提升自己的修养和素质。（ ）

根据判断结果，在上述每个方面选出你认为最应该改变的几项，然后写出你准备采取的措施。

榜样力量

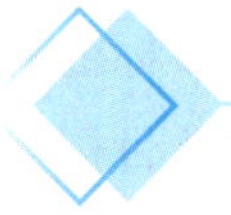

用青春守护“夕阳”

截至 2023 年 7 月，1992 年出生的小徐在养老行业已经工作 5 年了。小徐从某高校社会工作专业毕业，在她刚入职时，曾被家人这样质疑——“读了这么多年书，就去给老人穿衣喂饭？”“你在家连扫帚都不知道放在哪儿，能做好服务老人的工作吗？”

面对质疑，小徐也曾怀疑自己是否能够做好养老服务工作。起初，小徐是抱着试试看的心态投身养老行业的。入职一年后，小徐主持了一场家属开放日活动，同事在活动现场读出记录服务老人点滴的手写信，那些故事不仅打动了长者和家属，也感染了小徐。这为她的职业生涯带来了转机，也使她下定决心终生从事养老事业。

“每天早上 8 点交班，一位爷爷总是坐在一楼看报纸，然后和我打招呼，已经形成一种默契。”“老人房间的马桶堵了，我也是爱美的姑娘，但我还是跪在马桶边上慢慢清理。”“有位老人突然病发，我们陪着老人去医院，老人家属没有赶到现场时，我们已经把所有事情安排妥当了。”“我这几天的任务是帮老人追溯被诈骗电话骗走的退休金。”……同事在活动现场读着手写信。

5 年时间过去，小徐组织的大大小小的活动有上百场，其中不乏感人的画面。然而有一个暖心的故事，让小徐至今都难以忘怀。

一位王爷爷喜欢找人聊天，有一次，他来到养老机构前台，看到小徐在电脑前忙碌，便生气地说：“你们是服务人员，是要陪伴我们的，天天对着电脑干吗？”当时，小徐怀孕 6 个月，还承担着团支部工作和材料整理工作。小徐说：“王爷爷的斥责让我委屈，但换位思考，他肯定极度需要陪伴。”于是，小徐便决定每天下午专门抽出一小时陪王爷爷聊天。关于王爷爷女儿的话题，小徐听了上百遍，但每次她都热情回应。

在小徐的陪伴下，王爷爷的情绪愈加稳定。小徐休产假的前一天，王爷爷特地写了一幅书法“大展宏图”，送给小徐未出生的宝宝。那天，王爷爷拄着拐杖站在门口挥手相送，几次忍住离别的眼泪。那一刻，小徐想起自己曾鼓励过老人：“王爷爷，您的字写得很好看，我们都仰望您的书法情怀。”

除了照顾老人，小徐和同事还要面对家属的不理解。有一位老人因记性比较差，护理员给他喂完药，家属打电话向老人核实时，总是得到“没有吃饭也没有吃药”的回答。小徐和同事只得将为老人服务的过程用视频记录下来。

一位罹患认知障碍的老人刚入住养老机构时，连自己女儿都不认识，家属也不放心，每天下班都会开车来看一眼。小徐和同事从给老人喂饭等小事做起，还协助老人锻炼身体。一段时间后，这位老人终于喊出了女儿的名字，家属这才放心。

对于职场人士而言，委屈、压力是时常都存在的，因此应学会采用正确的方式排解自己的负面情绪，进而使自己保持平和的心态。一个人若心态改变，态度就跟着改变；态度改变，习惯也跟着改变；习惯改变，性格跟着改变；性格改变，人生就跟着改变。只有保持健康的心态、愉快的情绪，让自己保持积极的状态，才会在工作中不断取得好成绩。

资料来源：中国青年网，https://qclz.youth.cn/znl/202307/t20230704_14624157.htm

生涯加油站

《为自己的性格找份工作：九型人格与职业生涯规划》（见图 7-2）

作者：裴宇晶，邹家峰

出版社：民主与建设出版社

出版时间：2017 年

推荐理由：这本书将九型人格智慧与职业生涯规划有机结合，它并非传统的“性格特征—职业类别”对照匹配式的“傻瓜词典”，也不是洋洋洒洒、理论堆砌、说教式的“人生指南”，而是一本以一种更加宽广、灵动的视角来客观呈现性格类型与职业生涯之间内在关系的书籍。读者借助此书可以在全面自我探索的基础上自主做出职业决策。

图 7-2 《为自己的性格找份工作：九型人格与职业生涯规划》

附　录

附录一　职业生涯规划书示例 1

学号	146××××××××
院系	外国语学院
成绩	

××外国语学院

×× Foreign Studies University

职业生涯规划书

学生姓名：王××

指导教师：陈××

年级专业：2019 级应用日语

2020 年 4 月

目 录

引 言

每次畅想人生时，脑海中总会浮现出一张未来的蓝图。是的，人生在于规划。

弗洛伊德说："人生就像弈棋，一步失误，全盘皆输，这是令人悲哀之事；而且人生还不如弈棋，不可能再来一局，也不可能悔棋。"这就是说，在人生的道路上，我们不仅要清楚自己现在所处的位置，更重要的是选择下一步所要迈出的方向。

这就要求我们客观地评价自己，正确认识自己的理想、兴趣和爱好，正确认识自己的性格、能力和发展潜力，正确认识自己的优势、劣势和与众不同之处。只有这样，我们才能正确地进行人生规划；也只有这样，我们在人生的旅途中才不会迷失方向，才能成就更加辉煌的人生。

第一部分　自我认知

一、个人基本情况

真实姓名：王××　　**性别：**女

年龄：20　　**籍贯：**四川省德阳市

年级及专业：2019 级应用日语　　**学号：**146××××××××

联系地址：四川省德阳市　　**邮编：**618300

联系电话：1878324××××　　**E-mail：**353××××@qq.com

个人性格：外向、开朗、乐观、积极向上

兴趣爱好：唱歌、旅游

身心情况：健康　　**人脉：**广泛

处世态度：乐观积极

— 1 —

二、职业兴趣

希望能够从事翻译类职业或者从事会计、导游类职业。因为我开朗、大方，语言表达能力较好，喜欢与人打交道，并且喜欢翻译、导游等职业。

三、职业能力和适应性

我的人际交往能力较好，善于与别人打交道；日语口语能力较强，适合从事翻译类或导游类职业。同时，我心思细腻，适合从事会计等文职工作。

四、个人特质

1. 兴趣类型

我的兴趣类型是社会型。拥有这种兴趣类型的人的特点为：关心社会和教育问题，责任感强，具有较强的人道主义倾向，社会适应能力强；通常善于表达，和周围人相处融洽，乐于帮助他人，喜欢处于集体的中心地位；喜欢通过与他人讨论、调整与他人的关系等方法来解决存在的难题；不喜欢需要剧烈运动的工作，不喜欢与机械打交道，机械操作能力较弱。适合的职业有社会学者、导游、福利机构工作者、咨询人员、社会科学教师、学校领导、公共保健护士等。

2. 气质类型

我的气质类型是多血质。拥有这种气质类型的人的特点为：活泼好动，反应敏锐，表情生动，语言富有感染力，具有可塑性和外向性；善于交际，适应能力强，对事业有浓厚的兴趣，工作能力强，是杰出的活动家；但做事缺乏持久性，注意力容易分散，容易见异思迁。多血质的人可选择外交人员、管理人员、导游、节目主持人、警察等职业，选择范围较广；但多血质的人不适合做过细的，单调、机械的工作。

五、职业价值观

职业价值观的澄清对职业生涯选择起着很关键的作用。职业价值观作为价值观，深刻地影响着人们职业选择的行为模式。没有任何一种职业可以完全满足个体所有的价值取向，因此在价值观的探索过程中，必须学会区分价值取向的优先次序，澄清个体所有价值观的相对重要性。在进行职业生涯规划时，可以列出本人的价值观清单，明确核心价值观，建立自己的价值评判体系，以指导自身的职业选择与决策。

我的职业价值观属于自由型。拥有这种职业价值观的人的特点为：开始做事时往往无目的、无计划，但能适时地使自己的行动适应于当时的气氛；常被周围的人认为无责任感，但实际上能承担有限的责任；不愿意麻烦他人，无拘无束，生活随意。适

— 2 —

合的职业有室内设计师、图书管理员、摄影师、作家、演员、记者、诗人、作曲家、编剧、漫画家等。

六、胜任能力

我的优势：性格活泼开朗，善于与人交流，业余爱好丰富多样，做事认真踏实；待人友善，诚实勤劳，不怕吃苦；能够在单调的学习工作中寻找乐趣；拥有发展的眼光，能够抓住机会，看清事实；不会轻易对选择的事情失去信心，愿意通过自己的努力来实现自身的价值。

我的劣势：缺乏勇气、偶尔自卑、多愁善感。这些劣势必须尽快得到克服。在学习之余，要多参加校园辩论、模拟法庭、音乐舞会等需要在人前踊跃表现的活动，在活动中增加自己的勇气。另外，努力改掉自己自卑的毛病，培养自信待人、自信做事的态度，乐观地面对自己周围的事情。

七、自我认知小结

作为一名应用日语专业的大一学生，我已经匆匆走过了一学期的大学生活。以下是我的自我认知小结：

我性格活泼开朗，并且擅于言谈。业余时间喜欢看书、听音乐、写文章（尤其是散文类的文章）。善于观察生活，并且习惯用自己的方式记录下生活中令自己感动及感兴趣的事情。做事脚踏实地、有始有终，不喜欢弄虚作假、半途而废。待人和善，能够很快被周围的人肯定和接受。

我的优势在于，我能够经常对身边的事进行总结和反思，并善于从他人身上获得对自己前进和成长有益的东西。我有很好的团队精神，这是我在集体生活及校园活动中比较活跃的法宝之一。但是，我偶尔会缺乏勇气，这使得我错失了对我来说很重要的几个锻炼和展示自己的机会。我来自农村，和其他生活在大城市中的同学相比，我的生活条件并不是很好。有时面对周围衣着华丽的同学时，我会有一点儿自卑。

第二部分　环境认知及分析

一、家庭环境分析

我来自农村，父亲是一名工人，母亲是一位家庭主妇。家里的经济情况不是很好，一家人全靠父亲的工资过日子。再加之父母的身体状况不是很好，家里的经济负担很重。

父母一直希望我能好好学习，考上大学，毕竟父亲就是吃了没有文化的亏。父亲

— 3 —